DIETER LATZEL

Die Wirkung für nichtig erklärter Steuerrechtsnormen auf bestehende Steuerverwaltungsakte

AF141312

Schriften zum Steuerrecht

Band 8

Die Wirkung für nichtig erklärter Steuerrechtsnormen auf bestehende Steuerverwaltungsakte

Von

Dr. Dieter Latzel

DUNCKER & HUMBLOT / BERLIN

Meiner Mutter

Inhaltsübersicht

Abkürzungsverzeichnis

AöR	Archiv für öffentliches Recht
BB	Der Betriebsberater, Zehntagedienst für Wirtschafts-, Steuer-, Arbeits- und Sozialrecht
BStBl. III	Bundessteuerblatt Teil III, Entscheidungen und Gutachten des Bundesfinanzhofs, herausgegeben vom Bundesfinanzhof
BVerfGE	Entscheidungen des Bundesverfassungsgerichts, herausgegeben von den Mitgliedern des Bundesverfassungsgerichts
BVerwGE	Entscheidungen des Bundesverwaltungsgerichts, herausgegeben von den Mitgliedern des Gerichts
Das Wichtigste	Das Wichtigste für den Chef — Der Wirtschaftsberater, Die aktuellen Informationsbriefe für Unternehmer und betriebliche Führungskräfte
DB	Der Betrieb, Wochenschrift für Betriebswirtschaft, Steuerrecht, Wirtschaftsrecht, Arbeitsrecht
DStR	Deutsches Steuerrecht, Zeitschrift für Praxis und Wissenschaft des gesamten Steuerrechts
DStZ A	Deutsche Steuer-Zeitung Ausgabe A, Herausgeber: Wolfgang Mersmann, Präsident des Bundesfinanzhofs
DStZ B	Deutsche Steuer-Zeitung (Steuer-Schnellpost) vereinigt mit „Erlaß und Entscheidung", Herausgeber: Walter Grund, Staatssekretär im Bundesfinanzministerium und Wolfgang Mersmann, Präsident des Bundesfinanzhofs
DV	Deutsche Verwaltung, Zeitschrift für Verwaltungsrecht
DVBl.	Deutsches Verwaltungsblatt und Verwaltungsarchiv
DZ	Deutsche Zeitung und Wirtschaftszeitung
EFG	Entscheidungen der Finanzgerichte, herausgegeben auf Veranlassung der Finanzgerichte der Bundesrepublik und unter Mitwirkung der Verwaltungsgerichts Berlin, von Finanzpräsident a. D. Dr. Paul Hoffmann
FR	Finanz-Rundschau, Deutsches Steuerrecht
GmbH-Rdsch	GmbH-Rundschau, Die Zeitschrift für den GmbH-Geschäftsführer
HFR	Höchstrichterliche Finanzrechtsprechung, Sammlung amtlich nicht veröffentlichter Entscheidungen des Bundesfinanzhofs mit Anhang: Rechtsprechung des Bundesverfassungsgerichts; herausgegeben unter Mitwirkung von Richtern des Bundesfinanzhofs von Vizepräsident des Bundesfinanzhofs a. D. Dr. Hermann Wennrich

Inf	Die Information über Steuer und Wirtschaft, Fachzeitschrift für Steuer-, Wirtschafts-, Arbeits- und Sozialrecht
KStR	Kurze Steuer- und Rechtsnachrichten, Zeitschrift für Steuer-, Wirtschafts- und Arbeitsrecht
MDR	Monatsschrift für Deutsches Recht
NJW	Neue Juristische Wochenschrift
RdschDSt	Deutsche Steuer-Rundschau, Ausgabe L mit „Rundschau für den Lastenausgleich" vereinigt mit der Zeitschrift „Der Lastenausgleich"
NSt	Neues Steuerrecht von A bis Z, Kommentar-Zeitschrift für das gesamte Steuerrecht
NWB	Neue Wirtschafts-Briefe, Zeitschrift für Steuer- und Wirtschaftsrecht, vereint mit „Wirtschaftliche Kurzbriefe" und „Steuerrecht in Kurzform"
RStBl.	Reichssteuerblatt, herausgegeben vom Reichsfinanzministerium
RWP	Rechts- und Wirtschafts-Praxis
Staatszeitung	Staatzeitung, Staatsanzeiger für Rheinland-Pfalz
StRK	Steuerrechtsprechung in Karteiform, Höchstgerichtliche Entscheidungen in Steuersachen, begonnen von Alfons Mrozek, fortgeführt von Dr. W. Hübschmann und Paul Kaatz
StRK-Anm.	Steuerrechtsprechung in Karteiform, Höchstgerichtliche Entscheidungen in Steuersachen, Anhang: StRK-Anmerkungen, bearbeitet von Rechtsanwalt Dr. Günther Felix
StuB	Steuer- und Buchhaltung, Fachzeitschrift für das Steuer-, Wirtschaftsrecht und Rechnungswesen
StW	Steuer und Wirtschaft
StWK	Steuer- und Wirtschaftskurzpost
UStR	Umsatzsteuer-Rundschau, zugleich Beilage zur Finanz-Rundschau
VerwArch	Verwaltungsarchiv, Zeitschrift für Verwaltungslehre, Verwaltungsrecht und Verwaltungspolitik, Vierteljahresbeilage der Zeitschrift „Deutsches Verwaltungsblatt"
VerwRspr	Verwaltungsrechtsprechung
VJSchrStFr	Vierteljahresschrift für Steuer- und Finanzrecht
VVDStRL	Veröffentlichungen der Vereinigung der Deutschen Staatsrechtslehrer
ZZP	Zeitschrift für zivilprozessuale Praxis

A. Die Prüfung der Gültigkeit von Steuerrechtsnormen

Mit „Steuerrechtsnormen" werden alle Rechtsnormen auf dem Gebiet des Steuerrechts gemeint, sei es, daß sie materielles Steuerrecht oder steuerliches Verfahrensrecht betreffen. Dazu werden bundesrechtliche und landesrechtliche Normen gezählt, und zwar sowohl Gesetze im formellen wie im materiellen Sinn, also auch Rechtsverordnungen und kommunale Satzungen, in denen Steuern und Abgaben mit örtlich begrenztem Wirkungskreis geregelt sind. Mangels Rechtsnormqualität fallen Verwaltungsanweisungen und Verwaltungsrichtlinien nicht unter den Begriff der Steuerrechtsnorm.

Steuerrechtsnormen in diesem Sinne können sowohl von den Verfassungsgerichten, vornehmlich dem Bundesverfassungsgericht, als auch von anderen Gerichten einer Gültigkeitsprüfung unterzogen werden.

I. Nichtigerklärung durch das Bundesverfassungsgericht

Das Bundesverfassungsgericht kann Steuerrechtsnormen für nichtig erklären, wenn sie gegen das Grundgesetz oder gegen eine ranghöhere Norm des Bundesrechts verstoßen. Das Bundesverfassungsgerichtsgesetz sieht eine Nichtigerklärung von Rechtsnormen in drei verschiedenen Verfahren vor: im Verfahren der „abstrakten Normenkontrolle" auf Antrag der Bundesregierung, einer Landesregierung oder eines Drittels der Mitglieder des Bundestages (Art. 93 Abs. 1 Ziff. 2 GG; §§ 13 Ziff. 6, 76 ff., 78 BVerfGG), im Verfahren der „konkreten Normenkontrolle" auf Grund eines Vorlagebeschlusses eines Gerichts (Art. 100 GG; §§ 13 Ziff. 11, 80 ff., 82 Abs. 1 BVerfGG) und im Verfahren der von einem Staatsbürger erhobenen Verfassungsbeschwerde (§§ 90 ff., 95 Abs. 3 BVerfGG)[1]. Kommt das Bundesverfassungsgericht zu der Überzeugung, daß eine Rechtsnorm gegen das Grundgesetz oder gegen eine ranghöhere Norm des Bundesrechts verstößt, so stellt es in seiner Entscheidung die Nichtigkeit der Norm fest (§ 78 Satz 1 BVerfGG) oder erklärt die Rechtsnorm für nichtig (§§ 78 Satz 2, 95 Abs. 3 Satz 1 BVerfGG).

---

[1] Im Verfahren nach Art. 126 GG, § 13 Ziff. 14 BVerfGG handelt es sich nicht um die Gültigkeit von Rechtsnormen, sondern um das Fortgelten einer Rechtsnorm als Bundes- oder Landesrecht. Dieses Verfahren hat deshalb hier keine Bedeutung.

Die Ausdrucksweisen „stellt die Nichtigkeit fest" und „erklärt die Rechtsnorm für nichtig" werden dabei synonym gebraucht.

Das Bundesverfassungsgericht kann Steuerrechtsnormen in diesen Verfahren unter folgenden Voraussetzungen nachprüfen:

1. im Verfahren der abstrakten Normenkontrolle:
Bundes- oder Landesrecht jeder Art, also Gesetze im formellen Sinn, Rechtsverordnungen, Satzungen und sonstige Rechtsvorschriften, auf seine Vereinbarkeit mit dem Grundgesetz[2] und ferner Landesrecht jeder Art auf seine Vereinbarkeit mit Bundesrecht[3];

2. im Verfahren der konkreten Normenkontrolle: nachkonstitutionelle Gesetze[4], und zwar nur im formellen Sinn[5] (Bundes- und Landesgesetze[6] auf ihre Vereinbarkeit mit dem Grundgesetz (Art. 100 Abs. 1 Satz 1 und Satz 2 1. Fall GG). Das Bundesverfassungsgericht kann in diesem Verfahren ferner nachkonstitutionelle Landesgesetze auf ihre Vereinbarkeit mit Bundesrecht prüfen[7] (Art. 100 Abs. 1 Satz 2 2. Fall GG).

3. im Verfahren der Verfassungsbeschwerde: vor- oder nachkonstitutionelles Bundes- oder Landesrecht jeder Art[8], auf dem der mit der Verfassungsbeschwerde angegriffene Hoheitsakt beruht[9], wenn dieser den Beschwerdeführer in einem seiner Grundrechte oder in einem der ihnen gleichgestellten Rechte verletzt[10] (§§ 95 Abs. 3 Satz 2, 90, Abs. 1 BVerfGG).

---

[2] BVerfGE 1, 184 ff. 196.

[3] s. Anm. 2; ebenso *Pohle*, Verfassungsbeschwerde und Normenkontrolle... S. 57.

[4] d. h. Gesetze, die nach dem Inkrafttreten des Grundgesetzes, dem 24. Mai 1949, verkündet oder zwar zu einem früheren Zeitpunkt verkündet, aber nach dem 24. Mai 1949 „in den Willen des Gesetzgebers aufgenommen sind": BVerfGE 2, 124 ff., 128; 4, 331 ff., 340, 341; 6, 55 ff., 64; 7, 282 ff., 290; 10, 129 ff., 130 und 185 ff., 191; 11, 126 ff., 131; *Müller* in DVBl. 1962, 841 ff. und *Lange* in NJW 1962, 893 ff.

[5] BVerfGE 1, 184 ff., 197, 201.

[6] *Pohle*, a.a.O., S. 57.

[7] *Pohle*, a.a.O.

[8] Gesetz im Sinn des § 95 BVerfGG ist jede Rechtsnorm: Beschluß des OLG Bremen vom 15. 10. 1962 im MDR 1962, 1007.

[9] Das ist in der Regel ein letztinstanzliches Urteil; unter den Voraussetzungen des § 90 Abs. 2 Satz 2 BVerfGG kann es auch ein erst- oder zweitinstanzliches Urteil oder ein Verwaltungs- bzw. Steuerverwaltungsakt sein; unter den engen Voraussetzungen des § 95 Abs. 3 Satz 1 BVerfGG kann auch unmittelbar ein Gesetz mit der Verfassungsbeschwerde angegriffen werden.

[10] Oder wenn einer gültigen Norm durch unrichtige Auslegung ein verfassungswidriger Sinn gegeben wurde: BVerfG Urt. vom 17. 11. 1953 in NJW 1954, 30.

Stellt das Bundesverfassungsgericht in den genannten Verfahren die Nichtigkeit einer Norm fest oder erklärt es eine Norm für nichtig, so bindet diese Entscheidung nach § 31 Abs. 1 BVerfGG die Verfassungsorgane des Bundes und der Länder, sowie alle Gerichte und Behörden. Diese Organe dürfen die Rechtsnorm nicht mehr als gültig betrachten; sie müssen die Nichtigkeit der Norm der Beurteilung der von ihnen zu entscheidenden Sachverhalte zugrunde legen.

Die Entscheidung des Bundesverfassungsgerichts hat ferner nach § 31 Abs. 2 BVerfGG Gesetzeskraft, d. h. ihr kommt materiell-rechtlich die Wirkung eines Gesetzes zu[11]. Die Entscheidung gilt also für alle Sachverhalte, die von der für nichtig erklärten Norm erfaßt würden. Durch § 31 BVerfGG wird die Entscheidung des Bundesverfassungsgerichts somit mit allgemeinverbindlicher Wirkung inter omnes ausgestattet[12].

II. Nichtigerklärung durch ein Landesverfassungsgericht

Die Landesverfassungen sehen ebenfalls abstrakte Normenkontrollverfahren vor, in denen die Landesverfassungsgerichte auf Antrag der Landesregierung oder eines bestimmten Prozentsatzes der Mitglieder der Landtage, in bestimmten Fällen auch auf Antrag anderer Organe Landesrecht jeder Art auf seine Vereinbarkeit mit der Landesverfassung nachzuprüfen haben. Entsprechende Bestimmungen sind enthalten in Art. 68 Abs. 1 Ziff 2 der Verfassung des Landes Baden-Württemberg[13], in den Artikeln 131, 132 der Verfassung des Landes Hessen[14], in Art. 65 Abs. 2 Ziff. 1 der Verfassung der Freien und Hansestadt Hamburg[15], in Art. 140 der Landesverfassung der Freien Hansestadt Bremen[16], in Art. 42 Abs. 1 Ziff. 2 der vorläufigen Niedersächsischen Ver-

---

[11] Nach der Neufassung des § 31 Abs. 2 BVerfGG durch das 3. Gesetz zur Änderung des BVerfGG vom 3. 8. 1963 (BGBl. I, 589) hat die Entscheidung auch dann Gesetzeskraft, wenn das BVerfG im Verfahren der Verfassungsbeschwerde die Nichtigkeit einer Rechtsnorm feststellt; zur Gesetzeskraft siehe auch *Maunz*, Staatsrecht 12. Aufl., § 26 II 2 b, S. 244.

[12] *Müller* in DVBl. 1962, 158 ff., 163; *Lechner*, BVerfGG § 31 Anm. II und III und BVerfGG-Ergänzungsband § 31 zu II; vgl. auch Dr. Wahl in Verhandlg. d. Deutschen Bundestages, I. Wahlperiode 1949, Sten.Ber.Bd. 6 S. 4225 re.Sp.Mitt.

[13] v. 11. 11. 1953 — GBl. S. 173 — geändert durch Gesetz v. 7. 12. 1959 — GBl. S. 171 —; §§ 48 ff. des Gesetzes über den Staatsgerichtshof v. 13. 12. 1954 — GBl. S. 171 — geändert durch Gesetz v. 16. 10. 1963 — GBl. S. 143.

[14] v. 1. 12. 1946 — GVBl. S. 229 —; §§ 41—43 des Gesetzes über den Staatsgerichtshof vom 12. 12. 1947 — GVBl. 1948 S. 3—, zuletzt geändert durch Gesetz vom 15. 11. 1960 — GVBl. S. 219 —.

[15] v. 6. 6. 1952 — GVBl. S. 117 —; §§ 35—37 des Gesetzes über das Hamburgische Verfassungsgericht vom 2. 10. 1953.

[16] v. 21. 12. 1947 — GBl. S. 251 —.

fassung[17], in Art. 75 Ziff. 3 der Verfassung für das Land Nordrhein-Westfalen[18], in Art. 130 Abs. 1 der Verfassung für Rheinland-Pfalz[19] und in Art. 37 Ziff. 2 der Landessatzung für Schleswig-Holstein[20].

Vor den Landesverfassungsgerichten finden ferner konkrete Normenkontrollverfahren statt. Art. 100 Abs. 1 Satz 1 1. Alternative GG verpflichtet die Gerichte zur Vorlage an ein Landesverfassungsgericht, wenn sie eine für ihre Entscheidung erhebliche Landesrechtsnorm im formellen Sinn für mit der Landesverfassung nicht vereinbar halten[21]. Die meisten Landesverfassungen sehen eine entprechende Vorlagepflicht auch für Landesrecht jeder Art vor; so Bayern in Art. 92 und 65 der Verfassung und in Art. 44 des Gesetzes über den Verfassungsgerichtshof; Hessen in Art. 133 der Verfassung und in den §§ 42, 43 des Gesetzes über den Staatsgerichtshof; Hamburg in § 39 des Gesetzes über das Verfassungsgericht; Bremen in Art. 142 der Verfassung; Niedersachsen in § 38 des Gesetzes über den Staatsgerichtshof; Nordrhein-Westfalen in § 48 des Gesetzes über den Verfassungsgerichtshof und Rheinland-Pfalz in Art. 130 Abs. 3 der Verfassung und im § 24 des Gesetzes über den Verfassungsgerichtshof.

Schließlich sehen einige Landesverfassungen die Möglichkeit vor, Verfassungsbeschwerden bei den Landesverfassungsgerichten zu erheben. Auch in diesen Verfahren können Rechtsnormen für nichtig erklärt werden. Solche Verfassungbeschwerden sind zulässig in Bayern nach den Artikeln 66 und 120 der Verfassung und nach den Artikeln 46 ff. des Gesetzes über den Verfassungsgerichtshof — daneben gibt es in Bayern die Möglichkeit einer Popularklage nach Art. 98 Satz 4 der Verfassung und Art. 53 des Gesetzes über den Verfassungsgerichtshof —; ferner in Hessen nach § 45 Abs. 2 des Gesetzes über den Staatsgerichtshof und in Nordrhein-Westfalen für Gemeinden und Gemeindeverbände nach § 50 des Gesetzes über den Verfassungsgerichtshof.

Die Entscheidungen der Landesverfassungsgerichte in den genannten Verfahren haben die gleiche bindende Wirkung wie Entscheidungen des

---

[17] v. 13. 4. 1951 — GVBl. I S. 5; §§ 35—37 des Gesetzes über den Staatsgerichtshof vom 31. 3. 1955 — GVBl. I S. 17.

[18] v. 18. 6. 1950 — GVBl. S. 127 —; §§ 45—47 des Gesetzes über den Verfassungsgerichtshof für das Land Nordrhein-Westfalen vom 4. 3. 1952 — GVBl. S. 35 —.

[19] v. 18. 5. 1947 — VOBl. S. 209 —; §§ 23 ff. des Landesgesetzes über den Verfassungsgerichtshof vom 23. 7. 1949 — GVBl. S. 285 —.

[20] v. 15. 3. 1962 — GVOBl. S. 123 —: Die Entscheidung ist dem Bundesverfassungsgericht übertragen.

[21] Das Landesverfassungsgericht ist auch dann zuständig, wenn die Rechtsnorm der Landesverfassung mit einer solchen des Grundgesetzes inhaltsgleich ist: VerfGH Nordrhein-Westfalen, Entscheidung vom 19. 11. 1960 in DÖV 1961, 183 ff., 184.

Bundesverfassungsgerichts und ferner, soweit sie Rechtsnormen für nichtig erklären, im allgemeinen auch Gesetzeskraft. Dies folgt für Hessen aus Art. 133 der Verfassung und § 43 Abs. 1 des Staatsgerichtshofgesetzes; für Baden-Württemberg aus § 23 des Staatsgerichtshofgesetzes; für Hamburg aus Art. 65 Abs. 4 der Verfassung und aus § 15 Abs. 1 des Verfassungsgerichtsgesetzes; für Bremen aus Art. 142 letzter Satz der Verfassung; für Niedersachsen aus § 19 Abs. 2 des Staatsgerichtshofgesetzes; für Rheinland-Pfalz aus Art. 136 Abs. 1 der Verfassung und aus § 26 Abs. 2 des Verfassungsgerichtshofgesetzes und für Nordrhein-Westfalen aus § 26 des Verfassungsgerichtshofgesetzes. Entscheidungen des bayerischen Verfassungsgerichtshofs haben nach Art. 20 des Gesetzes über den Verfassungsgerichtshof bindende Wirkung; es fehlt jedoch in diesem Gesetz an einer ausdrücklichen Bestimmung, wonach den Entscheidungen auch Gesetzeskraft zukommt.

III. Inzidente Gültigkeitsprüfung durch andere Gerichte

Alle anderen Gerichte können über die Gültigkeit von Rechtsnormen nur als Vorfrage, also inzident, entscheiden und eine Rechtsnorm nur dadurch für nichtig halten, daß sie diese Norm auf den zu beurteilenden Sachverhalt nicht anwenden.

Steht ein Verstoß gegen das Grundgesetz oder ranghöhere Normen des Bundesrechts in Rede, so können die sonstigen Gerichte nur vorkonstitutionelle Bundes- und Landesgesetze im formellen Sinn, sowie sonstiges Bundes- oder Landesrecht im Rang unter dem Gesetz auf ihre Gültigkeit prüfen, dies jedoch nur dann, wenn nicht hierfür die Verfassungsgerichte nach Art. 100 Abs. 1 GG bzw. nach den oben angeführten landesrechtlichen Bestimmungen allein zuständig sind.

Ergibt sich die Nichtigkeit einer Rechtsnorm aus anderen als den oben angeführten Gründen, so können die sonstigen Gerichte — vorbehaltlich der Zuständigkeit der Landesverfassunggerichte — die Nichtigkeit dieser Rechtsnorm ohne Einschränkungen inzident feststellen. Für diese Befugnis fehlt es zwar an einer ausdrücklichen verfassungsrechtlichen oder gesetzlichen Grundlage. Sie wird jedoch daraus hergeleitet, daß der Richter bei der Entscheidung eines Falles nur gültiges Recht anwenden darf und deshalb zur Prüfung der Gültigkeit des anzuwendenden Gesetzes verpflichtet ist. Kommt er zu dem Ergebnis, daß das Gesetz nichtig oder ungültig ist, und besteht keine Vorlagepflicht an ein Verfassungsgericht, so stellt der Richter die Nichtigkeit der Norm für den konkreten Rechtsstreit dadurch fest, daß er sie nicht anwendet. Daß die Norm nichtig ist, wird nur in den Urteilsgründen ausgeführt, aber nicht im Tenor festgestellt oder erklärt.

Die Inzidentfeststellung der Nichtigkeit einer Rechtsnorm hat deshalb nicht die gleichen Wirkungen wie die Nichtigerklärung einer Rechtsnorm durch ein Verfassungsgericht. Während die Entscheidung des Verfassungsgerichts bindende Wirkung und darüber hinaus auch Gesetzeskraft hat, wirkt die inzidente Feststellung der Nichtigkeit nur unter den Beteiligten des konkreten Verfahrens. Diese Feststellung „setzt grundsätzlich nur für den entschiedenen Einzelfall Recht[22]. Die inzidente Nichtigkeitsfeststellung ist also weder allgemeinverbindlich noch kommt ihr Gesetzeskraft zu. Widersprechende Entscheidungen desselben oder anderer Gerichte über die Gültigkeit der Norm sind möglich.

Hat die inzidente Feststellung der Nichtigkeit keine binde Wirkung, so können die Finanzverwaltungsbehörden die Rechtsnorm weiterhin für gültig halten und anwenden[23]; sie machen sich dabei jedoch möglicherweise einer Amtspflichtverletzung schuldig, wenn sie ein Urteil des Bundesfinanzhofs einem gleichgelagerten Sachverhalt nicht zugrunde legen.

IV. Nichtigerklärung nach § 47 VwGO

Eine Ausnahme von dem Grundsatz, daß die sonstigen Gerichte Rechtsnormen nur inzident für nichtig halten können, besteht nach § 47 VwGO[24]. Nach dieser Bestimmung hat das Oberverwaltungsgericht in einem abstrakten Normenkontrollverfahren über die Gültigkeit von landesrechtlichen Verordnungen oder anderen im Rang unter dem Landesgesetz stehenden landesrechtlichen Rechtsvorschriften, z. B. einer gemeindlichen Satzung, auf Antrag einer von der Norm betroffenen natürlichen oder juristischen Person oder einer Behörde zu entscheiden[25]. Das Oberverwaltungsgericht hat diese Entscheidungsbefugnis nur, soweit nicht nach anderen Bestimmungen eine Nachprüfung der betreffenden Rechtsnorm durch ein Verfassungsgericht vorgesehen ist.

Die Entscheidung des Oberverwaltungsgerichts, in der die Gültigkeit einer Rechtsnorm verneint worden ist, ist nach § 47 letzter Satz VwGO

---

[22] BFH in BStBl. 1964 III, 54.

[23] Vgl. den Erlaß des Finanzministers Nordrhein-Westfalen vom 2. 2. 1965 — S 5230 — 7 — VC 2 — in DB 1965, 288.

[24] Von der in § 47 VwGO eingeräumten Ermächtigung haben folgende Länder in ihren Ausführungsgesetzen zur VwGO Gebrauch gemacht: Baden-Württemberg in § 5 AGVgGO; Bayern in Art. 10 AGVwGO und Schleswig-Holstein in § 5 AGVwGO.

[25] Siehe hierzu im einzelnen *König* in DVBl. 1963, 81 ff. Ein Beispiel für die Prüfung einer Steuerrechtsnorm im Normenkontrollverfahren des § 47 VwGO enthält das Urteil des VGH München vom 31. 12. 1962 in DVBl. 1963, 107 ff., in dem es um die Gültigkeit einer Satzung der Stadt München ging, auf Grund deren eine Speiseeissteuer erhoben wurde.

allgemeinverbindlich. An diese Entscheidung sind alle Gerichte, Verwaltungsbehörden, Privatpersonen und sonstige Rechtsträger gebunden. Sie dürfen die Rechtsnorm nicht mehr als gültig betrachten[26].

V. Bisher für nichtig erklärte und dem Bundesverfassungsgericht zur Nachprüfung vorgelegte Steuerrechtsnormen

1. Vom Bundesverfassungsgericht für nichtig erklärte Steuerrechtsnormen

Das Bundesverfassungsgericht hat bisher folgende Steuerrechtsnormen für nichtig erklärt:

a) Umsatzsteuer

§§ 6 Abs. 2, 8 und 18 Abs. 1 Nr. 1 UStG i. d. F. der Bekanntmachung vom 1. 9. 1951, soweit darin die Bundesregierung zum Erlaß von Rechtsverordnungen ermächtigt worden ist[27];

b) Einkommensteuer

α) § 10 b EStG 1955, § 11 Ziff. 5 KStG 1955 (Abzug von Zuwendungen an politische Parteien vom Gesamtbetrag der Einkünfte)[28];

β) § 26 EStG 1951 (Zusammenveranlagung von Ehegatten)[29];

γ) § 27 EStG (Zusammenveranlagung von Eltern mit Kindern)[30];

δ) § 5 Abs. 1 Satz 1 des Gesetzes zur Ergänzung des EStG und KStG vom 20. 5. 1952, soweit in ihm die Anwendung des § 3 Nr. 1 des Gesetzes für den Veranlagungszeitraum 1951 angeordnet wird (Rückwirkung eines belastenden Gesetzes auf abgeschlossene Tatbestände)[31];

c) Gewerbesteuer

α) § 8 Ziff. 5 GewStG (Hinzurechnung der Gehälter und sonstigen Vergütungen, die für eine Beschäftigung des Ehegatten des Unterneh-

---

[26] *König*, a.a.O., 86 unter II 2 a.

[27] BVerfG, Urteil vom 5. 3. 1958 — 2 BvL 18/56 — BVerfGG 7, 282 ff. = BStBl. 1958 I 83; BVerfG Beschl. vom 27. 11. 1962 — 2 BvL 13/61 — in HFR 1963, 46 = DStZ B 1963, 60.

[28] BVerfG, Beschl. vom 24. 6. 1958 — 2 BVF 1/57 — BVerfGG 8, 51 ff. = BStBl. 1958 I 403.

[29] BVerfG, Beschl. vom 17. 1. 1957 — 1 BvL 4/54 — BVerfGE 6, 55 ff., 66 ff. = BStBl. 1957 I 193.

[30] BVerfG, Beschl. vom 2. 6. 1964 — 2 BvL 23/62 — BVerfGE 18, 52 ff.

[31] BVerfG, Urteil vom 19. 12. 1961 — 2 BvL 6/59 — BVerfGE 13, 261 = BStBl. 1962 I 486.

2*

mers oder Mitunternehmers im Betrieb gewährt werden, zum Gewinn aus Gewerbebetrieb)[32];

β) § 8 Ziff. 6 GewStG mit hier nicht interessierenden Einschränkungen (Hinzurechnung der Gehälter und sonstigen Vergütungen, die von einer juristischen Person des privaten Rechts an wesentlich Beteiligte oder an deren Ehegatten für eine Beschäftigung im Betrieb gewährt werden[33]);

γ) § 17 Abs. 1 GewStG, soweit diese Bestimmung zuläßt, daß für Wareneinzelhandelsunternehmen, die in einer Gemeinde eine Betriebsstätte unterhalten, ohne in dieser ihre Geschäftsleitung zu haben, der Hebesatz bis zu drei Zehnteln erhöht werden kann[34];

d) *Grunderwerbsteuer*

§ 1 Abs. 3 Nr. 1 GrErwStG, soweit diese Bestimmung der Vereinigung aller Anteile der Gesellschaft in der Hand des Erwerbers allein die Vereinigung in der Hand des Erwerbers und seines Ehegatten oder seiner Kinder gleichstellt[35];

e) *Kirchensteuer*

α) Art. 13 des badischen Ortskirchengesetzes vom 30. 6. 1922 (Bad. GVBl. S. 501) i. d. F. des badischen Landesgesetzes zur Änderung des Kirchensteuerrechts vom 28. 6. 1951 (Bad. GVBl. S. 119) und i. d. F. des Art. II Ziff. 3 des württemberg-badischen Gesetzes Nr. 410 vom 21. 1. 1952 (Reg.Bl. der Regierung Württemberg-Baden S. 3) — Heranziehung juristischer Personen zur Kirchenbausteuer[36];

β) den Satzteil „oder ihr Ehegatte" in § 6 Abs. 2 des württemberg-badischen Gesetzes Nr. 587 über die Verwaltung von Kirchensteuern im Landesbezirk Württemberg vom 1. 4. 1952 (RegBl. der Regierung Württemberg-Baden S. 33) i. d. F. des baden-württembergischen Gesetzes zur Änderung des Kirchensteuerrechts vom 30. 1. 1956 (GBL. für Baden-Württemberg S. 5) — Kirchensteuerpflicht eines keiner steuerberechtigten Kirche angehörenden Arbeitnehmers, nur weil sein Ehegatte einer Kirche angehört[37] —;

---

[32] BVerfG, Urteil vom 24. 1. 1962 — 1 BvL 32/57 — BVerfGE 13, 290 ff. = BStBl. 1962 I 492.

[33] BVerfG, Urteil vom 24. 1. 1962 — 1 BvR 845/58 — BVerfGE 13, 331 ff. = BStBl. 1962 I 500.

[34] BVerfG, Urteil vom 13. 7. 1965 — 1 BvR 771/59 u. a. — BGBl. I S. 775 = NJW 1965, 1581.

[35] BVerfG, Beschl. vom 10. 6. 1963 — 1 BvR 345/61 BVerfGE 16, 203.

[36] BVerfG, Urteil vom 14. 12. 1965 — 1 BvR 413, 416, 60 — BVerfGE 19, 206.

[37] BVerfG, Urteil vom 14. 12. 1965 — 1 BvL 31, 32/62 — BVerfGE 19, 226.

γ) den Satzteil „oder gehört ein Ehegatte keiner steuerberechtigten Religionsgesellschaft an" in Art. 12 Abs. 3 Satz 1 des badischen Ortskirchensteuergesetzes vom 30. 6. 1922 i. d. F. des Gesetzes Nr. 410 zur Änderung des Kirchensteuerrechts im Landesbezirk Baden vom in denen ein Ehegatte keiner steuerberechtigten Religionsgesellschaft angehört — bei glaubensverschiedenen Ehen darf der der steuerberechtigten Religionsgesellschaft nicht angehörende Ehegatte weder als Steuerschuldner noch im Wege der Haftung herangezogen werden[38] —;

f) Lastenausgleich

§ 91, Abs. 3 Nr. 1 LAG (Ausdehnung der Hypothekengewinnabgabe auf Grundstücke, die sich im Eigentum des Ehegatten des Schuldners befinden[39];

g) Sonstige Steuergesetze

α) Abschnitt II Art. 3 Abs. 1 Nr. 1 des Verkehrsfinanzgesetzes 1955 vom 6. 4. 1955 (BGBl. I S. 166) und Abschnitt II Art. 3 Abs. 1 Nr. 4 dieses Gesetzes, soweit diese Vorschrift die Bundesregierung zum Erlaß von Rechtsverordnungen über den Umfang der Besteuerungsgrundlage hinaus ermächtigt[40];

β) § 9 Nr. 1 und 3 des rheinland-pfälzischen Landesgesetzes zur vorläufigen Neuordnung von Steuern vom 6. 9. 1949 (GVBl. 469) — Verschärfung der Strafe für Steuerhinterziehung[41];

γ) Art. I Ziff. 3 und Art. II Satz 2 des schleswig-holsteinischen Landesgesetzes zur Ergänzung und Änderung des Gesetzes über den Wiederaufbau und die Verwaltung der Gemeinde Helgoland vom 8. 7. 1953 (Gemeindeeinfuhrsteuer der Gemeinde Helgoland)[42];

δ) § 38 Abs. 2 Satz 1 des Feuerwehrgesetzes 1956 für Baden-Württemberg (GBl. S. 19) — Verfassungswidrigkeit eines Feuerwehrbeitrages[43];

---

[38] BVerfG, Urteil vom 14. 12. 1965 — 1 BvL 2/60 — BVerfGE 19, 242. Vgl. auch das weitere Urteil vom 14. 12. 1965 — 1 BvR 606/60 — in BVerfGE 19, 268 ff.; nach diesem Urteil ist der sogenannte Halbteilungsgrundsatz des deutschen Kirchensteuerrechts, nach dem in glaubensverschiedenen Ehen die Kirchensteuer des einer steuerberechtigten Religionsgesellschaft angehörenden Ehegatten nach der Hälfte der zusammengerechneten Einkommensteuer beider Ehegatten erhoben wird, verfassungswidrig. Das gleiche gilt, wenn Kirchenlohnsteuer aus der Hälfte der Lohnsteuer berechnet wird, die von dem keiner Kirche angehörenden Ehegatten einbehalten wird.
[39] BVerfG, Urteil vom 20. 3. 1963 — 1 UvL 20/61 — BStBl. 1963 I 488 = DB 1963, 681.
[40] BVerfG, Beschl. vom 2. 6. 1964 — 2 BvL 23/62 — BVerfGE 18, 52 ff.
[41] BVerfG, Beschl. vom 19. 3. 1958 — 2 BvL 38/56 — BVerfGE 7, 330.
[42] BVerfG, Beschl. vom 29. 10. 1958 — 2 BvL 19/56 — BVerfGE 8, 260.
[43] BVerfG, Beschl. vom 20. 5. 1959 — 1 BvL 7/58 — BVerfGE 9. 291.

ε) § 2 Abs. 1 Buchst. b i. V. m. § 2 Abs. 2 Buchst. b des hessischen Gesetzes über die Getränke- und Speiseeissteuer vom 6. 12. 1951 (GVBl. S. 127) — keine Steuer mit örtlich begrenztem Wirkungskreis — Verstoß gegen Art. 105 Abs. 2 und 72 Abs. 1 GG[44] —.

2. Dem Bundesverfassungsgericht zur Nachprüfung vorgelegte Steuerrechtsnormen

Wie viele Steuerrechtsnormen das Bundesverfassungsgericht noch auf ihre Verfassungsmäßigkeit zu prüfen hat, zeigt eine — notwendigerweise unvollständige — Übersicht über die bei ihm anhängigen Normenkontrollverfahren und Verfassungsbeschwerden. Mit ihnen wird die Nichtigkeit folgender Steuerrechtsnormen geltend gemacht:

a) Umsatzsteuer

aa) § 1 Ziff. 1 UStG i. V. m. § 4 Ziff. 5 b UStG — unterschiedliche Regelung der Besteuerung von Energielieferungen bei öffentlichen und privaten Versorgungsunternehmen — Art. 3 Abs. 1 GG[45] —;

bb) §§ 2 und 3 UStG — mangelnde Wettbewerbsneutralität des geltenden Umsatzsteuersystems, Organschaft — Art. 3 Abs. 1 GG[46] —;

b) Einkommensteuer

aa) § 7 b Abs. 1 letzter Satz EStG 1958 — rückwirkende Beschränkung der Vergünstigung für die Vergangenheit —[47];

bb) § 17 EStG — Besteuerung des Vermögenszuwachses bei Veräußerung von Anteilen an eine Kapitalgesellschaft bei wesentlicher Beteiligung — Art. 3 Abs. 1 GG —[48];

cc) § 17 EStG, § 53 EStDV 1958 — Besteuerung des Veräußerungsgewinnes beim Verkauf eines Aktienpakets — Art. 1, 2, 3, 14 GG —[49];

dd) § 32 Abs. 2 Ziff. 1, § 39 Abs. 2 und § 46 Abs. 2 Ziff. 2 a EStG — Schlechterstellung der veranlagten Arbeitnehmer gegenüber sonsti-

---

[44] BVerfG, Beschl. vom 23. 7. 1963 — 2 BvL 11/61 — BVerfGE 16, 306.

[45] Inf. 1962, 301; FR 1963, 194 II 4; DB 1966, 1331 A I 1.

[46] Inf. 1962, 301; FR 1963, 194 II 6 und 386 II 3; DB 1966, 1331 A I 2; der BFH hat die Verfassungsmäßigkeit bejaht mit Urteil vom 13. 12. 1962 in BStBl. 1963 III 72; das BVerfG hat durch Zwischenurteil vom 6. 5. 1964 — 1 BvR 320/57 und 70/63 — in BVerfGE 18, 1 ff. die Verfassungsbeschwerde für zulässig erklärt.

[47] DB 1964, 642 Nr. 3 a.

[48] DB 1966, 1331 A II 2.

[49] DB, a.a.O., A II 3.

gen Lohnempfängern bei Berechnung des Kinderfreibetrages —
Art. 3 Abs. 1, 6 Abs. 1 und 20 Abs. 1 GG —[50];

ee) § 32 Abs. 2 Ziff. 4 EStG — zusammenlebende Ehegatten erhalten
für dasselbe Kind den Kinderfreibetrag nur einmal — Art. 3 Abs. 1,
6 Abs.1 GG — [51];

ff) § 32 Abs. 2 Ziff. 4 EStG — Steuervergünstigung nur für freie Erfin-
dertätigkeit, nicht bei Verwertung der Erfindung im eigenen Betrieb — Art. 80 Abs. 1 GG — [52];

gg) § 40 Abs. 1 Ziff. 2 EStG 1960, § 22 Abs. 2 Ziff. 2 LStDV 1962 —
Schlechterstellung von Ehegatten beim gemeinsamen Lohnsteuer-
jahresausgleich gegenüber Ledigen — Art. 6 Abs. 1 GG —[53];

hh) § 45 Abs. 3 Satz 1 und Abs. 6 Satz 1 EStG[54];

ii) § 50 EStG[55];

c) Gewerbesteuer

aa) § 2 Abs. 2 GewStG, §§ 2 Abs. 3 Ziff. 2 und 6, 15 und 21 EStG — Heranziehung von Mieteinkünften einer Gesellschaft bürgerlichen
Rechts zur Gewerbesteuer, weil Mieterin beherrschte Kapitalgesellschaft ist (Gewerbesteuerpflicht von Besitz-Personengesellschaften
bei Betriebsaufspaltungen) — Art. 3 Abs. 1 GG —[56];

bb) § 6 Abs. 2 GewStG — Benachteiligung lohnintensiver Betriebe
durch Erhebung der Lohnsummensteuer —[57];

cc) § 11 Abs. 2 Nr. 1 GewStG i. d. F. des 3. Abschnitts Art. 6 Nr. 9a des
Steueränderungsgesetzes 1961 — Erhöhung des Freibetrages des
Gewerbeertrages und Heraufsetzung der Steuermeßzahlen — Art.
28 Abs. 2, 106 Abs. 6 GG —[58];

dd) § 12 Abs. 2 Ziff. 1, § 8 Ziff. 1 GewStG — Hinzurechnung von Dauer-
schulden und Dauerschuldzinsen zum Gewerbeertrag — Art. 3, 11,
12 GG —[59];

---

[50] DB, a.a.O., A II 5.
[51] DB, a.a.O., A II 6.
[52] DB, a.a.O., A II 7.
[53] DB 1964, 642 Nr. 3 b und 1966, 1331 A II 9.
[54] DB 1966, 1331 A II 10.
[55] FG Düsseldorf in DStZ B 1963, 62.
[56] DB 1966, 1331 A IV 1.
[57] DB, a.a.O., A IV 2.
[58] DB, a.a.O., A IV 3.
[59] DB, a.a.O., A IV 4.

ee) § 17 GewStG — Zweigstellensteuer für Bankunternehmen — Art. 3, 14 GG —[60];

d) Kapitalverkehrsteuer

aa) § 3 Abs. 2 Satz 2 KVStG 1959 — Heranziehung von Darlehen, die der Ehegatte eines GmbH-Gesellschafters gewährt, zur Gesellschaftsteuer — Art. 3 Abs. 1 GG —[61];

bb) § 6 Abs. 1 Nr. 4 und Abs. 2 KVStG 1959 — Anteile von Kommanditisten gelten als Anteile an einer Kapitalgesellschaft, wenn eine Kapitalgesellschaft Komplementärin der Kommanditgesellschaft ist — Art. 3 Abs. 1 GG —[62];

e) Vermögensteuer

§ 5 Abs. 1 Ziff 3 i. V. m. § 11 Abs. 2 VStG — Schlechterstellung von Stiefkindern bei Gewährung des Freibetrages — Art. Abs. 1, 6 Abs. 1 GG —[63];

f) Abgabenordnung

aa) § 168 Abs. 2 AO — Fehlen einer Rechtsgrundlage für die Festsetzung von Säumniszuschlägen — Art. 14, 92 GG —[64];

bb) § 243 Abs. 3 Satz 1 AO a. F. — ungünstigere Entscheidung des Finanzgerichts gegenüber der des Finanzamts —[65];

cc) § 316 Abs. 2 AO a. F. — Erstattung der Kosten eines Bevollmächtigten im Vorverfahren —[66];

dd) §§ 391 ff. AO — Verfassungsmäßigkeit des Steuerstrafverfahrens — Art. 92, 101 GG —[67];

ee) § 445 AO — steuerstrafrechtliches Unterwerfungsverfahren — Art. 20 Abs. 2 und 3, 92 und 101 GG —[68];

---

[60] DB, a.a.O., A IV 5.

[61] DB, a.a.O., A V 1.

[62] DB, a.a.O., 1332 A V 2; der BFH hält die Bestimmungen für verfassungswidrig und nichtig: Urteil vom 3. 12. 1964 in BStBl. 1965 III 19.

[63] DB 1966, 1332 A VI.

[64] DB, a.a.O., A IX 2.

[65] DB, a.a.O., A IX 3.

[66] FG Kassel in DB 1965, 280; DB 1966, 1332 A IX 5.

[67] Inf. 1962, 301; Wirtschaftsberater Nr. 851/7789 vom 1. 6. 1963; DB 1966, 1332 A IX 6.

[68] DB, a.a.O., A IX 7.

g) Bewertungsgesetz

aa) §§ 13, 19 BewG u. a. — unterschiedliche Bewertung von Grund-
vermögen und Geldkapitalvermögen — Zugrundelegung von Ein-
heitswerten nach den Wertverhältnissen vom 1. 1. 1935 — Bewertung von Wertpapieren nach Kurswerten — Art. 3 Abs. 1 GG —[69];

bb) folgende weitere Bestimmungen des Bewertungsgesetzes:
§ 17 a Abs. 2; § 22 a. F. i. V. m. § 3 a BewDV; §§ 54 Abs. 1, 56 Abs. 1;
§ 67 Abs. 3 und § 11 Abs. 2 VStG[70];

h) mehrere Bestimmungen folgender Gesetze:

des Steuerberatungsgesetzes, des Lastenausgleichsgesetzes, des Brannt-
weinmonopolgesetzes und des Beförderungsteuergesetzes[71].

Felix hat bereits 1962 die Meinung vertreten[72], es werde noch Jahre
dauern, bis über die Verfassungsmäßigkeit auch nur der grundlegenden
Steuerrechtsnormen Gewißheit herrschen werde. Angesichts der bisher
vom Bundesverfassungsgericht für nichtig erklärten Steuerrechtsnormen und der Vielzahl der noch auf ihre Verfassungsmäßigkeit zu prü-
fenden Normen kann dem nur zugestimmt werden.

3. Inzidente Feststellung der Nichtigkeit durch die Gerichte der Finanzgerichtsbarkeit

Der Bundesfinanzhof hat folgende Steuerrechtsnormen inzident für
nichtig gehalten:

a) § 17 Abs. 1 UStDB 1951, der bestimmte daß eine juristische Person
eine Unternehmereinheit mit einer anderen juristischen Person oder
mit einer natürlichen Person nicht bilden könne[73];

b) § 18 Abs. 1 Ziff. 16 Buchst. a ErbStG[74,75];

c) die westfälische Umlageordnung (Ausgleichsumlage gewerblicher
Betriebe) für 1945/1946 — mangels ordnungsgemäßer Verkündung[76];

---

[69] DB, a.a.O., A X 1.
[70] DB, a.a.O., A X 2—5.
[71] DB, a.a.O., A XI—XV.
[72] FR 1962, 369.
[73] BFH-Urteil vom 8. 2. 1955, BStBl. III, 113 ff., 116 re.Sp. unten.
[74] BFH-Urteil vom 28. 8. 1954, BStBl. III, 306.
[75] Und zwar wegen Verstoßes gegen den in den §§ 7 c EStG, 11 Abs. 2
EStDV enthaltenen Rechtsgedanken, daß Zuwendungen zur Förderung des
Wohnungsbaues unter den Voraussetzungen dieser Bestimmungen keine
Schenkungen im Sinn des § 3 Abs. 1 Ziff. 1 und 2 ErbStG sind; vgl. auch
Sauer in StW 1962 Sp. 579 ff., 586.
[76] BFH-Urteil vom 26. 2. 1952 BStBl. III, 244.

d) § 6 Abs. 3 Satz 1 und Satz 2 der Verordnung zur Durchführung des Steuerabzuges vom Kapitalertrag i. d. F. vom 20. 5. 1959 (BStBl. I 235)[77];

e) § 6 Abs. 1 Nr. 4 KVStG und § 6 Abs. 2 KVStG, soweit er Personen, denen die nach § 6 Abs. 1 Nr. 4 KVStG bezeichneten Gesellschafterrechte zustehen, als Gesellschafter der Kapitalgesellschaft behandelt[78].

Das Finanzgericht Hamburg hat § 115 AO inzident für nichtig gehalten, soweit nach dieser Bestimmung die wesentlich beteiligten Gesellschafter einer Kapitalgesellschaft für diejenigen Steuerschulden der Gesellschaft haften, bei denen die Steuerpflicht sich auf den Betrieb des Unternehmens gründe[79].

Das Finanzgericht Stuttgart hat § 1 Abs. 2 BewDV und § 3 a BewDV, soweit es sich um Wertfortschreibungen nach Ablauf des sechsjährigen Hauptfeststellungszeitpunktes handelt, für nichtig angesehen[80].

Da in den aufgezählten Fällen die Nichtigkeit der Norm nur inzident festgestellt worden ist kann ein anderes Gericht durchaus zu einem anderen Ergebnis gelangen, also die Norm als gültig ansehen und sie auf den von ihm zu beurteilenden Sachverhalt anwenden. Ein Beispiel hierfür ist das Urteil des Bundesfinanzhofs vom 22. 10. 1951[81], in dem die §§ 59—62 UStDV 1951 über die Zusatzsteuer in der Textilwirtschaft mangels einer gültigen gesetzlichen Ermächtigung als nichtig angesehen worden sind. Das Bundesverfassungsgericht hat demgegenüber diese Rechtsnormen für vereinbar mit dem Grundgesetz erklärt[82]. Diese Entscheidung ist nach § 31 Abs. 1 BVerfGG allgemein verbindlich, so daß für die Finanzgerichte und die Finanzverwaltung die Gültigkeit der Norm feststeht.

Ebenso hielt der Bundesfinanzhof Art. 2 Abs. 7 des Steueränderungsgesetzes 1960 vom 30. 7. 1960 (BGBl. I 616) für mit dem Grundgesetz unvereinbar und deshalb nichtig[83]. Das Bundesverfassungsgericht hat demgegenüber die Verfassungsmäßigkeit der Vorschrift bejaht[84].

---

[77] BFH-Urteil vom 2. 11. 1962 in DB 1963, 261.

[78] BFH-Urteil vom 3. 12. 1964 in DB 1965, 58; vgl. *Henze* in RWP 14 D GmbH & Co II 1 (539, 59 ff.).

[79] FG Hamburg, nicht rechtskräftiges Urteil vom 31. 10. 1962 in EFG 1963, 320.

[80] FG Stuttgart, Urteil vom 23. 2. 1965 in DB 1965, 652; a. A. BFH in BStBl. 1962 III 530.

[81] BStBl. 1959 III 441.

[82] Beschl. vom 16. 5. 1961, BGBh. I 908 = DB 1961, 957.

[83] BFH-Beschlüsse vom 3. 4. und 2. 8. 1962, BStBl. III 359 und 420; *Laule* in StRK-Anm. EStG StÄndG 1960 Art. 2 Abs. 7 R. 1.

[84] BVerfG, Beschl. vom 14. 3. 1963 in DB 1963, 420.

**4. Steuerrechtsnormen, die von den Gerichten der Verwaltungs-
gerichtsbarkeit inzident für ungültig angesehen worden sind**

Ein Beispiel für die Inzidentfeststellung der Nichtigkeit von Steuerrechtsnormen durch ein Gericht der Verwaltungsgerichtsbarkeit bildet
ein Urteil des Oberverwaltungsgerichts Münster, in dem das Gericht im
Rahmen der Prüfung der Rechtmäßigkeit eines Getränkesteuerbe-
scheids, also inzident, die Getränkesteuerordnung des Landes Nordrhein-Westfalen vom 5. 6. 1953 und die auf dieser Verordnung beruhenden gemeindlichen Getränkesteuerordnungen für ungültig gehalten
hat[85].

---

[85] OVG Münster, Urteil vom 12. 12. 1962 in DStZ B 1963, 462 ff.; siehe dazu
Thiele in NWB Fach 12 S. 161 ff.

B. Wirkung der Nichtigkeit einer Steuerrechtsnorm auf den Steuerverwaltungsakt im konkreten Verfahren, in dem die Steuerrechtsnorm Gegenstand der Prüfung war

Als erstes ist die Wirkung einer nichtigen Steuerrechtsnorm auf den Steuerverwaltungsakt zu beurteilen, der dem konkreten Verfahren zugrunde gelegen hat, in dem die Norm für nichtig erklärt oder inzident für nichtig gehalten worden ist. Dabei bedarf der Begriff des Steuerverwaltungsaktes der Erläuterung.

I. Begriff des Steuerverwaltungsakts

Diesen Begriff kennen weder die Abgabenordnung noch die geltenden Einzelsteuergesetze; er erscheint erstmals in der neuen Finanzgerichtsordnung[1].

Die Abgabenordnung spricht in den §§ 91 ff. AO von „Verfügungen" und zählt als Beispiele „Entscheidungen, Beschlüsse, Anordnungen der Behörden für einzelne Personen" auf. Otto Bühler[2] definiert die Verfügung als „unmittelbar nach außen wirksamen Ausspruch einer Steuerbehörde, der in Anwendung eines Steuergesetzes auf einen Einzelfall Rechtsverhältnisse bestimmter Personen regelt[3].

Im Verwaltungsrecht wird unter einem „Verwaltungsakt" jede Verfügung, Entscheidung oder andere hoheitliche Maßnahme, die eine Behörde zur Regelung eines Einzelfalles auf dem Gebiet des öffentlichen Rechts trifft und die auf unmittelbare Rechtswirkung nach außen gerichtet ist, verstanden[4]. Beide Begriffe decken sich weitgehend[5].

---

[1] z. B. in den §§ 33 Abs. 1 Ziff 2, 38 Abs. 1, 40, 42 FGO.

[2] Lehrbuch des Steuerrechts I. Bd. § 51 I S. 324. *Bühler* weist ausdrücklich auf die Ähnlichkeit mit dem Begriff des Verwaltungsakts im Sinn Otto Mayers hin; vgl. *Otto Mayer*, Verwaltungsrecht 3. Auflage Bd. I § 9 S. 95.

[3] Ähnlich: *v. Wallis* in *Hübschmann-Hepp-Spitaler-v. Wallis-Lademann-Hartung*, AO 1.—4. Auflage vor § 91 Anm. 3 und § 91 Anm. 1; *Klein*, Die Rechtskraft in Steuersachen 1931.

[4] § 27 des Musterentwurfs eines Verwaltungsverfahrensgesetzes — EVwVerfG 1963 — des Bund-Länderausschusses; vgl. auch BVerwGE 3, 258 ff., 259 und 16, 83, 84.

[5] BFH in BStBl. 1960 III 519, 521, der die Vorschriften der AO über Verfügungen und Bescheide auf einen Verzichtsbescheid im Sinn des § 3a HypSichG anwendet; ebenso *Sauer*, Fehlerberichtigung zugunsten des Steuer-

Der wesentliche Unterschied besteht jedoch darin, daß zu den Verfügungen im Sinn der Abgabenordnung auch die Entscheidungen der Gerichte der Finanzgerichtsbarkeit zählten, und zwar jedenfalls bis zum Erlaß der neuen Finanzgerichtsordnung[6].

Um auch und gerade auf dem Gebiet des Steuerrechts die nach dem Grundgesetz gebotene Trennung zwischen weisungsgebundener Verwaltung und unabhängigen Gerichten vorzunehmen, ist es zweckmäßig, den mehrdeutigen Ausdruck „Verfügung" zu vermeiden und, so weit das hoheitliche Handeln der Steuerverwaltungsbehörden in Rede steht, dafür den Begriff „Steuerverwaltungsakt" in Anlehnung an das allgemeine Verwaltungsrecht zu verwenden[7]. Steuerverwaltungsakt ist danach jede Verfügung, Anordnung, Entscheidung oder sonstige hoheitliche Maßnahme, die von einer Steuerverwaltungsbehörde zur Regelung eines Einzelfalles auf dem Gebiet des Steuerrechts getroffen wird und die auf unmittelbare Rechtswirkung nach außen gerichtet ist.

II. Wirkung im einzelnen

Im Vorlageverfahren nach Art. 100 Abs. 1 GG entscheidet das Bundesverfassungsgericht gemäß § 81 BVerfGG nur über die Verfassungsmäßigkeit der ihm vorgelegten Rechtsnorm. Kommt es zu dem Ergebnis, daß die Rechtsnorm verfassungwidrig ist, so stellt es nach den §§ 82 Abs. 1, 78 BVerfGG die Nichtigkeit der Norm fest. Das vorlegende Gericht ist nach § 31 Abs. 1 BVerfGG an diese Entscheidung gebunden, der darüber hinaus nach § 31 Abs. 2 BVerfGG Gesetzeskraft zukommt. Das vorlegende Gericht muß danach den Steuerverwaltungsakt, sofern er auf der für nichtig erklärten Rechtsnorm beruht, aufheben und in der Sache selbst unter Berücksichtigung der Nichtigkeit der Norm entscheiden.

§ 79 Abs. 2 Satz 1 BVerfGG steht dem nicht entgegen; er betrifft nur im Zeitpunkt des Ergehens der Entscheidung des Bundesverfassungsgerichts nicht mehr anfechtbare Steuerverwaltungsakte. War der Bundesfinanzhof das vorlegende Gericht, so hat er das Urteil des Finanzgerichts, wenn es ebenso wie der dem Verfahren zugrunde liegende

---

pflichtigen auf Grund geänderter Rechtsprechung des BFH oder des BVerfG, Nürnberger Diss. 1959, S. 45.

[6] BFH-Urteil vom 3. 11. 1960, StRK AG § 92 R. 28 b; *Becker*, Kommentar zur AG, vor § 73 Anm. 1; *Klaas* in *Marcuse*, Das neue Reichssteuerrecht, 2. Auflage 1923, § 34 S. 66; *Tipke-Kruse*, AO, § 91 Anm. 1; *v. Wallis*, a.a.O., vor § 91 Anm. 3; *Barske* in StWK Gr. 2, 693.

[7] *Tipke* in StW 1947, Sp. 1, 2; *Tipke-Kruse*, a.a.O.; *Vogel* in DVBl. 1962, 435 ff., 440, 441; *Niemann* in VJSchrStFR Bd. 4 S. 173; *R. Boettcher* in StW 1962 Sp. 1 ff., 9 unter IV 1; *Naumann* in BB 1962, 1339.

Steuerverwaltungsakt auf der vom Bundesverfassungsgericht für nichtig erklärten Rechtsnorm beruht, aufzuheben und entweder selbst zu entscheiden oder die Sache an das Finanzgericht oder Finanzamt zurückzuverweisen. Auch hier bestehen Bindung und Gesetzeskraft der bundesverfassungsgerichtlichen Entscheidung nach § 31 BVerfGG.

Kommt das Bundesverfassungsgericht im Verfahren der Verfassungsbeschwerde zur Nichtigerklärung einer Steuerrechtsnorm, so hebt es die auf der nichtigen Form beruhende Entscheidung auf[8] und verweist die Sache an ein zuständiges Gericht zurück (§ 95 Abs. 2 BVerfGG). Obwohl der zugrunde liegende Steuerverwaltungsakt im Zeitpunkt des Ergehens der Entscheidung des Bundesverfassungsgerichts unanfechtbar geworden ist[9], kann § 79 Abs. 2 Satz 1 BVerfGG nicht angewendet werden, denn der Fall des § 95 Abs. 2 BVerfGG ist in § 79 Abs. 2 Satz 1 BVerfGG ausdrücklich als Ausnahme von dem in ihm enthaltenen Grundsatz aufgeführt, daß die nicht mehr anfechtbaren, auf der für nichtig erklärten Norm beruhenden Entscheidungen unberührt bleiben.

Dasselbe gilt auch für Entscheidungen der Landesverfassungsgerichte. Hinsichtlich der konkreten Normenkontrollverfahren bestimmen die meisten Landesverfassungsgerichtsgesetze ebenso wie § 81 BVerfGG, daß das Landesverfassungsgericht nur über die Rechtsfrage zu entscheiden hat, ob die Rechtsnorm gültig oder nichtig ist. Bestimmungen dieses Inhalts finden sich z. B. in § 40 Abs. 1 des hamburgischen und in § 49 Abs. 1 des nordrhein-westfälischen Verfassungsgerichtshofsgesetzes und ebenfalls in den meisten entsprechenden Gesetzen der anderen Länder. Kommt das Verfassungsgericht zu der Überzeugung, daß die Rechtsnorm nichtig ist, so stellt es diese Nichtigkeit in seiner Entscheidung fest (z. B. § 50 des baden-württembergischen und § 47 des nordrheinwestfälischen Landesverfassungsgerichtsgesetzes). Da diese Entscheidung allgemeinverbindlich und allgemeingültig ist, muß sie auch das vorlegende Gericht beachten und seiner Entscheidung zugrunde legen.

Dieselben Folgen, die oben für im Verfassungsbeschwerdeverfahren ergehende Urteile des Bundesverfassungsgerichts dargelegt worden sind, treten auch ein, wenn ein Landesverfassungsgericht in einem solchen Verfahren eine Rechtsnorm für nichtig erklärt. So bestimmt z. B. § 49 Abs. 2 des hessischen Staatsgerichtshofsgesetzes, daß der Staatsgerichtshof das von einem Gericht des Landes Hessen erlassene rechtsprechende Urteil für kraftlos erklären und in der Sache selbst ent-

---

[8] In der Regel ist diese Entscheidung ein letztinstanzliches Urteil, unter den Voraussetzungen des § 90 Abs. 2 BVerfGG kann es auch ein Steuerverwaltungsakt sein.

[9] Die Verfassungsbeschwerde ist kein echtes Rechtsmittel, sondern ein außerordentlicher Rechtsbehelf; ihre Erhebung hindert deshalb den Eintritt der Unanfechtbarkeit nicht.

scheiden oder die Sache an die Vorinstanz zur erneuten Verhandlung und Entscheidung zurückverweisen kann. Art. 51 Abs. 1 Satz 2 und Abs. 2 des bayerischen Verfassungsgerichtshofsgesetzes sieht vor, daß der Verfassungsgerichtshof zu bestimmen hat, in welcher Weise der Beschwerde abzuhelfen ist, und daß der Vollzug der Entscheidung der Staatsregierung oder dem zuständigen Staatsministerium obliegt.

Kommt ein Gericht der Finanzgerichtsbarkeit oder einer anderen Gerichtsbarkeit im Rahmen der Inzidentprüfung zu der Überzeugung, eine Steuerrechtsnorm sei verfassungwidrig und daher nichtig, so legt es diese Erkenntnis der Beurteilung des weiteren Schicksals des ihm vorliegenden Steuerverwaltungsakts zugrunde und hebt ihn, wenn er auf der für nichtig gehaltenen Rechtsnorm beruht, auf bzw. ändert ihn so ab, daß er sich in Übereinstimmung mit der wahren Rechtslage befindet.

Alle Steuerverwaltungsakte, die in dem konkreten Verfahren ergangen sind, in dem die Rechtsnorm Gegenstand der Prüfung war, werden, wie die bisherige Untersuchung gezeigt hat, wegen der fehlenden Rechtsgrundlage entweder aufgehoben oder inhaltlich so geändert, daß sie der verfassungsgemäßen Rechtslage entsprechen. Die Wirkungen der nichtigen Rechtsnormen werden also in vollem Umfang beseitigt.

C. Unmittelbare Wirkung der Nichtigkeit einer Steuerrechtsnorm auf sonstige Steuerverwaltungsakte die auf der nichtigen Norm beruhen

Welche Wirkung hat die Nichtigerklärung einer Steuerrechtsnorm auf alle anderen Steuerverwaltungsakte, die auf der nichtigen Norm beruhen, aber in einem anderen Verfahren ergangen sind als in dem, in dem die Steuerrechtsnorm für nichtig erklärt worden ist?

Es wird zu unterscheiden sein zwischen Steuerverwaltungsakten, die in der Zeit vor Nichtigerklärung der Norm erlassen worden sind, und solchen, die die Behörde erst nach Verkündung der gerichtlichen Entscheidung über die Nichtigkeit der Norm erlassen hat.

Zunächst ist jedoch zu klären, wann ein Steuerverwaltungsakt auf einer nichtigen Rechtsnorm beruht.

I. Das Beruhen auf einer nichtigen Rechtsnorm

Zum Begriff des Verwaltungsaktes und ebenso des Steuerverwaltungsaktes gehört es, daß die Behörde eine Maßnahme zur Regelung eines Einzelfalles trifft, die auf eine unmittelbare Rechtswirkung nach außen gerichtet ist[1]. Diese Maßnahme bestimmt etwas, was für den Betroffenen rechtens ist oder legt ihm ein bestimmtes Tun oder Unterlassen auf oder greift in sonstiger Weise unmittelbar in seinen Rechtskreis ein[2].

„Der Ausspruch dessen, was ist bzw. was geschehen, gestattet oder verboten sein soll"[3], kann als „der anordnende Teil" des Verwaltungsakts bzw. als sein „Verfügungssatz"[4] bezeichnet werden. Dieser Verfügungssatz ist — jedenfalls gedanklich — zu unterscheiden von der tatsächlichen Begründung, die dem Verwaltungsakt von der erlassenden Behörde beigegeben worden ist[5] bzw. von den Gründen, die für seinen Erlaß kausal waren[6].

---

[1] Vgl. oben unter B I; ferner BVerwG in DVBl. 1959, 582; Hamburgisches OVG in DVBl. 1950, 507, 508; *Tipke-Kruse*, AG § 91 Anm. 3.
[2] BVerwGE 1, 12 ff.; OVG Münster in DÖV 1958, 717.
[3] *Schütz* in MDR 1954, 459; BVerwG in DVBl. 1954, 224; BVerwGE 1, 311.
[4] BayVGH in ZMR 1953, 91 ff., 93; *Reuß* in DVBl. 1954, 593, 594.
[5] BVerwGE 1, 12, 13, und 311 ff.
[6] *Reuß*, a.a.O., S. 594, 595.

Stellt eine nichtige Rechtsnorm die normative Grundlage des Verfügungssatzes dar, wird der Verfügungssatz also als solcher unmittelbar von der nichtigen Rechtsnorm getragen, so beruht der Steuerverwaltungsakt auf der nichtigen Norm.

Dieser Fall wird bei Steuerbescheiden verhältnismäßig selten auftreten. Nach § 10 Abs. 1 AO setzt das Finanzamt die Steuer durch den Steuerbescheid fest, d. h. es stellt fest[7], daß eine bestimmte Steuer in einer bestimmten Höhe (§ 211 Abs. 1 Satz 1 AO) von einem bestimmten Steuerpflichtigen zu erheben ist[8]. Diese Steuerfestsetzung stellt den Verfügungssatz des Steuerbescheides dar.

Da der Verfügungssatz nur ausspricht, welchen Betrag an welcher Steuer für welchen Zeitraum von wem zu erheben ist, kann seine normative Grundlage in der Regel ihm selbst nicht unmittelbar entnommen werden. Hierzu bedarf es eines Eingehens auf die Gründe, die für den Erlaß des Steuerbescheides kausal waren, denn diese bestimmen zusammen mit dem Verfügungssatz das Wesen und die Identität des konkreten Steuerbescheides[9]. Diese Gründe brauchen mit der dem Bescheid von der Finanzverwaltung gegebenen Begründung nicht übereinstimmen; die letztere kann unzutreffend sein[10].

Nach dem in § 1 Abs. 1 Satz 1 AO enthaltenen Grundsatz der Tatbestandsmäßigkeit der Besteuerung entstehen Steuerschulden nur dann, wenn der Tatbestand im Sinn eines bestimmten Lebensvorganges verwirklicht ist, an den das Gesetz, d. h. die Gesamtheit der Steuerrechtsnormen, die Steuerschuld knüpft[11]. Nach diesem Grundsatz muß sich eine jede Steuerfestsetzung, insbesondere jeder Steuerbescheid auf eine oder auf eine Mehrzahl von Steuerrechtsnormen (Steuertatbeständen) gründen, deren abstrakte tatbestandliche Voraussetzungen auf den bestimmten Lebensvorgang zutreffen müssen.

Es bedarf also der Prüfung, welchen konkreten Lebensvorgang das Finanzamt im Steuerbescheid der Besteuerung unterworfen hat, welche

---

[7] Die früher streitige Frage, ob Steuerbescheide rechtsfeststellende oder rechtsbegründende Wirkung äußern, ist heute dahin geklärt, daß die Steuerfestsetzung als solche rechtsfeststellender Natur ist (§ 3 Abs. 1 und 2 StAnpG). Dabei ist man sich darüber einig, daß Steuerbescheide in gewissen Fällen auch rechtsbegründende Wirkung mit sich bringen können; *Spitaler* in Hübschmann ..., a.a.O., § 210 Anm. 2; *Bühler*, Lehrbuch I, § 51 II 1, S. 327; *Tipke-Kruse* AO § 210 Anm. 4.

[8] *Tipke-Kruse*, a.a.O.; *Spitaler* in Hübschmann ... AO § 210, Anm. 2 Abs. 3 Ziff 3.

[9] *Reuß*, a.a.O., S. 594, 595.

[10] Ebenda.

[11] *Hensel*, Steuerrecht S. 43; *Tipke-Kruse*, AO § 1 Anm. 13, § 97 Anm. 11 und § 3 StAnpG Anm. 5.

Steuerrechtsnorm auf ihn zutrifft und durch ihn verwirklicht werden soll. Hierbei kann, was bei Steuerbescheiden die Regel sein wird, der Lebensvorgang aus einer Vielzahl einzelner Sachverhalte bestehen, durch die eine Mehrzahl von Steuerrechtsnormen verwirklicht wird. Steuerbescheide beruhen somit auf den Steuerrechtsnormen, deren tatbestandliche Merkmale und Voraussetzungen auf den einheitlichen Lebenssachverhalt zutreffen und die die Verwirklichung des Lebenssachverhalts darstellen, der der Besteuerung unterworfen worden ist[12]. Wenn eine solche durch den der Besteuerung unterworfenen Lebenssachverhalt verwirklichte Rechtsnorm nichtig ist — und nur dann —, beruht ein Steuerbescheid auf der nichtigen Norm.

Diese Ausführungen gelten für sonstige Steuerverwaltungsakte entsprechend.

Die Frage, ob ein Steuerverwaltungsakt auch dann auf einer nichtigen Rechtsnorm beruht, wenn die Finanzverwaltung diese Norm nur irrtümlich in der von ihr gegebenen Begründung angeführt hat, in Wirklichkeit aber der der Besteuerung unterworfene Sachverhalt durch diese Norm nicht verwirklicht worden ist, beurteilt sich nach den von der Rechtsprechung und Literatur entwickelten Grundsätzen über das Nachschieben von Rechtsgründen nach Anfechtung eines Verwaltungsaktes. Hiernach können Rechtsgründe, die beim Erlaß des Verwaltungsaktes bereits vorlagen, aber in der von der Verwaltungsbehörde gegebenen Begründung nicht enthalten waren, nachgeschoben werden, wenn hierdurch der Verwaltungsakt in seinem Wesensgehalt und in seinem Ausspruch (Verfügungssatz) nicht geändert und der Betroffene in seiner Rechtsverteidigung nicht beeinträchtigt wird[13,14].

Wendet man diesen Grundsatz an, so kann die auf den der Besteuerung unterworfenen Lebenssachverhalt wirklich zutreffende Rechtsnorm nachgeschoben werden, denn die Auswechslung der normativen Grundlage führt in der Regel nicht zu einer Änderung des Wesens-

---

[12] Vgl. auch OLG Hamm in NJW 1962, 2265 im Fall des Beruhens eines strafrechtlichen Urteils auf dem nichtigen § 71 StVZO.

[13] BVerwGE 1, 12 ff. und 311 ff.; BSG in NJW 1960, 1125; Reuß, a.a.O.; Wolff, Verwaltungsrecht I, § 50 II d S. 292;

[14] Nach BVerwGE 8, 234 ff., 238 gilt dieser Grundsatz nur beschränkt, wenn der angefochtene Verwaltungsakt von einem Ausschuß erlassen worden ist, der nicht nur aus Bediensteten der betreffenden Behörde besteht. In diesem Fall ist ein Nachschieben von Gründen nur zulässig, wenn die Begründung des Verwaltungsakts den sicheren Schluß zuläßt, daß der Ausschuß sich bei einem rechtzeitigen Hinweis auch die nachgeschobene Begründung zueigen gemacht hätte. — Diese Ausführungen sind von Bedeutung für auf Grund mündlicher Verhandlung vor dem Steuerausschuß erlassene Einspruchsbescheide (§ 24 Abs. 3 FVG). Bei ihnen dürfen Gründe nur unter den o. a. eingeschränkten Voraussetzungen nachgeschoben werden.

gehaltes eines Steuerverwaltungsakts[15]. Die nachgeschobene Rechtsnorm ist diejenige, auf der der Verwaltungsakt von Anfang an beruht hat. Ist sie gültig, so hat der Verwaltungsakt eine gültige Rechtsgrundlage. Die bloße Anführung einer nichtigen, auf den zu besteuernden Sachverhalt nicht zutreffenden Norm in den Gründen des Verwaltungsakts führt nicht dazu, daß der Steuerverwaltungsakt auf der nichtigen Norm beruht. Etwas anderes kann unter Umständen gelten, wenn Ermessensentscheidungen auf ungültige Rechtsnormen gestützt werden.

II. Sind die auf einer nichtigen Rechtsnorm beruhenden Steuerverwaltungsakte selbst nichtig?

Die Wirkung der Nichtigkeit der Rechtsnorm ist zunächst für diejenigen Steuerverwaltungsakte zu untersuchen, die zeitlich vor Verkündung der gerichtlichen Entscheidung über die Nichtigkeit der Norm erlassen worden sind.

Die stärkste Wirkung, die die Nichtigkeit der Norm auf die auf ihr beruhenden Steuerverwaltungsakte haben könnte, wäre die Nichtigkeit der Steuerverwaltungsakte selbst, und zwar vom Zeitpunkt ihres Erlasses an. Dann wären die Steuerverwaltungsakte rechtlich völlig unbeachtlich. Die Finanzverwaltung und die Steuerpflichtigen wären weder an sie gebunden noch durch sie berechtigt oder verpflichtet[16].

1. Bedeutung und Wirkung der Nichtigerklärung einer Rechtsnorm

Der Steuerverwaltungsakt könnte nur dann von Anfang an nichtig sein, wenn die Nichtigkeit der Rechtsnorm ihm jede rechtliche Grundlage entzöge und die Nichtigerklärung entweder eine von Anfang an bestehende Ungültigkeit der Rechtsnorm im Sinn eines Nichtgeltens schlechthin bedeuten oder ihr eine echte Rückwirkung innewohnen würde, die die Rechtsnorm ex tunc ungültig macht. Diese Frage ist, soweit es sich um Nichtigerklärungen von Normen durch das Bundesverfassungsgericht und die Rechtsnatur dieser Nichtigerklärungen handelt, streitig.

Man wird hier zwischen vor- und nachkonstitutionellen Normen und anfänglicher und nachträglicher Verfassungswidrigkeit — vom Zeitpunkt des förmlichen Erlasses der Norm aus gesehen — unterscheiden müssen[17].

---

[15] Vgl. die Urteile des BVerwG in Anm. 13.

[16] Zu wenig erhobene Steuern wären dann mindestens insoweit nachzuerheben, als die Steueransprüche noch nicht verjährt sind. Ebenso würde sich die Frage nach der Erstattung der auf Grund der nichtigen Bescheide gezahlten Steuern stellen. Vgl. *R. Boettcher* in StW 1962, Sp. 1, 3 unter 2 a.

[17] *Hoffmann* in JZ 1961, 193.

a) Wenn eine vorkonstitutionelle Norm
infolge des Inkrafttretens des Grundgesetzes
verfassungswidrig geworden ist

Vorkonstitutionelle Rechtsnormen, die dem Grundgesetz widerspra-
chen, sind gemäß Art. 123 Abs. 1 GG mit dem Inkrafttreten des Grundgesetzes außer Kraft gesetzt worden. Die Normen waren in der Regel
bis zu diesem Zeitpunkt gültiges Recht und sind von diesem Zeitpunkt
ab nicht mehr Bestandteil der Rechtsordnung.

Wird eine solche Norm vom Bundesverfassungsgericht für nichtig erklärt oder von einem anderen Gericht inzident für nichtig gehalten, so
kommt dieser Entscheidung eine nur feststellende und keine rechtsbegründende Wirkung zu, weil das Gesetz bereits durch Art. 123 GG
außer Kraft gesetzt worden ist[18]. Die gerichtliche Entscheidung hat auch
keine Rückwirkung im echten Sinn, denn das Gesetz ist auf Grund des
Art. 123 GG mit dem Inkrafttreten des Grundgesetzes von selbst — ipso
iure — nichtig geworden[19]. Dem Zeitpunkt, in dem diese Nichtigkeit
festgestellt wird, kommt keine rechtliche Bedeutung zu; der Zeitpunkt
der Entscheidung ist lediglich insofern von Bedeutung, als die bis dahin
bestehende Ungewißheit über das Außerkrafttreten der Norm beseitigt
wird.

Vor konstitutionelle verfassungswidrige Gesetze sind deshalb mit dem
Inkrafttreten des Grundgesetzes, dem 24. Mai 1949, ungültig und damit
nichtig geworden. Gerichtliche Entscheidungen, auch solche des Bundesverfassungsgerichts, stellen diese Tatsache nur fest. Beruhen nach dem
24. Mai 1949 erlassene Steuerverwaltungsakte auf einer solchen außer
Kraft gesetzten Norm, so sind diese Steuerverwaltungsakte ohne eine
gesetzliche Grundlage erlassen worden.

b) Wenn eine nachkonstitutionelle Norm
nachträglich verfassungswidrig wird

Dasselbe Ergebnis tritt auch ein, wenn eine nachkonstitutionelle
Norm erst nach ihrem Erlaß dadurch verfassungswidrig wird, daß das
Grundgesetz — bei einer landesrechtlichen Norm die Landesverfassung—
geändert und dadurch die bisher verfassungsmäßige Norm verfassungswidrig geworden ist. Auch hier tritt die Nichtigkeit der Norm ipso iure
ein[20].

------

[18] Vgl. auch *Hoffmann*, a.a.O., S. 197 li.Sp. oben; im Ergebnis zustimmend
Bettermann in MDR 1949, 394 ff., 396.
[19] *Maunz-Dürig*, GG Art. 123 Anm. II 3 c Tz. 9.
[20] So auch *Hoffmann*, a.a.O., S. 193.

Nach dem Inkrafttreten der Verfassungsänderung auf Grund der nunmehr verfassungswidrigen Norm erlassene Steuerverwaltungsakte haben deshalb ebenfalls keine rechtliche Grundlage.

c) Wenn eine nachkonstitutionelle Norm von Anfang an verfassungswidrig ist

Nachkonstitutionelle Normen, die schon im Zeitpunkt ihres förmlichen Erlasses verfassungswidrig waren, sind nach überwiegender Meinung ebenfalls von Anfang an, d. h. schon vom Zeitpunkt ihres Erlasses ab, ipso iure nichtig[21]. Nach dieser Auffassung stellt auch das Bundesverfassungsgericht, wenn es solche Normen für nichtig erklärt, die Nichtigkeit in seiner Entscheidung nur fest[22].

Andere Autoren[23] vertreten die Auffassung, ein verfassungswidriges Gesetz werde durch die Entscheidung des Bundesverfassungsgerichts mit rechtsgestaltender Wirkung vernichtet, wobei teils eine solche „Vernichtung" mit „prinzipiell rückwirkender Kraft" angenommen wird[24], was einer echten Rückwirkung entspricht, teils eine „Vernichtung" nur mit Wirkung ex nunc, also vom Zeitpunkt der Verkündung der bundesverfassungsgerichtlichen Entscheidung ab, behauptet wird[25]. Vereinzelt

---

[21] BVerfGE 8, 51 ff., 71; BFH in BStBl. 1959 III 172 und wohl auch in BStBl. 1963 III 51, 52; BSG in NJW 1961, 991; BFH-Urteil in BStBl. 1962 III 494, 495 unter II; BGH in DB 1963, 794 und 1965, 31; Lechner, BVerfGG § 78 Anm. 2 a.E.; Arndt in NJW 1957, 363 und 1959, 863 und 2145; in BB 1959, 534; 1960, 993 und 1351; in JZ 1960, 488; in DÖV 1959, 81; Sigloch in JZ 1958, 80; Michel in DÖV 1959, 42; Bettermann in ZZP 72, 32, 33 und in AöR 86, 129 ff., 161 Fußn. 53 a; Wacke in NJW 1958, 776, 778; Rudolf in AöR 85, 457 ff., 467; Scheuner in BB 1960, 1253, 1257 unter IV; Müller in DVBl. 1962, 158, 161; Barth in GmbH-Rdsch. 1962, 41, 43; Spitaler in UStR 1958, 113; Laux in StW 1957, Sp. 293 u. 299 Fußn. 17; Sauer in Fehlerberichtigung, S. 33, 34; Boettcher-Grass, Die Ehegattenbesteuerung S. 37; Hamel in Bettermann-Nipperdey-Scheuner, Die Grundrechte IV/1 S. 37 ff., 108; Sauer in StW 1962 Sp. 579, 581 unter B I; Thieme in DÖV 1962, 686, 687.

[22] Vgl. die Urteile in Anm. 21 und Bahlmann in MDR 1963, 541.

[23] Götz in NJW 1960, 1177, 1179; Hoffmann in JZ 1961, 193 ff.; Kraemer in Staatsanzeiger Rheinland-Pfalz Nr. 38/1962 S. 1; Maisch in NJW 1959, 227, 228; widersprüchlich in NJW 1959, 1475, 1476; widersprüchlich auch Theis in DB 1963, 79, 80, der hinsichtlich eines für nichtig erklärten Gesetzes von „in der Vergangenheit gültigem Recht" spricht; nicht ganz eindeutig ferner Geiger in NJW 1954, 1057, 1059: er spricht von „Vernichtung" oder „Bestätigung eines Gesetzes", räumt aber zugleich ein, das Bundesverfassungsgericht schaffe nicht Recht, sondern wende es nur an. Für konstitutive Wirkung auch Ipsen in DV 1949, 486, 491, der das BVerfG als „Gesetzesvernichter" bezeichnet. In diesem Sinn wohl auch König in DVBl. 1963, 81, 84: die für nichtig erklärte Norm sei nicht mehr vorhanden.

[24] Götz, a.a.O., und wohl auch Kraemer, a.a.O.

[25] So offensichtlich Hoffmann, a.a.O., S. 198, der die konstitutive Wirkung damit begründet, daß zu einem früheren Zeitpunkt als dem des Erlasses der Entscheidung eine Nichtigkeit nicht eintreten könne. Das bedeutet echte exnunc-Wirkung.

wird noch die Auffassung vertreten, das Bundesverfassungsgericht könne selbst die Wirkung seiner Entscheidung bestimmen[26].

Man kann darüber streiten, ob die Art. 1 Abs. 3, 20 Abs. 3, 31 und 100 GG eine Nichtigkeit ipso iure und ab initio fordern[27]. Auch die Bestimmungen des Bundesverfassungsgerichtsgesetzes geben keinen klaren Aufschluß zu dieser Frage. § 78 Satz 1 BVerfGG spricht von „Feststellung der Nichtigkeit", Satz 2 von „für nichtig erklären". Die erste Formulierung könnte auf eine deklaratorische, die zweite auf eine konstitutive Wirkung der Entscheidung des Bundesverfassungsgerichts schließen lassen. Dem steht jedoch entgegen, daß der Regierungsentwurf zum Bundesverfassungsgerichtsgesetz sich eindeutig für den Feststellungscharakter der bundesverfassungsgerichtlichen Entscheidung und für ihre ex-tunc-Wirkung ausspricht[28]. Das Bundesverfassungsgerichtsgesetz verwendet beide Formulierungen offensichtlich synonym.

Aus § 79 BVerfGG ergibt sich für die Beurteilung dieser Frage nichts, denn diese Bestimmung regelt nicht die Wirkung der Entscheidung des Bundesverfassungsgerichts, sondern das Schicksal der auf der für nichtig erklärten Norm beruhenden Hoheitsakte.

Wenn eine vorkonstitutionelle verfassungswidrige Rechtsnorm mit dem Inkrafttreten des Grundgesetzes als dem ranghöheren Recht ispo iure ungültig und eine nachkonstitutionelle verfassungsmäßige Rechtsnorm ebenfalls mit dem Inkrafttreten der ranghöheren Norm ipso iure nichtig wird, so ist es nur folgerichtig, nachkonstitutionelle Rechtsnormen, die sich vom Zeitpunkt ihres Erlasses an in Widerspruch zur ranghöheren Norm befinden, ebenfalls als ipso iure und ab initio nichtig anzusehen. Grund für diese Nichtigkeit ist in allen drei Fällen die Rangordnung, in der die einzelnen Rechtsquellen in unserem Normen-

---

[26] *Oswald* in FR 1962, 196 unter Berufung auf *Müller* in FR 1960, 225 und 1961, 47 und auf *Hartz* in DB 1961, 753. Oswalds Voraussetzung, das BVerfG könne die Folgen seines Spruchs selbst regeln, ist unrichtig, denn das BVerfG ist wie ein jedes andere Gericht an das ihm vorgegebene Verfahrensrecht gebunden und darf nicht eigenmächtig ein anderes Verfahrensrecht an dessen Stelle setzen. Auch der Schluß Oswalds a maiore ad minus — wenn das BVerfG eine Rechtsnorm ex tunc für nichtig erklären könne, sei darin die weniger weitgehende Befugnis eingeschlossen, das Gesetz ex nunc oder sogar „in futuro" für nichtig zu erklären — ist unzutreffend, denn deklaratorische und konstitutive Wirkung stehen zueinander nicht im Verhältnis eines minus und maior, sondern sind ein aliud. Eine freie Bestimmung der Rechtsfolgen seiner Entscheidung würde das BVerfG praktisch zu einem zweiten Gesetzgeber machen.

[27] Vgl. einerseits *Hamann*, a.a.O., und *Arndt* in BB 1960, 993 und andererseits *Hoffmann*, a.a.O., S. 197 und *Götz*, a.a.O., S. 1179.

[28] Verhandl. des deutschen Bundestages I. Wahlperiode 1949, Drucksache 788 S. 34.

system zueinander stehen[29]. Nach dieser Rangordnung hat das Verfassungsrecht stärkere Kraft als alle anderen Rechtsquellen; es ist das Recht, dem die höchste Rangstufe zukommt. Der Satz „Verfassungsrecht bricht Gesetzesrecht" bedeutet, daß das Verfassungsrecht allein auf Grund des ihm zukommenden höheren Ranges das rangniedere Recht nicht zur Entstehung gelangen läßt, ohne daß es hierfür eines Ausspruches des Bundesverfassungsgerichts bedarf.

Die Vertreter der Gegenmeinung[30] sind demgegenüber der Auffassung, eine Nichtigkeit ipso iure und ab initio sei denknotwendigerweise nicht die einzige mit der stärkeren Kraft des Verfassungsrechts zu vereinbarende Schlußfolgerung.

Ihnen ist entgegenzuhalten, daß eine Gültigkeit der verfassungswidrigen Rechtsnorm bis zum Ausspruch der Verfassungswidrigkeit durch das dafür kompetente Gericht doch die absolute Geltung des ranghöheren Rechts beeinträchtigen würde. Die verfassungswidrige Norm wäre dann im Zeitraum zwischen ihrem Erlaß und der Entscheidung des Verfassungsgerichts über ihre Verfassungswidrigkeit gültig. Eine solche „zeitweilige oder vorübergehende" Gültigkeit einer verfassungswidrigen Norm würde der absoluten Geltung des ranghöheren Rechts widersprechen.

Für ein solches vorübergehendes Gültigsein der verfassungswidrigen Rechtsnorm ergeben sich eindeutige Gesichtspunkte weder aus dem Grundgesetz noch aus anderen Rechtsquellen.

Im Gegensatz zum deutschen Recht bestimmt das österreichische Verfassungsrecht ausdrücklich, daß verfassungswidrige Rechtsnormen im Zeitraum zwischen ihrem Erlaß und der Bekanntmachung der Entscheidung des Verfassungsgerichts als gültig anzusehen sind. Art. 139 Abs. 2 und 140 Abs. 3 des österreichischen Bundesverfassungsgesetzes vom 1. 1. 1930 bestimmen[31], daß der österreichische Verfassungsgerichtshof die verfassungswidrige Rechtsnorm mit seiner Entscheidung aufhebt, daß die zuständige Verwaltungsbehörde diese Aufhebung der verfassungswidrigen Norm kundzumachen hat und daß die Aufhebung der Norm am Tage der Kundmachung in Kraft tritt. Diese Bestimmungen des österreichischen Bundesverfassungsgesetzes gestatten dem Verfassungsgerichtshof ferner ausdrücklich, in seiner Entscheidung eine Frist für das Außerkrafttreten der Rechtsnorm zu setzen, die im Fall der Gesetzwidrigkeit sechs Monate und im Fall der Verfassungswidrig-

---

[29] *Hensel* in HdbDStR II, 313, 315, 316; *Wolff*, Verwaltungsrecht, § 26 I S. 108 und III S. 109.

[30] So vor allem *Hoffmann*, a.a.O., und *Götz* a.a.O.

[31] *Frisch*, Lehrbuch des österreichischen Verfassungsrechts, Wien 1932, Anhang A S. 218, 219.

keit ein Jahr nicht überschreiten darf. Nach Art. 140 Abs. 4 a.a.O. werden mit dem Tag des Inkrafttretens der Aufhebung der verfassungswidrigen Norm diejenigen gesetzlichen Bestimmungen wieder gültig und wirksam, die durch das verfassungswidrige Gesetz aufgehoben worden waren.

Aus dieser Regelung geht hervor, daß nach den Grundvorstellungen des österreichischen Verfassungsrechts gesetz- und verfassungswidrige Rechtsnormen trotz ihrer Unvereinbarkeit mit den ranghöheren Normen zunächst in vollem Umfang rechtsgültig sind und dies sogar noch nach der Verkündung der verfassungsgerichtlichen Entscheidung über ihre Gesetz- bzw. Verfassungswidrigkeit bis zur Kundmachung dieser Entscheidung durch die zuständige Verwaltungsbehörde bleiben. Diese Rechtsnormen werden also erst durch die Kundmachung außer Kraft gesetzt[32], also mit Wirkung ex nunc, sofern der Verfassungsgerichtshof nicht einen noch späteren Zeitpunkt für das Außerkrafttreten bestimmt hat.

Eine Regelung, wie sie im österreichischen Verfassungsrecht getroffen worden ist, ist dem deutschen Verfassungsrecht fremd. Sie wäre mit dem Grundgedanken des deutschen Verfassungsrechts unvereinbar, daß das ranghöhere Recht absolute Geltung hat und infolge seiner stärkeren Kraft das Recht der niedrigeren Rangstufe bricht und seine Gültigkeit hindert.

Gegen eine von Anfang an bestehende Nichtigkeit verfassungswidriger Rechtsnormen spricht auch nicht der Gesichtspunkt, daß eine nachkonstitutionelle verfassungswidrige Rechtsnorm, solange sie vom Bundesverfassungsgericht nicht für nichtig erklärt worden ist, von der Exekutive zu beachten und in der Regel auch zu vollziehen ist[33]. Die Pflicht der Verwaltung zum Vollzug eines solchen Gesetzes hat ihren Grund ausschließlich darin, daß ihr eine Prüfungs- und Verwerfungskompetenz, jedenfalls für nachkonstitutionelle Rechtsnormen, nicht zusteht.

Auch nachkonstitutionelle verfassungswidrige oder aus anderen Gründen ungültige Rechtsnormen sind deshalb ebenfalls ab initio und ipso iure nichtig und ungültig. Gerichtliche Entscheidungen, die die Nichtigkeit solcher Rechtsnormen feststellen, haben keine echte ex-tunc-Wirkung, weil die Rechtsnormen bereits wegen ihres Widerspruchs zur ranghöheren Norm ab initio und ipso iure nichtig gewesen sind.

Wenn die Entscheidungen des Bundesverfassungsgerichts nur feststellenden Charakter haben, so können die Entscheidungen der Landes-

---

[32] So auch *Adamovich-Spanner*, Handbuch des österreichischen Verfassungsrechts, 5. Aufl. Wien 1957 S. 395 unter b.
[33] BVerfGE 2, 143 ff., 172 und 3, 41 ff., 44; BFH in BStBl. 1959 III, 140, 172 und in FR 1960, 243; vgl. auch Erlaß der OFD Nürnberg vom 27. 12. 1962 in NSt 1963, Kurzinformationen I Nr. 9.

verfassungsgerichte erst recht nicht mehr als nur feststellende Wirkung äußern. Zwar heißt es in § 43 Abs. 2 des hessischen Gesetzes über den Staatsgerichtshof und in § 26 Abs. 3 des rheinland-pfälzischen Gesetzes über den Verfassungsgerichtshof in bezug auf Entscheidungen, durch die Rechtsnormen für verfassungswidrig erklärt werden: Der Staats- bzw. Verfassungsgerichtshof könne seinem Urteil rückwirkende Kraft verleihen und bestimmen, ob und unter welchen Voraussetzungen die Wiederaufnahme anderer bereits rechtskräftig abgeschlossener Verfahren zulässig sei, soweit eine dort erlassene Entscheidung zu seinem Urteil in Widerspruch steht. Im Fall Hessen muß der Staatsgerichtshof nach § 43 Abs. 3 a.a.O. feststellen, daß die Rechtsnorm niemals gültig war, und die Wiederaufnahme aller Verfahren anordnen, die auf der nichtigen Norm beruhen, wenn die Voraussetzungen des Art. 150 der Hessischen Verfassung gegeben sind, d. h. wenn eine Rechtsnorm den demokratischen Grundgedanken der Verfassung und die republi- kanisch-parlamentarische Staatsform antastet.

Mit den Worten „können seinem Urteil rückwirkende Kraft ver- leihen" wollte der Gesetzgeber in den angeführten Bestimmungen nicht zum Ausdruck bringen, daß im Regelfall die Entscheidung des be- treffenden Landesverfassungsgerichts über die Ungültigkeit von Rechts- normen ex nunc und konstitutiv wirken soll. Die angeführten Be- stimmungen regeln vielmehr ähnlich wie § 79 Bundesverfassungs- gerichtsgesetz die Auswirkungen eines Urteils des betreffenden Landes- verfassungsgerichts, durch das eine Rechtsnorm für nichtig erklärt worden ist, auf andere rechtskräftig abgeschlossene Verfahren und geben den Landesverfassungsgerichten die Möglichkeit — § 43 Abs. 3 des hessischen Staatsgerichtshofes legt dem Staatsgerichtshof eine ent- sprechende Verpflichtung auf —, von sich aus eine Wiederaufnahme der in jenen Verfahren ergangenen Entscheidungen anzuordnen.

Den Entscheidungen der Landesverfassungsgerichte kommt deshalb ebenfalls nur feststellende Wirkung zu. Die von ihnen für verfassungs- widrig erklärten Rechtsnormen sind ebenfalls ipso iure und ab initio nichtig.

Dasselbe gilt auch für Entscheidungen anderer Gerichte, soweit in ihnen Rechtsnormen inzident für nichtig gehalten werden. Auch sie haben nur feststellende und im übrigen eine auf das betreffende Ver- fahren beschränkte Wirkung[34]. Auch in diesen Fällen kann die Rechts- norm aus den angeführten Gründen nur ipso iure ungültig und damit nichtig sein.

---

[34] BFH-Urteil vom 6. 9. 1962, BStBl. III 494, 495 unter II; *Sauer* in StW 1962 Sp. 579, 580 und 586 unter II 1; *Bettermann* in MDR 1949, 394, 396.

d) Zusammenfassung

Vorkonstitutionelle Rechtsnormen, die mit dem Grundgesetz in Widerspruch stehen, sind mit dem Inkrafttreten des Grundgesetzes ipso iure ungültig und damit nichtig geworden. Nachkonstitutionelle Rechtsnormen, die dem Grundgesetz widersprechen, sind von ihrem Erlaß oder von dem Zeitpunkt ihrer Grundgesetzwidrigkeit ab, falls dieser später liegen sollte, ungültig und nichtig.

e) Ergebnis

Als Folge der ipso iure eintretenden Nichtigkeit verfassungswidriger Steuerrechtsnormen ergibt sich für Steuerverwaltungsakte, die nach dem Eintritt der Nichtigkeit, aber vor der gerichtlichen Feststellung derselben erlassen worden sind und auf der nichtigen Rechtsnorm beruhen, daß sie von Anfang an einer Rechtsgrundlage entbehrten[35].

Von einer „rückwirkenden Zerstörung“ ihrer Rechtsgrundlage zu sprechen[36], ist unzutreffend, mindestens aber mißverständlich. War in Wirklichkeit eine tragende Rechtsgrundlage in keinem Zeitpunkt vorhanden, so kann sie auch nicht zerstört, vernichtet[37], beseitigt oder gar nur aufgehoben[38] worden sein, auch nicht mit rückwirkender Kraft.

2. Bewirkt der Mangel einer gültigen normativen Grundlage die Nichtigkeit der vor der gerichtlichen Feststellung der Nichtigkeit der Norm erlassenen Steuerverwaltungsakte?

Es fragt sich, ob der Mangel einer gültigen normativen Grundlage dazu führt, daß die Steuerverwaltungsakte, die auf der nichtigen Norm beruhen, selbst ebenfalls nichtig sind.

a) Abgrenzung zwischen aufhebbaren und nichtigen Verwaltungsakten

Die Abgabenordnung bestimmt nicht, wann ein Steuerverwaltungsakt nichtig ist. Da das Steuerrecht ein — wenn auch stark verselbstän-

---

[35] BFH in BStBl. 1963 III 51, 52; *Sauer*, a.a.O., 585; *Bahlmann* in MDR 1963, 541 unter II 2.

[36] So *Lechner*, BVerfGG § 79 Allgem. und OLG Bamberg in NJW 1962, 2168. Der BFH spricht in BStBl. 1963 III 31, 32 li.Sp. ebenfalls von einer „rückwirkenden Kraft“, die den Entscheidungen des Bundesverfassungsgerichts inne wohne.

[37] So *Spitaler* in BB 1963, 132, 133.

[38] So *König* in DVBl 1963, 81, 86 unter II 1 c; zutreffend demgegenüber BSG, Beschl. vom 13. 2. 1961 in NJW 1961, 991.

digter — Teil des Verwaltungsrechts ist[39], erscheint es zulässig, die Abgrenzung zwischen nichtigen und nur aufhebbaren Steuerverwaltungsakten nach den Grundsätzen vorzunehmen, die im allgemeinen Verwaltungsrecht für die Unterscheidung zwischen nichtigen und aufhebbaren Verwaltungsakten erarbeitet worden sind[40]. Auf die Frage, wie diese Abgrenzung im allgemeinen vorzunehmen ist, braucht hier im einzelnen nicht eingegangen zu werden. Das Fehlen einer gültigen rechtlichen Grundlage stellt einen inhaltlichen Mangel rechtlicher Art der betroffenen Steuerverwaltungsakte dar[41]. Die Untersuchung kann deshalb darauf beschränkt werden, ob ein solcher Mangel nach den Grundsätzen des allgemeinen Verwaltungsrechts zur Nichtigkeit oder nur zur Aufhebbarkeit des mit dem Mangel behafteten Verwaltungsaktes führt.

Ein Verwaltungsakt ist nicht nur eine Konkretisierung von Rechtsnormen im Hinblick auf einen besonderen Tatbestand, nicht nur „Emanation einer Rechtsnorm"[42], sondern er gilt zunächst und vor allem deshalb, weil er eine „autoritative Äußerung hoheitlicher Gewalt" ist[43] und als solche grundsätzlich eine Wirkungskraft (Geltung, Verbindlichkeit) hat[44]. Diese äußert sich darin, daß der Adressat den Verwaltungsakt zu befolgen hat, und zwar bis zu seiner Aufhebung durch das Verwaltungsgericht oder bis zu seiner Abänderung durch eine Behörde. Die Wirkungskraft des Verwaltungsakts bedeutet ferner, daß die Behörde seine Befolgung durchsetzen kann und daß er von jedermann, jeder anderen Behörde und jedem anderen Gericht anerkannt werden muß, sofern er nicht etwas in tatsächlicher oder rechtlicher Hinsicht Unmögliches oder Verbotenes zum Inhalt hat[45].

Die Wirkungskraft des Verwaltungsaktes wird oft als „Vermutung der Gültigkeit" bezeichnet[46]. Diese Formulierung ist insofern nicht ganz zutreffend, als die Wirkungskraft weder eine Beweisregel zugunsten der Gültigkeit noch eine Fiktion derselben darstellt[47]. Vielmehr bedeutet

[39] Siehe oben unter B I.

[40] FG Münster in EFG 1954, 61; *Tipke-Kruse*, AO, § 91 Anm. 26—33.

[41] Und keine Frage der sachlichen Zuständigkeit. Zutreffend *Kleinrahm* in DV 1948/49, 364, 368 re.Sp. unten.

[42] *Forsthoff*, Verwaltungsrecht I, § 12, 1 S. 206 und 2 e cc S. 225.

[43] *Wolff*, Verwaltungsrecht I § 50 I S. 263; *O. Mayer*, Lehrbuch Bd. I S. 95.

[44] *Forsthoff*, a.a.O., S. 425; *Wolff*, a.a.O.; *Jellinek*, Der fehlerhafte Staatsakt und seine Wirkungen, S. 46.

[45] *Wolff*, a.a.O., S. 263; *Bettermann* in ZZP 72, 32, 33.

[46] PrOVG 81, 268, 273 und 86, 367; BVerfGE 1, 67; LG Frankfurt/Main in NJW 1959, 107; OLG Stuttgart in NJW 1958, 1049; *Turegg-Kraus*, Verwaltungsrecht, 7. Kap. b. S. 143; *Heike* in DÖV 1962, 416; *Riewald*, AO und StAnpG 8. Aufl., Teil I § 93 Anm. 1 S. 420 oben.

[47] *Wolff*, a.a.O., S. 288; *Jesch*, Die Bindung des Zivilrichters an Verwaltungsakte, S. 54.

Wirkungskraft, daß die Feststellung der etwaigen Rechtswidrigkeit des Verwaltungsakt nicht dem Betroffenen anheimgegeben ist, sondern — bis zur verwaltungsgerichtlichen Entscheidung — der erlassenden Behörde oder der Widerspruchsbehörde vorbehalten bleibt[48].

Auf Grund der dem Verwaltungsakt grundsätzlich zukommenden Wirkungskraft ist ein an einem inhaltlichen Mangel rechtlicher Art leidender Verwaltungsakt grundsätzlich nicht nichtig, sondern nur aufhebbar[49].

Demgegenüber ist die Auffassung vertreten worden, der Gegensatz zwischen Staatsautorität und Rechtmäßigkeit dürfe aus rechtsstaatlichen Gründen nicht im Sinn der Staatsautorität gelöst werden; fehlerhafte Verwaltungsakte seien deshalb grundsätzlich als nichtig und nur ausnahmsweise dann als gültig anzusehen, wenn der Rechtsfriede es erfordere, daß die Fehlerhaftigkeit des Verwaltungsaktes nicht beliebig lange in Zweifel gezogen werden könne[50].

Die grundsätzliche Wirkungskraft fehlerhafter Verwaltungsakte wird dadurch begründet und gerechtfertigt, daß es auch und gerade im Rechtsstaat die wichtigste Aufgabe der Verwaltungsbehörden ist, das Recht zur Durchsetzung und Erhaltung des Rechtszustandes zu vollziehen. Es gehört zu den ihnen nach dem Grundgesetz zugewiesenen Funktionen, in den gesetzlich vorgesehenen Fällen das Recht für die Beteiligten verbindlich festzustellen und anzuwenden[51]. Unterlaufen der Verwaltung bei der Vollziehung des Rechts Fehler, so sind ihre Entscheidungen grundsätzlich ebensowenig — wenn auch in beschränkterem Umfang — nichtig, wie es gerichtliche Urteile sind[52].

Daß auch fehlerhafte Verwaltungsakte in aller Regel eine Wirkungskraft besitzen, ergibt sich positiv-rechtlich aus § 80 Abs. 2 Verwaltungsgerichtsordnung. Nach dieser Bestimmung kann das öffentliche Interesse erfordern, daß ein fehlerhafter Verwaltungsakt trotz seiner Anfechtung bis zur behördlichen oder gerichtlichen Aufhebung wirksam bleibt und sogar zu vollziehen ist.

Da die Verwaltung die ihr eigene rechtsvollziehende Funktion auch im Rechtsstaat auszuüben hat, gebieten es gerade rechtsstaatliche Erwägungen, den fehlerhaften Verwaltungsakten grundsätzlich Wirkungskraft und nicht Nichtigkeit zuzuerkennen.

---

[48] *Wolff*, a.a.O.

[49] Vgl. die Zitate in Anm. 46.

[50] *Thieme* in DÖV 1962, 686, 687.

[51] *Wolff*, a.a.O., § 19 Anm. I a, insbesondere unter Ziff. 2 S. 71 und unter c 2 S. 74 und § 50 I a a.E. S. 288; *Obermayer*, Verwaltungsakt und innerdienstlicher Rechtsakt, S. 46, 47 oben; vgl. auch *Forsthoff*, a.a.O., §.1 Ziff. 2 S. 14 und § 7 S. 113; *Winkler*, Der Bescheid, S. 36 ff.

[52] *Wolff*, a.a.O., § 52 I S. 307.

In der Bejahung der grundsätzlichen Wirkungskraft und Verbindlichkeit fehlerhafter Verwaltungsakte liegt auch kein Widerspruch zur Annahme einer ipso iure und ab initio wirkenden Nichtigkeit verfassungswidriger Rechtsnormen[53]. Wenn eine konkrete von einer Verwaltungsbehörde erlassene Entscheidung, die auf unmittelbare Rechtswirkung nach außen gerichtet ist, nicht existent und damit unbeachtlich sein würde, so würde hierdurch die rechtsvollziehende Aufgabe der Verwaltung stärker beeinträchtigt werden, als wenn ein „Fehler" in der abstrakten Rechtsordnung mit der Folge der von selbst und von Anfang an bestehenden Ungültigkeit der betreffenden Rechtsnorm aufgedeckt wird[54].

b) Kommt einem Verwaltungsakt, dem eine gültige Rechtsgrundlage fehlt, ebenfalls Wirkungskraft zu?

Während der auf einer unrichtigen Rechtsanwendung beruhende und deshalb fehlerhafte Verwaltungsakt der normativen Grundlage insofern entbehrt, als er von der herangezogenen Rechtsnorm nicht getragen wird, kann der auf einer nichtigen Rechtsnorm beruhende Verwaltungsakt überhaupt nicht auf eine gültige Rechtsnorm bezogen werden, weil diese ab initio und ipso iure nichtig ist und deshalb schon im Zeitpunkt des Erlasses des Verwaltungsakts nicht rechtsgültig war. Die Auffassung, ein solcher Verwaltungsakt sei nicht nur aufhebbar, sondern nichtig, wird insbesondere für belastende Verwaltungsakte vertreten[55], zu denen auch Steuerbescheide gehören.

Die herrschende Meinung läßt auch belastenden Verwaltungsakten, die einer gültigen Rechtsgrundlage von Anfang an entbehrt haben, grundsätzlich Wirkungs- und Bestandskraft zukommen[56].

---

[53] Siehe oben unter C II 1 d.

[54] *Wolff*, a.a.O., S. 288; vgl. auch *Jellinek*, Verwaltungsrecht § 11 III S. 263 oben; a.A. *Jesch*, a.a.O., S. 53 Fußn. 10.

[55] Vgl. *Huber*, Wirtschaftsverwaltungsrecht, II. Bd. S. 711 und *Kleinrahm* in DV 1948/49, 364, 368: er will jedoch nur Anfechtbarkeit gerade in den hier interessierenden Fällen annehmen, in denen eine „gesetzliche Grundlage zwar formell besteht, aber wegen Gesetzeswidrigkeit nichtig ist"; auch *Bettermann* in MDR 1949, 394, 396 und 397 ist der Auffassung, das Handeln „sine lege" sei dem Handeln „ultra vires" gleichzusetzen. Jede „Machtüberschreitung" seitens der Verwaltung mache den belastenden Verwaltungsakt im Rechtsstaat nichtig.

[56] BVerfGE 1, 67, 69; 10, 47; BFH-Urteil in BStBl. 1953 III, 183 ff., 190; OVG Lüneburg in VerwRspr 4, 566; OVG Münster in VerwRspr 5, 157; OLG Stuttgart in NJW 1958, 1049; LG Frankfurt/M. in NJW 1959, 107; FG Münster in EFG 1954, 61; *Forsthoff*, a.a.O., § 12, 2 e cc S. 226; *Jellinek*, Lehrbuch, § 11 IV S. 268; *Imboden*, Der nichtige Staatsakt, S. 44; *Turegg-Kraus*, Verwaltungsrecht, S. 143; Scheuner in BB 1960, 1253, 1254; *Arndt* in NJW 1959, 863;

Dieser Auffassung ist beizupflichten. Auch in den Fällen, in denen die Verwaltung eine Rechtsnorm, deren Nichtigkeit später gerichtlich festgestellt wird, mit einer belastenden Wirkung nach außen anwendet, übt sie die ihr eigene rechtsvollziehende Funktion aus. In belastenden Entscheidungen, die auf einer nichtigen Rechtsnorm beruhen, setzen die Verwaltungsbehörden deshalb ebenfalls das Recht verbindlich für den oder die Beteiligten fest und wenden es an. Die oben angeführte Begründung dafür, daß den auf einer unzutreffenden Gesetzesanwendung beruhenden Verwaltungsakten grundsätzlich eine Wirkungskraft zukommt, trifft deshalb auch auf solche belastende Verwaltungsakte zu, die einer gültigen gesetzlichen Grundlage von Anfang an entbehrt haben. Sie sind deshalb ebenfalls in aller Regel nur aufhebbar, aber nicht nichtig.

c) Ausnahmsweise Nichtigkeit

Verwaltungsakte, die auf einer nichtigen Rechtsnorm beruhen, sind ausnahmsweise dann nichtig, wenn der Grund der Verfassungswidrigkeit in einem unbedingten Verstoß gegen eine Grundforderung der verfassungsmäßigen Ordnung oder des Sittengesetzes liegt[57], wenn der Verwaltungsakt gegen ein zwingendes gesetzliches Verbot verstößt[58] oder wenn — was selten der Fall sein wird — das Fehlen einer gültigen Rechtsgrundlage und damit die absolute Rechtswidrigkeit sich bereits aus dem Verwaltungsakt selbst ergibt[59].

Bei Verwaltungsakten, die zu einem Zeitpunkt erlassen worden sind, in dem die Rechtsnorm, auf der sie beruhen, noch nicht für nichtig erklärt worden war, werden diese Voraussetzungen in der Regel nicht zutreffen.

d) Ergebnis

Nach den Grundsätzen des allgemeinen Verwaltungsrechts sind auf nichtigen Rechtsnormen beruhende Verwaltungsakt grundsätzlich nicht nichtig, sondern nur aufhebbar. Gleiches gilt auch für Steuerverwaltungsakte[60].

Maisch in NJW 1959, 227, 228; *Tipke* in StW 1957, Sp. 1 ff., 16; *Sauer*, Fehlerberichtigung S. 46; — ebenso für Strafurteile, die auf einer für nichtig erklärten Norm beruhen: BVerfG, Beschlüsse vom 7. 3. 1963 in NJW 1963, 756 und 757, 758 unter II 2 c.

[57] *Wolff*, a.a.O., § 51 III S. 299.

[58] *Wolff*, a.a.O.; *Forsthoff*, § 12 S. 277.

[59] *Wolff*, a.a.O., § 51 III b 3 S. 297.

[60] BFH in DB 1961, 226; *Tipke* in StW 1957, Sp. 1 ff., 16; *Boettcher-Grass*, Die Ehegattenbesteuerung, S. 38; *Bertermann* in Inf. 1962, 161, 164.

III. Besonderheiten für nach Verkündung der gerichtlichen Entscheidung erlassene Steuerverwaltungsakte

Der Fall, daß eine Steuerbehörde eine nichtige Rechtsnorm einem Steuerverwaltungsakt noch zeitlich nach dem Ausspruch des Bundesverfassungsgerichts zugrunde legt, wird zwar selten vorkommen; ausgeschlossen ist diese Möglichkeit jedoch nicht, zumal zwischen Verkündung der bundesverfassungsgerichtlichen Entscheidung und dem Zeitpunkt, in dem die Finanzbehörden von ihr Kenntnis erlangen, eine beträchtliche Zeitspanne liegen kann. Es fragt sich, ob auch ein solcher Steuerverwaltungsakt Wirkungskraft hat.

Nach herrschender Auffassung sind Verwaltungsakte dann nichtig, wenn ihre Rechtswidrigkeit sich angesichts der bestehenden Rechtsnormen bereits aus der hoheitlichen Äußerung selbst ergibt[61]. Das gilt insbesondere dann, wenn es überhaupt keine Rechtsnorm gibt, die den hoheitlichen Eingriff in abstracto rechtfertigen könnte. Diesem Fall wird von einem Teil der Literatur der hier gegebene Sachverhalt gleichgestellt, daß die Rechtsnorm, auf die sich der Eingriff stützt, aufgehoben oder für nichtig erklärt worden ist[62].

Erklären das Bundesverfassungsgericht oder ein Landesverfassungsgericht eine Rechtsnorm für nichtig, so darf die Verwaltung danach angesichts der bindenden Wirkung und der Gesetzeskraft dieser Entscheidungen die Rechtsnorm nicht mehr anwenden. Legt sie dennoch die nichtige Norm einem Verwaltungsakt zugrunde, so erläßt sie einen in Anbetracht der Gesetzeskraft der gerichtlichen Entscheidung absolut ungesetzlichen Verwaltungsakt, der unter keinen wie auch immer gearteten Gesichtspunkten von der Rechtsordnung getragen werden kann. Ein solcher Akt kann nicht mehr als Ergebnis der rechtsvollziehenden Funktion der Verwaltung angesehen werden. Durch ihn kann die Verwaltung das Recht niemals anwenden und für die Beteiligten verbindlich feststellen. Ein Verwaltungsakt, der zeitlich nach Verkündung der seine gesetzliche Grundlage für nichtig erklärenden Entscheidung eines Verfassungsgerichts erlassen worden ist, ist deshalb nichtig[63].

Ist die Nichtigkeit einer Rechtsnorm nur inzident festgestellt worden, so ist ein Verwaltungsakt, der nach der gerichtlichen Feststellung auf diese Norm gestützt wird, nicht nichtig. Der inzidenten Nichtigkeitsfeststellung fehlt die bindende Wirkung und die Gesetzeskraft. Ein auf der inzident für nichtig gehaltenen Norm beruhender Verwaltungsakt

---

[61] *Wolff*, a.a.O., § 51 III b 3 S. 297; *Forsthoff*, § 12 S. 226 oben.

[62] *Wolff*, a.a.O., S. 298 f.

[63] Zustimmend *Barth* in GMBH-Rundschau 1962, 41, 43, jedoch ohne nähere Begründung.

ist deshalb nicht absolut ungesetzlich in dem Sinn, daß eine gültige Rechtsgrundlage schlechterdings nicht vorhanden sein kann. Das spricht dafür, einem solchen Verwaltungsakt Wirkungskraft zukommen zu lassen und ihn somit nicht für nichtig zu halten.

D. Die weiteren Wirkungen der Nichtigerklärung einer Steuerrechtsnorm auf unanfechtbare Steuerverwaltungsakte wenn die geschuldeten Steuern vor Feststellung der Nichtigkeit gezahlt worden sind

Bisher ist über das Rechtsschicksal der auf einer verfassungswidrigen Rechtsnorm beruhenden Steuerverwaltungsakte nur etwas Negatives gesagt worden: sie werden grundsätzlich nicht nichtig.

Bei der weiteren Untersuchung, welche Folgerungen sich aus dem Fehlen einer gültigen Rechtsgrundlage ergeben, ist zunächst auf diejenigen Steuerverwaltungsakte abzustellen, die zur Zeit der Verkündung der gerichtlichen Entscheidung über die Nichtigkeit der Rechtsnorm bereits unanfechtbar geworden sind[1]. Im folgenden soll das rechtliche Schicksal dieser Steuerverwaltungsakte untersucht werden, und zwar unter der weiteren Voraussetzung, daß die nach ihnen geschuldeten Steuern ebenfalls vor der Nichtigerklärung der Rechtsnorm bezahlt worden sind.

I. Unmittelbare Steuernachforderungen und unmittelbare Erstattungsansprüche

War die nichtige Rechtsnorm für den Steuerpflichtigen günstiger als die verfassungsmäßige Rechtslage, hat er also zu wenig an Steuern gezahlt, so kommt eine Steuernachforderung zugunsten der Finanzverwaltung in Betracht. War die durch die nichtige Rechtsnorm getroffene Regelung für den Steuerpflichtigen ungünstig und ist die wirkliche, verfassungsmäßige Rechtslage für ihn günstiger, so hat er im Vergleich zu dieser zuviel an Steuern entrichtet und wird bestrebt sein, einen Erstattungsanspruch gegen den Fiskus geltend zu machen[2]. Hatte der Steuerverwaltungsakt keine Steuerfestsetzung, sondern eine sonstige Regelung zum Inhalt, so kommt eine Abänderung dieser Regelung zugunsten der Finanzverwaltung oder zugunsten des Steuerpflichtigen in Betracht, je nachdem, ob auf Grund der wirklichen Rechtslage die Rege-

---

[1] Wegen des Schicksals der in diesem Zeitpunkt noch anfechtbaren Steuerverwaltungsakte siehe unten Anm. 305.

[2] Vgl. den dem BFH-Urteil in BStBl. 1963 III, 51 zugrunde liegenden Sachverhalt.

lung für den Steuerpflichtigen günstiger oder ungünstiger gegenüber der nichtigen Rechtsnorm ist.

Sind die auf einer nichtigen Rechtsnorm beruhenden Steuerverwaltungsakte nicht nichtig, so kommt ein unmittelbarer Erstattungsanspruch zugunsten des Steuerpflichtigen nach den §§ 150 ff. AO nicht in Betracht. Nach § 151 AO entsteht ein Erstattungsanspruch erst dann, wenn eine Steuerfestsetzung durch Aufhebung, Zurücknahme oder Änderung des früheren Bescheides berichtigt worden ist[3], und nicht bereits mit der Entrichtung der auf Grund des Bescheides geforderten, nach der wirklichen Rechtslage aber nicht geschuldeten Steuer[4]. Der Rechtsbestand des Steuerbescheides bewirkt, daß die Zahlung der durch ihn geforderten Steuer mit Rechtsgrund geschehen ist[5].

Die Voraussetzungen des § 152 AO, der einzelne vollstreckungsrechtliche und materiell-rechtliche Erstattungsansprüche regelt, liegen gleichfalls nicht vor, sofern, wie hier angenommen wird, die Steuern vor der gerichtlichen Feststellung der Nichtigkeit einer Rechtsnorm entrichtet worden sind.

Auch soweit im Steuerrecht ein allgemeiner Erstattungsanspruch des Inhalts bejaht wird, daß eine jede ohne rechtfertigenden Grund entrichtete Steuer zu erstatten ist[6], kann eine auf Grund eines einer gültigen gesetzlichen Grundlage entbehrenden, aber nicht angefochtenen Steuerbescheides entrichtete Steuer nicht unmittelbar erstattet werden, weil auch einem allgemeinen Erstattungsanspruch die Bestandskraft (Unanfechtbarkeit) des Steuerbescheides entgegensteht[7].

Hinsichtlich einer Steuernachforderung durch die Finanzverwaltung liegen die Dinge nicht gleich. Zwar bestimmt § 222 AO für die wichtigsten Arten der Steuerbescheide, daß eine Steuernachforderung eine Berichtigungsveranlagung bzw. Berichtigungsfeststellung voraussetzt. Auch hier hindert also der Rechtsbestand des Steuerbescheides eine unmittelbare Steuernachforderung. Anders verhält es sich dagegen mit Steuerbescheiden, die unter § 223 AO fallen, also insbesondere mit Zoll- und Verbrauchsteuerbescheiden, weil hier im Gegensatz zur Steuererstattung für eine Nachforderung von Steuern eine förmliche

---

[3] FG Münster in EFG 1954, 61, 62 li. Sp. oben und die finanzgerichtliche Entscheidung, die dem BFH-Urteil in BStBl. 1963 III, 61 zugrunde liegt, a.a.O. 52 li. Sp. 2. Abs.; ebenso: OVG Münster in DStZ B 1963, 261, 262.

[4] So zwar *Tipke-Kruse*, a.a.O., vor §§ 150-159 Anm. 4; nach a.a.O. Anm. 5 wird der Erstattungsanspruch aber erst in dem oben angeführten Zeitpunkt fällig, so daß das Ergebnis dasselbe ist; vgl. auch *Tipke-Kruse*, a.a.O., § 223.

[5] BFH-Urteil in ZfZ 1963, 81 re. unten.

[6] *Tipke-Kruse*, a.a.O., vor §§ 150—159 Anm. 3.

[7] BFH in BStBl. 1962 III, 494 unter I 1; *Tipke-Kruse*, a.a.O., S. 426 2. Abs.

Berichtigung des ursprünglichen Bescheides nicht erforderlich ist[8]. Zur Vereinfachung der Darstellung soll jedoch auch die Steuernachforderung in den Fällen des § 223 AO bei der nachfolgenden Erörterung der Berichtigungsvorschriften der Abgabenordnung mit behandelt werden.

II. Können unanfechtbare, einer gültigen gesetzlichen Grundlage entbehrende Steuerverwaltungsakte berichtigt werden?

Angesichts dessen, daß die auf nichtigen Rechtsnormen beruhenden Steuerverwaltungsakte grundsätzlich wirksam und bestandskräftig bleiben, stellt sich die Frage, ob die Steuerverwaltungsakte wegen ihrer verfassungswidrigen Gesetzesgrundlage nach den Bestimmungen der Abgabenordnung und des Steueranpassungsgesetzes „berichtigt" und dadurch Steuernachforderungen oder Steuererstattungen ausgelöst werden können.

1. Der Begriff Berichtigung

Der Begriff Berichtigung wird hier als Oberbegriff für alle Abänderungsmöglichkeiten verwendet, die die Abgabenordnung und das Steueranpassungsgesetz für unanfechtbare Steuerverwaltungsakte vorsehen.

Tipke-Kruse wählen als Oberbegriff den Begriff „Widerruf" und sprechen von einem „Widerrufsystem der Abgabenordnung"[9]. Dieser Begriff eignet sich jedoch deshalb nicht als Oberbegriff, weil sich im allgemeinen Verwaltungsrecht ein Sprachgebrauch dahin durchgesetzt hat, nur die Aufhebung eines fehlerhaften Verwaltungsakts als „Widerruf" zu bezeichnen und die Aufhebung eines fehlerhaften Verwaltungsakts „Rücknahme" zu nennen[10].

Der Ausdruck „Aufhebung" ist im Steuerrecht als Oberbegriff ebenfalls ungeeignet, denn er bedeutet dasselbe wie „Zurücknahme" im Sinn des § 93 AO, nämlich ersatzlosen Wegfall des Steuerverwaltungsakts. Da die Abgabenordnung in mehreren der in Frage kommenden Bestimmungen den Ausdruck „berichtigen" verwendet, soll dieser Ausdruck hier als Oberbegriff für alle Abänderungsmöglichkeiten dienen, denen unanfechtbare Steuerverwaltungsakte unterliegen.

---

[8] *Kühn*, AO, 5. Aufl., § 223 Anm. 1.

[9] a.a.O., § 93 Anm. 5.

[10] *Forsthoff*, Lehrbuch I, 8. Aufl., § 13 S. 239 unter Aufgabe der früheren Auffassung; *Haueisen* in DVBl. 1960, 913, 914 Anm. 7 und 1961, 171, sowie in StRK-Anm. LAG § 100 R. 6 und AO, § 96 R. 27.

Der Begriff „Berichtigung" umfaßt also den ersatzlosen Wegfall eines Steuerverwaltungsakts („Zurücknahme" im Sinn der §§ 93—96 AO), seine Aufhebung und den Erlaß eines neuen Steuerverwaltungsakts („Ersetzung" im Sinn des § 92 Abs. 1 AO), sowie die bloße Abänderung seines Inhalts („Änderung" im Sinn der §§ 92—96, 222 AO).

Die Berichtigung eines Steuerverwaltungsakt wegen seiner verfassungswidrigen Grundlage hätte zur Folge, daß zu Unrecht gezahlte Steuerbeträge nach § 151 Satz 1 AO zu erstatten wären. Nach dem Ergehen des Berichtigungsbescheides hätte der Steuerpflichtige einen Rechtsanspruch auf Erlaß eines Erstattungsbescheides nach dieser Vorschrift[11]. Zu wenig erhobene Steuern wären entweder auf Grund des Berichtigungsbescheides oder unmittelbar auf Grund des § 223 AO nachzuzahlen.

2. Liegen die tatbestandlichen
Voraussetzungen der Berichtigungsvorschriften vor?

Vorschriften, nach denen Steuerverwaltungsakte berichtigt werden können, finden sich u. a. in den §§ 92 ff., 222 ff. AO, 4 Abs. 2 und 3 StAnpG usw. Diese Bestimmungen sind zunächst daraufhin zu untersuchen, ob ihre tatbestandlichen Voraussetzungen dann vorliegen, wenn ein Steuerverwaltungsakt auf einer für nichtig erklärten oder inzident für nichtig gehaltenen Rechtsnorm beruht.

Von einer Prüfung, ob § 79 Abs. 2 Satz 1 BVerfGG einer solchen Berichtigung entgegenstehen würde, soll dabei zunächst abgesehen werden.

a) § 92 Abs. 3 AO

Daß die Verfassungswidrigkeit der angewandten Rechtsnorm weder einen Schreib- oder Rechenfehler darstellt, bedarf keiner weiteren Begründung.

Auch „eine ähnliche offenbare Unrichtigkeit" kann in der Verfassungswidrigkeit nicht gesehen werden. Eine solche Unrichtigkeit liegt immer dann nicht vor, wenn auch nur die Möglichkeit besteht, daß falsche rechtliche Erwägungen zu der unrichtigen Entscheidung geführt haben[12]. Gerade um rein rechtliche Erwägungen handelt es sich bei der Anwendung eines nichtigen Gesetzes, das die Finanzverwaltung für gültig hält. Dieser Irrtum ist ein reiner Rechtsfehler. Steuerverwal-

---

[11] *Tipke-Kruse*, a.a.O., vor §§ 150—159 Anm. 5 und 6.

[12] BFH-Urteile in BStBl. 1961 III 144 und 502, 503; ebenso *Tipke-Kruse*, a.a.O., § 92 Anm. 2 letzter Absatz.

tungsakte, denen eine gültige Rechtsgrundlage fehlt, können deshalb nicht nach § 92 Abs. 3 AO berichtigt werden[13].

b) § 93 AO

Nach § 93 AO ist das Finanzamt berechtigt, einen Steuerverwaltungsakt zu berichtigen, wenn es ihn nachträglich für ungerechtfertigt erachtet, jedoch nur, soweit in den §§ 94—96 AO nicht etwas Abweichendes bestimmt ist. Nach § 93 AO sind also Steuerverwaltungsakte grundsätzlich frei berichtigungsfähig. Die §§ 94 ff. AO schränken diesen Grundsatz jedoch für die wichtigsten Arten von Steuerverwaltungsakten so ein, daß dadurch die praktisch die Regel zur Ausnahme wird[14]. Es erscheint deshalb zweckmäßig, zunächst die §§ 94 ff. AO auf die Möglichkeit einer Berichtigung zu untersuchen und erst dann auf § 93 AO zurückzukommen.

c) § 94 Abs. 1 Ziff. 1 AO

§ 94 Abs. 1 Ziff. 1 AO regelt die Berichtigung der Zölle und Verbrauchssteuern betreffenden Steuerbescheide. Diese Bescheide können innerhalb der ein Jahr betragenden Verjährungsfrist (§ 144 Satz 1 AO) berichtigt werden, und zwar sowohl zugunsten der Finanzverwaltung als auch zugunsten des Steuerpflichtigen. Das ergibt sich aus § 223 AO, wonach Nachforderungen von Steuern nur bis zum Ablauf der Verjährungsfrist zulässig sind, und aus § 224 AO, wonach eine Fehleraufdeckung zum Zweck der Berichtigung zugunsten des Steuerpflichtigen ebenfalls nur innerhalb der Verjährungsfrist zulässig ist. Beide Vorschriften sind nach § 94 Abs. 3 AO auf Zoll- und Verbrauchsteuerbescheide anwendbar[15].

Da § 94 AO einen besonderen Anwendungsfall des § 93 AO darstellt[16], ist eine Berichtigung davon abhängig, daß die Behörde den auf einer nichtigen Rechtsnorm beruhenden Steuerbescheid nachträglich für ungerechtfertigt erachtet. Ungerechtfertigt ist jeder infolge unrichtiger

---

[13] *Barske* in StWK Gruppe 2 S. 693, 694 und 695 und *Kirmse* in RWP 14 D AO II B 16/62 (517, 35 ff., 40); Ebenso wird auch für Strafurteile eine Berichtigungsmöglichkeit durch Ersetzen des nichtigen § 71 StVZO durch den gültigen § 21 StVG verneint: OLG Nürnberg in NJW 1962, 2264.

[14] *Tipke-Kruse*, a.a.O., § 93 Anm. 5; *Würdinger*, Die Berichtigung von Steuerbescheiden und diesen gleichgestellten Bescheiden, Münchner Dissertation 1954, S. 3.

[15] Zum Verhältnis des § 94 AO zu § 223 AO: *Tipke-Kruse*, a.a.O., § 223 Anm. 1 1. Abs.

[16] *Riewald*, RAO und StAnpG Teil I § 94 Anm. 2.

Anwendung einer Rechtsnorm rechtswidrige Steuerverwaltungsakt[17]. Dabei ist unerheblich, ob der Steuerverwaltungsakt schon bei seinem Erlaß ungerechtfertigt war oder ob er es erst später infolge einer Änderung der Verhältnisse geworden ist[18]. Ist der Begriff des Ungerechtfertigseins sowohl sachlich als auch zeitlich derart umfassend, so müssen auch Steuerverwaltungsakte, die schon im Zeitpunkt ihres Erlasses einer gültigen gesetzlichen Grundlage entbehrten, als ungerechtfertigt angesehen werden.

Die tatbestandsmäßigen Voraussetzungen des § 94 Abs. 1 Ziff. 1 AO für eine Berichtigung von Zoll-, Abgaben- und Verbrauchsteuerbescheiden zugunsten der Finanzverwaltung und zugunsten des Steuerpflichtigen wegen der Nichtigkeit der den Bescheiden zugrunde liegenden Norm wären deshalb gegeben, wenn von § 79 Abs. 2 Satz 1 BVerfGG zunächst abgesehen wird.

Ob die Finanzverwaltung zu einer Berichtigung in jedem Fall verpflichtet ist, wird unten unter 3 und 4 erörtert.

d) § 94 Abs. 1 Ziff. 2 AO

Nach § 94 Abs. 1 Ziff. 2 AO können Bescheide, die andere Steuern als Zölle und Verbrauchssteuern betreffen, nur zum Nachteil des Steuerpflichtigen berechtigt werden, und auch nur dann, wenn der Steuerpflichtige zustimmt.

Die Berichtigung eines auf einer nichtigen Norm beruhenden Steuerverwaltungsakts zum Zweck einer Steuererstattung ist also nach dieser Bestimmung ausgeschlossen; zum Zweck einer Steuernachforderung wäre sie nur mit Zustimmung des Steuerpflichtigen möglich. Da dieser in aller Regel hierzu nicht bereit sein wird, kommt der Vorschrift für die hier erörterte Frage keine Bedeutung zu.

e) § 95 AO

Nach § 95 AO dürfen Verfügungen, die Ungehorsamsfolgen festsetzen, also alle Steuerverwaltungsakte mit Zwangsmittelcharakter[19], nur zugunsten des Betroffenen berichtigt werden. Auf einer nichtigen Rechtsnorm beruhende Steuerverwaltungsakte dieser Art können also nicht von der Finanzverwaltung verschärft werden. Eine Berichtigung zugunsten des Steuerpflichtigen ist unter den Voraussetzungen des § 93 AO

---

[17] *Tipke-Kruse*, a.a.O., § 93 Anm. 7.
[18] *Tikpe-Kruse*, a.a.O.
[19] Näheres bei *Tipke-Kruse*, a.a.O., § 95 Anm. 3 d.

zulässig[20]. Mangels gültiger gesetzlicher Grundlage wären diese Steuerverwaltungsachte ungerechtfertigt im Sinn des § 93 AO, sofern § 79 Abs. 2 Satz 1 BVerfGG zunächst außer Betracht bleibt.

Soweit aus dem Steuerverwaltungsakt noch nicht vollstreckt worden ist, greift das Vollstreckungsverbot des § 79 Abs. 2 Satz 2 BVerfGG ein.

f) § 96 AO

Begünstigende Steuerverwaltungsakte der in § 96 AO genannten Art können zum Nachteil des begünstigten Steuerpflichtigen mit Wirkung ex nunc nur unter den Voraussetzungen des § 96 Abs. 1 Ziff. 1—3 AO und mit Wirkung ex tunc nur unter den besonderen Voraussetzungen des § 96 Abs. 2 AO berichtigt werden. Im Fall der Nichtigkeit der zugrunde liegenden Rechtsnorm sind weder die Voraussetzungen des § 96 Abs. 1 Ziff. 1—3 noch des Abs. 2 AO gegeben. Begünstigende Steuerverwaltungsakte können deshalb zuungunsten des Steuerpflichtigen wegen Mangels einer gültigen gesetzlichen Grundlage nicht berichtigt werden.

g) § 93 AO

Eine Berichtigung zugunsten des Steuerpflichtigen wäre unter den bereits oben bejahten Voraussetzungen dieser Bestimmung zulässig. § 79 Abs. 2 Satz 1 BVerfGG bleibt dabei zunächst außer Betracht.

h) § 4 Abs. 2 StAnpG

Nach § 4 Abs. 2 StAnpG sind Steuerfestsetzungen und Steuerfeststellungen zurückzunehmen oder zu ändern, wenn eine Bedingung eintritt, unter der die Steuerschuld, Steuerbefreiung, Steuerermäßigung oder sonstige Steuervergünstigung wegfällt. Eine Berichtigung nach dieser Vorschrift würde voraussetzen, daß die Verfassungsmäßigkeit bzw. Gültigkeit der zugunde liegenden Rechtsnorm eine „Bedingung" im Sinn dieser Vorschrift ist.

Steuerbedingungen sind künftige ungewisse Ereignisse, die den rückwirkenden Wegfall des steuerbegründenden Tatbestandes zur Folge haben[21]. Es muß sich also um tatsächliche Umstände, um bestimmte Lebenssachverhalte handeln, von denen der steuerliche Tatbestand oder sonstige Tatbestandsmerkmale — auch solche rechtlicher Natur — ab-

---

[20] *Riewald,* a.a.O., I § 94 Anm. 2.
[21] *Kühn,* a.a.O., § 4 StAnpG Anm. 1.

hängig gemacht werden[22]. Die Gültigkeit (Verfassungsmäßigkeit) einer Rechtsnorm ist keine Steuerbedingung in diesem Sinn. § 4 Abs. 2 StAnpG ist deshalb nicht anwendbar[23].

i) § 4 Abs. 3 Ziff. 2 StAnpG

Nach § 4 Abs. 3 Ziff. 2 StAnpG sind Steuerbescheide in demselben Umfang wie nach § 4 Abs. 2 StAnpG zu berichtigen, wenn ein „Merkmal, dessen Vorliegen das Gesetz für die Steuerschuld, Steuerbefreiung, Steuerermäßigung oder sonstige Steuervergünstigung fordert", nachträglich mit Wirkung für die Vergangenheit weggefallen ist. Eine Berichtigung von Steuerverwaltungsakten, die keine gültige gesetzliche Grundlage haben, würde nach dieser Vorschrift voraussetzen, daß das Gesetz, auf dem der Steuerverwaltungsakt beruht, ein „Merkmal" im Sinn dieser Bestimmung ist und daß im Fall der Nichtigkeit des Gesetzes das Merkmal „nachträglich mit Wirkung für die Vergangenheit" weggefallen ist.

Gegen einen solchen nachträglichen Wegfall ließe sich einwenden, ein Besteuerungsmerkmal müsse, um nachträglich wegfallen zu können, zunächst bestanden haben[24]; ein nichtiges Gesetz sei aber von Anfang an ungültig und könne deshalb nicht nachträglich wegfallen[25].

Wenn auch die gerichtliche Nichtigerklärung einer Rechtsnorm nur feststellende Bedeutung hat[26], so wird doch durch die Entscheidung des Gerichtes die bisherige Ungewißheit über die Nichtigkeit der Rechtsnorm beseitigt. Diese Wirkung wird man mindestens entsprechend als einen „nachträglichen Wegfall" im Sinn des § 4 Abs. 3 Ziff. 2 StAnpG ansehen können. Auch der Reichsfinanzhof hat bei einer nur irrtümlichen Annahme eines in Wirklichkeit nicht vorhandenen Besteuerungsmerkmals eine Berichtigung nach dieser Vorschrift zugelassen[27].

Die Berichtigung hängt also davon ab, ob die Rechtsnorm, auf der der Steuerverwaltungsakt beruht, ein „Merkmal" ist. Im Schrifttum

---

[22] FG Hamburg, Urteil vom 30. 8. 1962, in EFG 1963 Nr. 158 S. 131.

[23] FG Hamburg a.a.O.; FG Suttgart, Urteil vom 4. 9. 1962, in EFG 1963 Nr. 167 S. 136.

[24] RFH in RStBl. 1940, 931; FG Stuttgart in EFG 1953 Nr. 167 S. 136; *Homann* in FR 1957, 529.

[25] Das übersehen *Niepoth* in FR 1957, 188; *Randebrock* in DB 1962, 455 und *Gail* in BB 1963, 265, 266.

[26] s. oben unter C II 1 c und d.

[27] RFH in RStBl. 1940, 931. Im Urteilsfall war ein vermeintlicher Erbe durch unanfechtbaren Bescheid zur Erbschaftsteuer herangezogen worden; später wurde durch Auffindung eines Testaments festgestellt, daß er in Wirklichkeit nicht Erbe geworden war.

wird insbesondere mit Rücksicht auf ein Urteil des Reichsfinanzhofs[28] die Meinung vertreten, „Merkmal" sei nicht nur ein Tatbestandsmerkmal, sondern auch eine jede sonstige rechtliche Voraussetzung, und hieraus gefolgert, daß auch der für die Besteuerung maßgebenden Rechtsnorm die Eigenschaft eines Merkmals zukomme[29].

Dem angeführten Urteil des Reichsfinanzhofs lag folgender Sachverhalt zugrunde[30]: Es war streitig, ob eine Gemeinde als Anteilseignerin einer GmbH oder die GmbH selbst zu Aufbringungsumlagen nach dem Aufbringungsgesetz verpflichtet waren. Das Finanzamt hatte die Stadt zu der Umlage herangezogen und der GmbH mitgeteilt, sie brauche keine Umlage zu entrichten. Auf die Rechtsbeschwerde der Stadt entschied der Reichsfinanzhof, nicht diese, sondern die GmbH sei aufbringungspflichtig. Daraufhin zog das Finanzamt die GmbH zur Umlage heran. Der Reichsfinanzhof wies deren Rechtsbeschwerde in dem angeführten Urteil zurück und führte zur Begründung u. a. aus: Die Entscheidung ergehe in sinngemäßer Anwendung des § 4 Abs. 3 Ziff. 2 StAnpG. Ein Merkmal im Sinn dieser Bestimmung müsse auch darin gesehen werden, daß der Reichsfinanzhof durch eine Entscheidung eine neue Grundlage für die Besteuerung geschaffen habe.

Felix-Judeich[31] und Thiel[32] halten das Urteil für sachlich unrichtig und sehen in ihm wegen gewisser Formulierungen eine Auslegung nach nationalsozialistischer Weltanschauung. Diese Frage kann jedoch dahingestellt bleiben, denn aus dem im Urteil mitgeteilten Sachverhalt ergibt sich nicht eindeutig, daß überhaupt ein unanfechtbarer Steuerbescheid vorlag, der nach § 4 Abs. 3 Ziff. 2 StAnpG geändert werden sollte[33]. Schon aus diesem Grund kann für die Auslegung dieser Bestimmung aus dem Urteil nichts hergeleitet werden.

Selbst wenn aber tatsächlich ein Fall des § 4 Abs. 3 Ziff. 2 StAnpG zugrunde gelegen haben sollte, so kann dem Urteil nicht entnommen wer-

---

[28] RFH in RStBl. 1940, 925.

[29] *Niepoth* in FR 1957, 188; Felix in FR 1957, 270, 273 unter V 2 (nach ihm soll allerdings die gerichtliche Entscheidung ein Merkmal sein) und in GmbH-Rundschau 1962, 129 und 235; *Randebrock* in DB 1962, 455 und 1319 und in StRK-Anm. AO § 222 R. 124; *Gail* in BB 1963, 265, 266; s. a. *Nake* in RWP 14 D StAnpG II B 1/63 (539, 67, 69 unter III).

[30] Der Sachverhalt ist unvollständig wiedergegeben; *Thiel* in BB 1963, 443, 445 geht von einem etwas anderen Sachverhalt aus, als er hier rekonstruiert wird.

[31] Komm. zum StAnpG Anm. 14 Fußn. 13.

[32] In BB 1963, 443, 445 re.Sp. unten.

[33] Im Urteil wird nur ein Schreiben des Finanzamts an die GmbH erwähnt. *Thiel*, a.a.O., spricht von einem rechtskräftig gewordenen Freistellungsbescheid, den die GmbH erhalten haben soll. Für einen solchen Bescheid finden sich jedoch im wiedergegebenen Sachverhalt keine Anhaltspunkte.

den, daß nach Auffassung des Reichsfinanzhofs das Steuergesetz selbst ein Merkmal im Sinn dieser Bestimmung sein soll. Aus dem Urteil ergibt sich nur, daß eine wegen irrtümlicher Rechtsanwendung von einer Steuer freigestellte, in Wirklichkeit aber steuerpflichtige Person in entsprechender Anwendung von § 4 Abs. 3 Ziff. 2 StAnpG noch nachträglich zu der Steuer herangezogen werden kann. Auf die hier zu entscheidende Frage gibt das Urteil keine Antwort[34].

Der Bundesfinanzhof hat die Auffassung vertreten, daß ein „Merkmal" im Sinn dieser Bestimmung nur ein konkretes Sachverhaltsmerkmal im Sinn eines tatsächlichen Lebensvorganges, nicht aber die dem Steuertatbestand zugrunde liegende Rechtsnorm sein könne[35]. Wird die dem Steuerbescheid zugrunde liegende Rechtsnorm für nichtig erklärt, so fällt nach Auffassung des Bundesfinanzhofs kein Merkmal im Sinn der Berichtigungsvorschrift weg[36].

Randebrock[37] meint, der Begriff des Merkmals sei dem Strafrecht entnommen, und folgert daraus, daß auch die Rechtsnorm selbst als ein Tatbestandsmerkmal behandelt werden müsse. Die entgegengesetzte Schlußfolgerung ist aber zutreffend. Die Rechtswidrigkeit der Verwirklichung eines Straftatbestandes ist gerade nicht ein Teil des strafrechtlichen Tatbestandes, sondern ein selbständiges Unrechtselement. Irrt der Täter z. B. über tatsächliche Voraussetzungen des strafrechtlichen Tatbestandes, so handelt es sich um einen Tatumstandsirrtum im Sinn des § 59 StGB. Irrt er über das Verbotensein seines Handelns oder Unterlassens, so liegt ein Verbotsirrtum vor, dessen Rechtsfolgen andere als die des Tatumstandsirrtums sind. Im Strafrecht wird also ganz besonders streng zwischen dem gesetzlichen Tatbestand und seinen Voraussetzungen auf der einen Seite und der Rechtsnorm, die ein bestimmtes Tun oder Unterlassen verbietet, auf der anderen Seite unterschieden.

Auch soweit Randebrock meint[38], bei Heranziehung des § 5 Abs. 5 StAnpG für die Auslegung des Begriffs „Merkmal" ergebe sich, daß auch das Gesetz als ein Merkmal angesehen werden müsse, kann ihm nicht gefolgt werden. In § 5 Abs. 3 StAnpG ist von der Nichtigkeit eines Rechtsgeschäfts wegen Formmangels oder mangels der Geschäfts- oder Rechtsfähigkeit die Rede (§§ 125, 105 BGB). Nach Abs. 5 der Bestimmung

---

[34] Zustimmend *Thiel*, a.a.O., und *Winterberg* in DB 1962, 587.

[35] BFH-Urteil vom 4. 3. 1964 in BStBl. III S. 308 für den Fall einer rückwirkend in Kraft getretenen Steuerrechtsnorm; ebenso BFH-Urteil vom 7. 10. 1964 in BStBl. III, 657, 658 für den Fall einer für nichtig erklärten Norm.

[36] BFH-Urteil vom 28. 10. 1964 in BStBl. 1965 III 196, 197.

[37] In DB 1962, 1319.

[38] *Randebrock*, a.a.O.

können Steuerverwaltungsakte berichtigt werden, wenn das wirtschaftliche Ergebnis des nichtigen Rechtsgeschäfts nachträglich wieder beseitigt wird. Randebrock übersieht, daß das Vorliegen oder Nichtvorliegen eines gültigen privatrechtlichen Rechtsgeschäfts für die Anwendung eines bestimmten Steuertatbestandes eine tatbestandliche Voraussetzung darstellt, was im Fall der Gültigkeit oder Ungültigkeit einer Steuerrechtsnorm gerade nicht der Fall ist. Im übrigen ist ein Schluß, bei Nichtigkeit einer Norm müßten dieselben Rechtsfolgen eintreten wie bei Nichtigkeit eines privatrechtlichen Rechtsgeschäfts, unrichtig, weil beide Nichtigkeitsfälle überhaupt nicht miteinander vergleichbar sind. Die Nichtigkeit von Rechtsnormen beurteilt sich nach anderen Grundsätzen und zieht andere Rechtsfolgen nach sich, als die Nichtigkeit eines bürgerlichen Rechtsgeschäfts oder eines Verwaltungsakts[39].

„Merkmale, die das Gesetz fordert", im Sinn des § 4 Abs. 3 Satz 2 StAnpG können nur solche Umstände sein, die nach dem Gesetz die Entstehung des Anspruchs dem Grund und der Höhe nach betreffen, also tatsächliche Umstände oder Verhältnisse eines bestimmten Lebensvorganges[40]. Das Gesetz selbst enthält eine abstrakte Regelung dahin, wie dieser Lebensvorgang rechtlich zu beurteilen ist, also ein abstraktes Gebot oder Verbot. Dieser Gesetzesbefehl ist dem Begriff des Merkmals in dem Sinn vorgegeben, daß von ihm abhängt, welche einzelnen tatsächlichen Umstände als Besteuerungsmerkmale in Betracht kommen. Nur diese tatbestandlichen Umstände, die die Norm ausfüllen und von deren Verwirklichung die Steuerfolge abhängt, können „Merkmale" sein. Die Rechtsnorm selbst kann somit nicht als ein „Merkmal" im Sinn des § 4 Abs. 3 Ziff. 2 StAnpG angesehen werden[41].

Auch die gerichtliche Entscheidung, durch die eine Steuerrechtsnorm für nichtig erklärt oder inzident für nichtig gehalten wird, kann nicht als „Merkmal" betrachtet werden, weil die Gültigkeit einer Norm außerhalb ihres gesetzlichen Tatbestandes steht.

---

[39] *Bettermann* in ZZP 72, 32, 33.

[40] FG Hamburg in EFG 1963 Nr. 158 S. 131; FG Nürnberg in EFG 1963 Nr. 168 S. 137; *v. Wallis* in Hübschmann-Hepp-Spitaler AO § 4 StAnpG Anm. 5; *Thiel* in BB 1963, 443; im Ergebnis wohl ebenso *Nake* in RWP 14 D StAnpG II B 1/63 (539/67 ff., 72 unter 6), der allerdings zu Unrecht auf Wortlaut und Sinn des § 79 BVerfGG abstellt. Die Frage, ob die tatbestandlichen Voraussetzungen der Berichtigungsvorschrift zutreffen, stellt sich unabhängig von der weiteren Frage, ob gegebenenfalls § 79 Abs. 2 Satz 1 BVerfGG eine solche Berichtigung ausschließen würde. — Vgl. ferner die in Anm. 35 und 36 angeführten Urteile des BFH.

[41] *Winterberg* in DB 1962, 587; *Hippe* in FRdsch. 1962, 199, 204; *Falk* in DStZ A 1957, 228; *Kirmse* in RWP 14 D GewSt II B 2/62 (506, 73, 75) unter C II 2 a.E.; — emb — in DZ Nr. 39/1963 S. 11 Sp. 3 — vgl. im übrigen die oben in Anm. 40 angeführte Rechtsprechung und Literatur.

Damit entfällt eine Berichtigung der Steuerverwaltungsakte wegen Verfassungswidrigkeit der ihnen zugrunde liegenden Steuerrechtsnorm nach § 4 Abs. 3 Ziff. 2 StAnpG.

j) § 222 Abs. 1 Ziff. 1 und 2 AO

Nach § 222 Abs. 1 können die im Gesetz näher bezeichneten Bescheide im Wege einer Berichtigungsveranlagung oder Berichtigungsfeststellung geändert werden[42], sofern es sich um Steuern handelt, bei denen die Verjährungsfrist mehr als ein Jahr beträgt[43]. § 222 Abs. 1 Ziff. 1 AO regelt eine solche Berichtigung zugunsten der Finanzverwaltung, Ziff. 2 zugunsten des Steuerpflichtigen. Beide Bestimmungen setzen das Bekanntwerden einer neuen Tatsache voraus, die eine höhere bzw. eine niedere Veranlagung rechtfertigt oder eines entsprechenden neuen Beweismittels.

Es fragt sich, ob § 222 Abs. 1 Ziff. 1 und 2 AO auf Steuerverwaltungsakte angewendet werden kann, die auf einer nichtigen Rechtsnorm beruhen. Voraussetzung ist, daß entweder die Nichtigkeit der Norm selbst oder die gerichtliche Entscheidung eine „Tatsache" oder ein „Beweismittel" im Sinn des § 222 Abs. 1 Ziff. 1 und 2 AO ist.

Tatsache ist alles, was Merkmal oder Teilstück eines gesetzlichen Steuertatbestandes sein kann, also Zustände, Vorgänge, Beziehungen, Eigenschaften materieller oder immaterieller Art[44]. Keine Tatsachen sind alle Arten von Schlußfolgerungen, also „Urteile" im Sinn der Logik, insbesondere juristische Subsumtionen.

Danach kann das Gesetz selbst nicht als „Tatsache" angesehen werden[45]; es ist vielmehr ähnlich wie der Begriff „Merkmal" im Sinn des § 4 Abs. 3 Ziff. 2 StAnpG dem konkreten Lebenssachverhalt vorgegeben[46]. Ist aber das Gesetz selbst keine Tatsache, so kann auch seine Nichtigkeit nicht als eine solche angesehen werden[47].

---

[42] Mangels eines obligatorischen schriftlichen Bescheides findet § 222 AO keine Anwendung auf Steuern, die im Abzugsverfahren oder auf Grund von Selbstberechnungserklärungen erhoben werden.

[43] Das ist nach § 144 AO bei allen Steuern mit Ausnahme der Zölle und Verbrauchssteuern der Fall.

[44] RFH in RStBl. 1944, 147; BFH-Urteile in BStBl. 1962 III 225, 226 li.unten und in BStBl. 1962 III 494 unter I 2; *Tipke-Kruse*, a.a.O., § 222 Anm. 10; *Vogel*, Die Berichtigungsveranlagung, S. 21; *Wernscheid*, Die Berichtigung rechtskräftiger Steuerbescheide (§ 222 AO) Kölner Diss. 1958, S. 20, 21; *Barske* in NWB Fach 2, S. 1103, 1105.

[45] *Vogel*, a.a.O., S. 23; *Sauer*, Fehlerberichtigung S. 35; *R. Würdinger*, Die Berichtigung von Steuerbescheiden und diesen gleichgestellten Bescheiden, Münchner Diss. 1954.

[46] So auch *Wernscheid*, a.a.O., S. 21, 22.

[47] *Sauer* in StW 1962, Sp. 579. 584.

Auch die Entscheidung des die Nichtigkeit feststellenden Gerichts ist keine Tatsache in diesem Sinn. Sie ist das Ergebnis von Denkvorgängen und juristischen Subsumtionen und kann daher begrifflich nicht als ein Teilstück eines Steuertatbestandes betrachtet werden[48]. Sie enthält eine rechtliche Beurteilung des gesamten Steuertatbestandes selbst und stellt für diesen neue Beurteilungsgrundsätze auf, gehört aber nicht selbst zu den tatbestandlichen Grundlagen des Steuerbescheides[49].

Auch ein „Beweismittel" im Sinn des § 222 Abs. 1 Ziff. 1 und 2 AO kann im nichtigen Gesetz und in der gerichtlichen Entscheidung nicht gesehen werden, denn Beweismittel sind nur solche Erkenntnismittel, die geeignet sind, das Vorliegen oder Nichtvorliegen der tabestandlichen Voraussetzungen der angewendeten Steuerrechtsnorm zu beweisen[50].

Die Feststellung der Nichtigkeit einer verfassungswidrigen Rechtsnorm ist daher kein Grund für eine Berichtigung der auf ihr beruhenden Steuerbescheide nach § 222 Abs. 1 Ziff. 1 und 2 AO.

k) § 222 Abs. 1 Ziff. 3 AO

§ 222 Abs. 1 Ziff. 3 AO regelt die Fehlerberichtigung zugunsten der Finanzverwaltung innerhalb der Verjährungsfrist; nach dieser Vorschrift können nur einige wenige Steuerbescheide berichtigt werden[51]. Voraussetzung ist, daß bei einer Nachprüfung durch die Aufsichtsbehörde ein Fehler entdeckt wird, dessen Berichtigung eine höhere Veranlagung rechtfertigt. Eine Berichtigung nach dieser Vorschrift könnte dann in Betracht kommen, wenn eine für den Steuerpflichtigen günstige Rechtsnorm für nichtig erklärt worden ist.

---

[48] BFH-Urteil in BStBl. 1962 III, 494 unter I 2 für ein anderes BFH-Urteil, durch das eine Norm für nichtig gehalten worden ist; BFH-Urteil in BStBl. 1962 III, 225, 226 für ein ebensolches Urteil des BVerfG; ferner: BFH-Urteil vom 20. 12. 1962 in HFR 1963 Nr. 299 S. 308, 309 re.Sp.; FG Hamburg in EFG 1963 Nr. 158 S. 130, 131; *Skibbe* in BB 1959, 1206 unter 2; *Boettcher-Grass,* Ehegattenbesteuerung S. 39.

[49] Mit dieser Begründung wird auch in der Nichtigerklärung einer Norm durch das BVerfG keine Tatsache im Sinn der §§ 359 Ziff. 5 StPO, 66 OWG gesehen: BayObLG in NJW 1962, 2166; *Kaiser* in NJW 1962, 1703, 1704; *Kleinknecht* in NJW 1952, 1190; a.A. LG Ansbach, zit. bei *Kleinknecht,* a.a.O.

[50] *Vogel,* a.a.O. S. 35 mit weiteren Nachweisen und Fußn. 186; *Wernscheid,* a.a.O., S. 22; *Tipke-Kruse,* a.a.O., § 222 Anm. 11.

[51] § 222 Abs. 1 Ziff. 3 AO gilt nicht für Steuern vom Einkommen, Ertrag, Umsatz und Vermögen. Er ist dagegen anwendbar auf Erbschaftsteuer-, Grunderwerbsteuer-, Kapitalverkehrsteuer- und Beförderungsteuerbescheide: *Tipke-Kruse,* a.a.O., § 222 Anm. 30; *Vogel,* a.a.O., S. 58. Er gilt ferner für Abgabenbescheide nach dem LAG: BFH-Urteile vom 7. 2. 1958 in BStBl. III, 157 und vom 16. 3. 1962 in HER 1963 Nr. 73 S. 78.

aa) „Fehler"

Stellt der Mangel einer gültigen gesetzlichen Grundlage einen Fehler im Sinn dieser Berichtigungsvorschrift dar?

Fehler in diesem Sinn ist nach der heute herrschenden weiten Auslegung dieses Begriffes jede objektiv unrichtige Rechtsanwendung, insbesondere jede unrichtige Anwendung des materiellen Rechts[52]. Wie oben ausgeführt worden ist[53], haben die auf einer verfassungswidrigen Norm beruhenden Steuerverwaltungsakte von Anfang an keine wirksame Rechtsgrundlage gehabt und leiden damit von ihrem Erlaß ab an einem Fehler rechtlicher Art. Dieser Fehler war bereits im Zeitpunkt ihres Erlasses vorhanden, wenn er auch erst später auf Grund der Nichtigerklärung oder der inzidenten Feststellung der Nichtigkeit der Norm erkannt worden ist. Das gültige Recht ist somit dadurch objektiv unrichtig angewandt worden, daß der betreffende Steuerverwaltungsakt auf die ungültige Norm gestützt worden ist. Der auf einer nichtigen Rechtsnorm beruhende Steuerverwaltungsakt ist deshalb fehlerhaft im Sinn des § 222 Abs. 1 Ziff. 3 AO[54].

Hiergegen könnte eingewendet werden, ein ordnungsgemäß erlassenes und verkündetes Gesetz habe die „Vermutung der Verfassungsmäßigkeit bzw. Gültigkeit" für sich[55]; die Finanzbehörden könnten und müßten angesichts dessen, daß ihnen eine Verwerfungskompetenz jedenfalls für nachkonstitutionelle Normen nicht zusteht, die Rechtsnorm als verfassungsmäßig und gültig behandeln und demzufolge bis zu ihrer Nichtigerklärung anwenden. Ein solches Handeln könne deshalb nicht als fehlerhaft bezeichnet werden.

Unter einem Fehler ist, wie oben ausgeführt wurde, eine jede objektiv unrichtige Rechtsanwendung zu verstehen. Dabei ist es gleichgültig, ob die Unrichtigkeit durch ein fehlerhaftes Handeln der Finanzverwaltung oder, wie im hier gegebenen Fall, durch ein ebensolches Handeln des Gesetzgebers verursacht worden ist[56]. Auch im letzteren Fall ist das

---

[52] *Bühler*, Lehrbuch S. 401 Anm. 7; *Zitzlaff* in StW 1936 Sp. 1503; BFH in BStBl. 1963 III 161, 162; FG Stuttgart in DStZ A 1958 S. 7; Vogel, a.a.O., S. 61; *Tipke-Kruse*, a.a.O., § 222 Anm. 31; *Mittenzwei*, Die Fehlerberichtigung nach § 222 Abs. 1 Ziff. 3 und 4 AO, S. 11, 12.

[53] Siehe oben unter C II 1 d.

[54] BFH in BStBl. 1964 III 321; *Tikpe-Kruse*, a.a.O., § 222 Anm. 4 und 31 Abs. 3; *Vogel*, a.a.O., S. 63; *Boettcher-Grass*, a.a.O., S. 40; *Bertermann* in Inf. 1962, 129, 134; *Sauer*, Fehlerberichtigung S. 36 und in StW 1962 Sp. 579, 584; *Krah* in FR 1962, 370 unter 3; *Hippe* in FR 1962, 199, 203; *Mittenzwei*, Fehlerberichtigung S. 46; vgl. auch BSG in NJW 1961, 991.

[55] BFH in BStBl. 1959 III 140 und 172.

[56] *Mittenzwei*, a.a.O., S. 38 für den Fall, daß der BFH inzident eine Rechtsnorm für nichtig hält. Gleiches muß auch dann gelten, wenn das BVerfG Rechtsnormen für nichtig erklärt.

Recht objektiv unrichtig angewandt worden, weil die Rechtsnorm bereits im Zeitpunkt des Erlasses des Steuerbescheides ungültig und nichtig war.

Der Regelsatz, daß für die Fehlerhaftigkeit der im Zeitpunkt der Veranlagung geltende Rechtszustand maßgebend ist, wird also erfüllt, denn die Rechtsnorm gehörte schon im Zeitpunkt der Veranlagung nicht mehr zum geltenden Recht. Gerade weil das Finanzamt den Steuerbescheid auf die zwar ungültige, von ihm aber als gültig betrachtete Rechtsnorm gestützt hat, ist die Veranlagung fehlerhaft im Sinn des § 222 Abs. 1 Ziff. 3 AO.

Auf subjektive Gesichtspunkte, insbesondere auf die Frage eines Verschuldens der Finanzverwaltung für den Fehler kommt es nicht an[57]. Die Frage, ob die Finanzverwaltung berechtigt, verpflichtet oder daran gehindert ist, vor der Veranlagung die Norm auf ihre Verfassungsmäßigkeit zu prüfen und sie unter Umständen nicht anzuwenden[58], ist deshalb für die Fehlerhaftigkeit des erlassenen Bescheides unerheblich. Es kommt auch nicht darauf an, ob die Verwaltung eine Prüfung der Verfassungsmäßigkeit der Norm bewußt unterlassen oder ob sie sich darüber keine Gedanken gemacht hat.

Eine fehlerhafte Veranlagung liegt zunächst vor, wenn die ihr zugrunde liegende Rechtsnorm von einem Verfassungsgericht für nichtig erklärt worden ist. In diesen Fällen steht für die Finanzverwaltung die Fehlerhaftigkeit gemäß § 31 BVerfGG bzw. den entsprechenden Vorschriften der Landesverfassungen verbindlich und allgemein gültig fest.

Auch wenn der Bundesfinanzhof eine Norm inzident für nichtig gehalten hat, ist die auf dieser Norm beruhende Veranlagung fehlerhaft im Sinn des § 222 Abs. 1 Ziff. 3 AO[59]. Auch die nur inzident für nichtig gehaltenen Normen sind ipso iure und ab initio nichtig und bedingen die Unrichtigkeit des Steuerbescheids vom Erlaß ab, wenn die betreffende Norm tatsächlich in Widerspruch zu ranghöherem Recht steht. Da jedoch die Entscheidung des Bundesfinanzhofs keine Allgemeinverbindlichkeit und Gesetzeskraft hat, kann die Finanzverwaltung, wenn sie die Entscheidung für nicht richtig hält, die Rechtsnorm weiterhin für gültig halten[60], das Vorhandensein eines Fehlers verneinen und den

---

[57] *Sauer*, Fehlerberichtigung, S. 36 unter aa.

[58] *Maunz-Dürig*, GG Art. 20 Tz. 66; BFH in BStBl. 1959 III 140, 172 und in FR 1960, 243; *Sigloch* in JZ 1958, 80, 81; *Hoffmann* in JZ 1961, 193 ff., 198, 200.

[59] Bestritten; wie hier *Mittenzwei*, a.a.O., S. 36 f, 43.

[60] Ein solches Verhalten kann unter Umständen eine Amtsverletzung darstellen.

Berichtigungsantrag des Steuerpflichtigen zurückweisen. Welche Möglichkeit der Steuerpflichtige dann hat, hängt davon ab, ob und inwieweit ihm ein Anspruch auf die Berichtigung zusteht[61].

bb) Aufdeckung bei Nachprüfung durch die Aufsichtsbehörde

Neben dem Fehler, der eine höhere Veranlagung rechtfertigt, ist dessen Aufdeckung bei einer Nachprüfung durch die Aufsichtsbehörde Voraussetzung für die Berichtigung. „Aufsichtsbehörden" sind die Oberfinanzdirektionen[62], der Bundes- bzw. die Landesminister der Finanzen, die Finanzämter gegenüber ihnen untergeordneten Hilfsstellen[63] und der Bundesrechnungshof[64],[65]. Die Aufsichtsbehörden können von sich aus die Nachprüfung durchführen, sie können auch auf Anregung des Finanzamts, das ihnen dann die Akten vorzulegen hat, tätig werden[66]. Die Initiative zur Fehleraufdeckung braucht also nicht von der Aufsichtsbehörde auszugehen; jedoch darf der Fehler nur auf Anordnung bzw. mit Zustimmung der Aufsichtsbehörde aufgedeckt werden[67].

Trifft die Aufsichtsbehörde wegen der festgestellten Nichtigkeit der Steuerrechtsnorm eine entsprechende Anordnung, so liegen die tatbestandsmäßigen Voraussetzungen des § 222 Abs. 1 Ziff. 3 AO für eine Berichtigung zugunsten der Verwaltung wegen der Nichtigkeit der zugrunde liegenden Norm vor.

cc) Sperrwirkung des § 222 Abs. 2 AO?

Es fragt sich, ob § 222 Abs. 2 AO eine Berichtigung zugunsten der Verwaltung nach § 222 Abs. 1 Ziff. 3 AO hindert.

Nach § 222 Abs. 2 AO darf eine Berichtigungsveranlagung oder -feststellung nicht auf eine nach Entstehung des Steueranspruchs erlassene

---

[61] Siehe dazu unten in Anm. 63.

[62] Ob die Oberfinanzdirektionen auch in Umsatzsteuer- und Beförderungsteuersachen Aufsichtsbehörden sind, ist bestritten. Verneinend: BFH-Urteil vom 7. 4. 1960 in StRK AO § 222 R 40; bejahend: *Rönitz* in UStR 1963, 89 mit weiteren Nachweisen.

[63] *Kühn* AO § 222 Anm. 7 d; *Barske* in NWB F. 2 S. 110 ff., 1112.

[64] BFH in BStBl. 1963 III 161 ff., 162; vgl. auch RFH in RStBl. 1933, 1308.

[65] Nach FG Münster, Urt. v. 26. 3. 1963, EFG 430 zählen die Landesrechnungshöfe, auch soweit sie Bundesabgaben mitprüfen, ebenfalls zu den Aufsichtsbehörden.

[66] BFH-Urteil vom 16. 3. 1962 in HFR 1963 Nr. 73 S. 78 = StRK AO § 222 R 107; *Tipke-Kruse*, a.a.O., § 222 Anm. 33.

[67] *Vogel*, a.a.O., S. 64; *Sauer* in StW 1962 Sp. 579 ff., 594 unter II; *Würdinger*, a.a.O., S. 78, 79; *Kruse*, StRK-Anm. AO § 222 R 107.
für gültig, so gilt das in Anm. 1 Ausgeführte entsprechend.

Entscheidung des Bundesfinanzhofs gegründet werden, in der eine Rechtsfrage im Gegensatz zu einer früheren, einen gleichen Sachverhalt betreffenden höchstrichterlichen Entscheidung entschieden wird. Der Tatbestand des § 222 Abs. 2 AO setzt also zwei Entscheidungen voraus, in denen ein und dieselbe Rechtsfrage verschieden beurteilt worden ist. Er greift nicht ein, wenn z. B. der Bundesfinanzhof erstmals über die betreffende Rechtsfrage entscheidet[68].

Im Zusammenhang mit der Nichtigerklärung bzw. inzidenten Nichtigkeitsfeststellung von Normen können folgende Fälle inhaltlich verschiedener Entscheidungen auftreten:

1. Der Bundesfinanzhof hält eine Rechtsnorm in einer Entscheidung inzident für gültig und stellt in einer nach der Veranlagung ergehenden zweiten Entscheidung inzident ihre Nichtigkeit fest.

2. Der Bundesfinanzhof hält eine Rechtsnorm inzident für verfassungswidrig; auf seinen Vorlagebeschluß nach Art. 100 Abs. 1 GG erklärt das Bundesverfassungsgericht die Norm für nichtig[69].

3. Der BFH hält eine Norm inzident für gültig; auf Verfassungsbeschwerde gegen das Urteil hebt das Bundesverfassungsgericht dieses auf und erklärt die Norm für nichtig[70].

4. Der Bundesfinanzhof bejaht die Gültigkeit der Norm inzident; das Bundesverfassungsgericht erklärt sie später in einem anderen Verfahren für nichtig[71].

Im Fall 1 liegen die Voraussetzungen des § 222 Abs. 2 AO eindeutig vor, so daß eine Berichtigung unzulässig ist. Im Fall 2 greift § 222 Abs. 2 AO nicht ein, weil der Bundesfinanzhof und das Bundesverfassungsgericht die Norm übereinstimmend für nichtig gehalten haben.

Wie verhält es sich aber in den Fällen 3 und 4?

Seinem Wortlaut nach gilt § 222 Abs. 2 AO nur dann, wenn der Bundesfinanzhof einen gleichartigen Tatbestand in Widerspruch zu einer anderen früheren höchstrichterlichen Entscheidung beurteilt. Hiernach

---

[68] *Kühn*, AO § 222 Anm. 9 2. Abs.: *Würdinger*, a.a.O., S. 85; BFH-Urteil vom 27. 4. 1961, BStBl. III 281 ff., 283 li. oben RFH-Urteil vom 10. 2. 1938 in RStBl. 282 ff., 283.

[69] Erklärt das BVerfG sie für gültig, so steht nach § 31 BVerfGG verbindlich fest, daß die Norm gültig ist, und eine Berichtigung entfällt aus diesem Grund.

[70] Hält der BFH die Norm inzident für nichtig, das BVerfG sie dagegen für gültig, so gilt das in Anm. 69 Angeführte entsprechend.

[71] Dieselben Fälle lassen sich bilden im Verhältnis von BFH-Entscheidungen über die Gültigkeit von Normen zu ebensolchen Entscheidungen eines Landesverfassungsgerichts oder eines anderen Gerichts, ebenso im Verhältnis von bundes- und landesverfassungsgerichtlichen Entscheidungen.

würde das Berichtigungsverbot nicht anwendbar sein, wenn das Bundesverfassungsgericht über einen gleichartigen Tatbestand eine Entscheidung fällt, die von einer früheren Entscheidung des Bundesfinanzhofs abweicht. Mit Rücksicht auf den Wortlaut der Bestimmung wird die Anwendbarkeit des § 222 Abs. 2 AO im letzteren Fall in der Literatur zum Teil verneint[72].

Der Sinn und Zweck des § 222 Abs. 2 AO besteht darin, das Vertrauen in die Richtigkeit und Gesetzmäßigkeit der höchstrichterlichen Rechtsprechung zu schützen und zu verhindern, daß die Änderung der höchstrichterlichen Rechtsprechung Anlaß zur Berichtigung nach § 222 Abs. 1 Ziff. 3 und 4 AO gibt oder daß neue Tatsachen, die erst unter dem Gesichtspunkt der veränderten Rechtsauffassung Bedeutung erlangen, Berichtigungen nach § 222 Abs. 1 Ziff. 1 und 2 AO auslösen[73].

Wenn das Vertrauen auf die Richtigkeit und Gesetzmäßigkeit einer Entscheidung des Bundesfinanzhofs geschützt werden soll, so besteht diese Schutzwürdigkeit unabhängig davon, ob die spätere ungleiche Entscheidung des gleichen Tatbestandes ebenfalls vom Bundesfinanzhof oder vom Bundesverfassungsgericht gefällt worden ist.

Dieser Gesichtspunkt gebietet es, § 222 Abs. 2 AO in den Fällen, in denen das Vertrauen auf eine höchstrichterliche Entscheidung in Rede steht, analog auch dann anzuwenden, wenn die abweichende zweite Entscheidung eine solche des Bundesverfassungsgerichts ist[74].

Im Fall 3 stellt sich das Problem des § 222 Abs. 2 AO nicht, weil das Urteil des Bundesfinanzhofes durch das Bundesverfassungsgericht aufgehoben wird und deshalb keine Wirkungen entfalten kann. Im übrigen wäre in diesem Fall ein Vertrauensschutz auch nicht gerechtfertigt, weil bereits auf Grund der Erhebung der Verfassungsbeschwerde Zweifel hinsichtlich der Verfassungsmäßigkeit des Bundesfinanzhofsurteils bestehen, zu deren Beseitigung allein das Bundesverfassungsgericht kompetent ist. Würde das Vertrauen auf die Richtigkeit auch solcher Urteile des Bundesfinanzhofs, die mit der Verfassungsbeschwerde angegriffen sind, geschützt werden, so würde über eine analoge Anwendung des § 222 Abs. 2 AO die besondere Wirkung der bundesverfassungsgerichtlichen Entscheidung nach § 31 BVerfGG, also die Allgemeingültigkeit und die Allgemeinverbindlichkeit beeinträchtigt werden. Im Fall 3 kann somit das Vertrauen auf die Entscheidung des Bundesfinanzhofs nicht analog § 222 Abs. 2 AO geschützt werden[75].

---

[72] *Tipke-Kruse*, AO § 222 Anm. 31 letzter Abs.

[73] BFH in BStBl. 1961 III 281; *Berger*, Die Reichsabgabenordnung nach ihren Schwerpunkten für die Praxis, § 222 Abs. 2 S. 99.

[74] So jedenfalls prinzipiell auch *Sauer*, Fehlerberichtigung S. 37 ff., 38.

[75] So im Ergebnis auch *Sauer*, a.a.O., S. 39; er meint, das BVerfG werde

Im Fall 4 treffen diese Erwägungen nicht zu, weil die Entscheidung des BFH, in der die Norm für gültig angesehen worden ist, eine gewisse Zeit Bestand gehabt hat und die betroffenen Kreise sich auf diese Entscheidung eingestellt haben. Erklärt später das Bundesverfassungsgericht diese Norm in einem anderen Verfahren für nichtig, so liegen die Voraussetzungen vor, unter denen § 222 Abs. 2 AO den Vertrauensschutz für den Fall des Ergehens einer abweichenden BFH-Entscheidung gewährt. Die analoge Anwendung der Bestimmung ist deshalb im Fall 4 gerechtfertigt[76].

dd) Ergebnis

Zusammenfassend ergibt sich, daß ein auf einer nichtigen Rechtsnorm beruhender Steuerverwaltungsakt die tatbestandlichen Voraussetzungen des § 222 Abs. 1 Ziff. 3 AO erfüllen würde, wenn § 79 Abs. 2 Satz 1 BVerfGG zunächst außer Betracht bleibt.

§ 222 Abs. 2 AO steht der Berichtigung nur dann entgegen, wenn der Bundesfinanzhof die Norm inzident für gültig gehalten, das Bundesverfassungsgericht sie später in einem anderen Verfahren für nichtig erklärt hat und das Vertrauen auf die Richtigkeit des Bundesfinanzhofsurteils die Versagung der Berichtigung verlangt.

l) § 222 Abs. 1 Ziff. 4 AO

Nach § 222 Abs. 1 Ziff. 4 AO können die unter Ziff. j) genannten Steuerbescheide[77] zugunsten des Steuerpflichtigen berichtigt werden, wenn bei einer Nachprüfung durch die Aufsichtsbehörde innerhalb der Verjährungsfrist ein Fehler aufgedeckt wird, dessen Berichtigung eine niedrigere Veranlagung rechtfertigt. Eine Berichtigung nach dieser Vorschrift steht dann in Frage, wenn eine für den Steuerpflichtigen ungünstige Rechtsnorm für nichtig erklärt worden ist.

Der Begriff des Fehlers ist hier der gleiche wie in § 222 Abs. 1 Ziff. 3 AO[78]. Die Anwendung einer nichtigen Norm ist deshalb auch im Falle des § 222 Abs. 1 Ziff. 4 AO ein Fehler.

---

als zusätzliche außerordentliche Rechtsmittelinstanz tätig; seine Entscheidung sei deshalb als die „erste" im Sinn des § 222 Abs. 2 AO anzusehen.

[76] Anders *Sauer*, a.a.O., 52 ff., 62 und in StW 1962 Sp. 579, 586, 587 unter II 2: Er will im Fall 4 und auch im Fall 1 § 222 Abs. 2 AO „durchbrechen", also die Berichtigung durchführen. Er begründet dies mit der „Rückwirkung" der Nichtigerklärung einer Norm auf abgeschlossene Tatbestände, mit Treu und Glauben und mit anderen Billigkeitserwägungen.

[77] Also nicht etwa nur die Steuerbescheide, für die eine Berichtigung nach § 222 Abs. 1 Ziff. 3 AO in Betracht kommt (Anm. 51).

[78] *Vogel*, a.a.O., S. 66; *Mittenzwei*, Fehlerberichtigung S. 7—11.

Hinsichtlich der Aufdeckung des Fehlers durch die Aufsichtsbehörde gilt das oben Ausgeführte[79]. Zu der Aufdeckung durch die Aufsichtsbehörde kann es auch auf Anregung des Steuerpflichtigen selbst kommen[80]. Da es sich um die Berichtigung wegen der Nichtigkeit einer für den Steuerpflichtigen ungünstigen Norm handelt, entsteht die Frage, ob die Aufsichtsbehörde von Amts wegen verpflichtet ist oder von dem Steuerpflichtigen gezwungen werden kann, den Fehler aufzudecken, wenn sie dies nicht von sich aus, auf seine Anregung hin oder auf Anregung des Finanzamts tut. Diese Frage wird im folgenden unter 3 erörtert.

Deckt die Aufsichtsbehörde den Umstand, daß ein Steuerbescheid keine gesetzliche Grundlage hat, auf, so hat der Steuerpflichtige nach der als herrschend zu bezeichnenden Auffassung einen Rechtsanspruch auf Durchführung der Berichtigungsveranlagung bzw. -feststellung[81]. Dabei ist es ausreichend, wenn der Fehler innerhalb der Verjährungsfrist aufgedeckt wird; seine Berichtigung kann auch noch nach dem Ablauf der Verjährungsfrist verlangt werden[82]. Ist der Fehler aufgedeckt worden, so wären die tatbestandsmäßigen Voraussetzungen für eine Berichtigung zugunsten des Steuerpflichtigen nach § 222 Abs. 1 Ziff. 4 AO erfüllt, wenn von § 79 Abs. 2 Satz 1 BVerfGG zunächst abgesehen wird.

Hinsichtlich des § 222 Abs. 2 AO gelten die Ausführungen bei § 222 Abs. 1 Ziff. 3 AO entsprechend[83].

m) § 223 AO

Nach § 223 AO sind Steuernachforderungen, soweit nicht § 222 AO Platz greift oder sonst etwas Abweichendes vorgeschrieben ist, bis zum Ablauf der Verjährungsfrist zulässig. Nachforderungen in diesem Sinne sind sowohl nachträgliche Mehrforderungen nach vorausgegangener Steuerfestsetzung als auch die Nachholung bisher unterbliebener Steuerfestsetzungen. § 223 AO hat Bedeutung für Zoll- und Verbrauchssteuerbescheide, für die im Abzugsverfahren, durch Verwendung von Steuerzeichen oder sonst formlos im Sinn des § 212 AO entrichtet werden

---

[79] Vgl. oben unter D II 2 k bb.

[80] *Tipke-Kruse*, a.a.O., § 222 Anm. 33; *Barske* in NWB F. 2 S. 1103 ff., 1112; *Mittelbach* in DStR 1962/63, 452 ff., 453 unter 2 und 455 unter III 1.

[81] *Vogel*, a.a.O., S. 17; *Spitaler* in *Hübschmann-Hepp-Spitaler*, AO § 222 Anm. 15; *Sauer* in StW 1962 Sp. 579 ff., 594; *Würdinger*, Die Berichtigung von Steuerbescheiden ... S. 79 unter 2; *Mittelbach*, a.a.O., S. 456; *Mittenzwei*, a.a.O., S. 65.

[82] *Kühn*, AO § 222 Anm. 8 c; *Barske*, a.a.O., S. 1113 oben.

[83] Siehe oben unter D II 2 k cc.

Steuern[84]. Sind auf Grund einer nichtigen Norm gegenüber der wirklichen Rechtslage keine oder zu wenig Steuern in diesem Verfahren erhoben worden, so würde § 223 AO eine Nachforderung bis zum Ablauf der Verjährungsfrist ermöglichen, wenn § 79 Abs. 2 Satz 2 BVerfGG außer Betracht bleibt. Weitere tatbestandsmäßige Voraussetzungen für die Nachforderung sind nicht vorgesehen. Die Nachforderung ist ferner ohne Berichtigung des ursprünglichen Bescheides zulässig.

n) § 224 AO

Soweit nicht ein Fall des § 222 Abs. 1 Ziff. 4 AO vorliegt, regelt § 224 AO die Berichtigung einer Steuerfestsetzung[85], wenn bei einer Nachprüfung durch die Aufsichtsbehörde vor dem Ablauf der Verjährungsfrist ein Fehler aufgedeckt wird, der eine Herabsetzung der Steuer rechtfertigt. Die Berichtigungsvoraussetzungen nach § 224 AO sind dieselben wie nach § 222 Abs. 1 Ziff. 4 AO. Bei Steuerfestsetzungen, die auf einer nichtigen Rechtsnorm beruhen, sind deshalb die tatbestandsmäßigen Voraussetzungen nach § 224 AO für eine Berichtigung erfüllt.

o) §§ 225, 225 a, 225 b, 226 AO

Die tatbestandsmäßigen Voraussetzungen der übrigen Berichtigungsvorschriften (§§ 225—226 AO) liegen im Fall der Nichtigkeit einer Steuerrechtsnorm nicht vor. Sie kommen deshalb hier nicht in Betracht.

3. Weitere Voraussetzungen für eine Berichtigung zugunsten des Steuerpflichtigen

Nach den Ausführungen unter 2 kommen für eine Berichtigung zugunsten des Steuerpflichtigen folgende Berichtigungsvorschriften in Betracht: für Zoll-, Abgaben- und Verbrauchsteuerbescheide: § 94 Abs. 1 Ziff. 1 AO und § 224 AO; für die nach dem Gesetz schriftlich zu erteilenden Steuerbescheide § 222 Abs. 1 Ziff. 4 AO; für sonstige Steuerverwaltungsakte § 93 AO; für sonstige Steuerfestsetzungen, die im Abzugsverfahren, durch Verwendung von Steuerzeichen oder sonst formlos erhoben werden, § 224 AO.

---

[84] *Tipke-Kruse*, a.a.O., § 223 Anm. 1 2. Abs. Unter § 223 AO fällt z. B. die Festsetzung der Versicherungssteuer: FG Hamburg Urt. v. 28. 8. 1960 in DStZ B 1961, 172.

[85] § 224 AO gilt also im wesentlichen in den Fällen, in denen bei einer Berichtigung zugunsten der Finanzverwaltung § 223 AO anwendbar ist (siehe oben unter m).

Die Frage, welche Einwirkungsmöglichkeiten der Steuerpflichtige auf die Fehleraufdeckung durch die Aufsichtsbehörde hat, ist seit langem streitig. Die einen betrachten die Entscheidung der Aufsichtsbehörde über die Fehleraufdeckung als eine bloße innerdienstliche Maßnahme und führen zur Begründung an, die Nachprüfung der Aufsichtsbehörde diene der Kontrolle der Ordnungsmäßigkeit der staatlichen Einnahmewirtschaft, sie diene also dem Verwaltungsinteresse des Staates[86]. Die wohl überwiegende Meinung sieht in der Entscheidung über die Fehleraufdeckung eine in das Ermessen der Verwaltung gestellte, gegenüber dem Steuerpflichtigen also mit Wirkung nach außen zu treffende Billigkeitsmaßnahme ähnlich der des § 131 AO, die vornehmlich in dessen Interesse zu erlassen ist[87]. Die Vertreter dieser Auffassung billigen dem Steuerpflichtigen ein Antragsrecht auf die Fehleraufdeckung zu und erkennen der Entscheidung der Aufsichtsbehörde, da sie einen Einzelfall mit Wirkung nach außen regelt, den Charakter eines Verwaltungsaktes zu. Nach dieser Auffassung hat zwar der Steuerpflichtige auf die Fehleraufdeckung keinen Rechtsanspruch[88], wohl aber einen Anspruch darauf, daß die Aufsichtsbehörde die Ermessensentscheidung innerhalb der Grenzen des § 2 Abs. 2 StAnpG von Recht und Billigkeit trifft, also einen Anspruch auf fehlerfreie Ermessensausübung[89]. Die Finanzgerichte können die Ermessensentscheidung daraufhin überprüfen, ob diese Grenzen eingehalten sind, aber nicht an Stelle des Ermessens der Aufsichtsbehörde ihr eigenes Ermessen setzen. Letzteres können sie ausnahmsweise dann tun, wenn nach den besonderen Umständen des einzelnen Falles die Ermessensgrenzen so eingeengt werden, daß nur eine Entscheidung ermessensfehlerfrei ist, alle anderen Entscheidungen aber ermessenswidrig wären[90].

a) Die Unanfechtbarkeit als Hinderungsgrund

Eine Ablehnung der Berichtigung mit der Begründung, die Steuerverwaltungsakte seien unanfechtbar bzw. „bestandskräftig" oder

---

[86] Vgl. *Mittenzwei*, a.a.O., S. 70 ff., 71 Anm. 264.

[87] *Tipke-Kruse*, AO, R. 37; *Vogel*, a.a.O., S. 67, 68; *Felix* in BB 1955, 433; *Mittenzwei*, a.a.O., S. 71 insbes. Anm. 265 und S. 77, 78, insbes. Anm. 290.

[88] Es gibt auch Autoren, die einen solchen Rechtsanspruch bejahen; vgl. *Mittenzwei*, a.a.O., S. 92 f.

[89] Für § 94 Abs. 1 Ziff. 1 AO: BFH-Urteil vom 7. 12. 1960, BStBl. 1961 III 84; für § 222 Abs. 1 Ziff. 4 AO: BFH-Urteile vom 17. 11. 1961, BStBl. 1962 III 72 und vom 17. 3. 1961, StRK AO § 237 R 19 S. 37; FG Düsseldorf in DStZ B 1962, 516; *Vogel*, a.a.O., S. 67, 68; *Tipke-Kruse* § 222 R. 37; *Felix* in BB 1955, 443 gegen *Stieler* in BB 1955, 442; *Friesecke* in RWP 14 D AO II B 9: 62 unter II 2; *Mittenzwei*, a.a.O., S. 78; BFH-Urteil vom 23. 4. 1964 in BStBl. III 321.

[90] So BFH, Gutachten des Großen Senats v. 17. 4. 1951, BStBl. III 107 und die in Anm. 89 angeführten BFH-Urteile; vgl. auch VG Berlin, Urteil vom

„rechtskräftig" geworden, wäre ermessensfehlerhaft. Im Steuerrecht gibt es keine absolute Bestands- oder Rechtskraft, sondern nur eine von vornherein durch die gesetzlichen Berichtigungsmöglichkeiten beschränkte Rechtsbeständigkeit[91]. Liegen die tatbestandsmäßigen Voraussetzungen einer Berichtigungsvorschrift vor, so darf der Steuerverwaltungsakt von Gesetzes wegen berichtigt werden, ohne daß auf seine Unanfechtbarkeit bzw. Bestands- oder Rechtskraft weitere Rücksicht genommen werden müßte. Die Nichtberücksichtigung oder „Durchbrechung" der Unanfechtbarkeit bzw. Bestands- oder Rechtskraft ist unter diesen Voraussetzungen von Gesetzes wegen zulässig[92]. Die Berufung auf die Unanfechtbarkeit hindert deshalb eine Berichtigung nicht.

b) Die Möglichkeit, ein Rechts-
mittel einzulegen, als Hinderungsgrund

Die Ablehnung einer Berichtigung oder Fehleraufdeckung zugunsten des Steuerpflichtigen ist in der Regel ermessensfehlerfrei, wenn der Steuerpflichtige den Fehler schon im Veranlagungsverfahren erkannt hat oder ihn doch hätte erkennen und erforderlichenfalls im Rechtsmittelverfahren gegen den Veranlagungsbescheid hätte geltend machen können[93]. Der Grund hierfür besteht darin, daß dem Steuerpflichtigen durch eine Berichtigung oder Fehleraufdeckung zu seinen Gunsten keine Vorteile gewährt werden sollen, die er über den vom Gesetz gewollten Weg über die von der AO gewährten Rechtsmittel hätte erreichen können, wenn er diese frist- und formgerecht eingelegt hätte. Wollte man eine Berichtigung bzw. eine Fehleraufdeckung auch in diesen Fällen ohne weiteres zulassen, so würden die im Gesetz vorgesehenen Rechtsmittelfristen ohne Bedeutung sein, weil ein jeder fehlerhafte Steuerverwaltungsakt auch nach Eintritt der Unanfechtbarkeit zugunsten des Steuerpflichtigen berichtigt werden könnte. Es fragt sich also, ob die Nichtigkeit der einem Steuerverwaltungsakt zugrunde liegenden Norm ein Fehler ist, den der Steuerpflichtige schon im Veranlagungsverfahren hätte erkennen und im ordentlichen Rechtsmittelverfahren hätte vorbringen können.

---

26. 2. 1963, EFG S. 431. Nach *Mittenzwei*, a.a.O., S. 79/80 entspricht in der Regel nur eine Entscheidung dem Grundsatz von Recht und Billigkeit, so daß aus der Ermessensfrage eine Rechtsfrage wird.

[91] BFH-Urteil v. 17. 3. 1961, StRK AO § 237 R. 19; FG Kassel Urt. v. 13. 11. 1962 in EFG 1963 Nr. 217 S. 178 ff., 179.

[92] *Sauer*, Fehlerberichtigung S. 26; *Nake* in RWP 14 D AO II B 4/63 (540, 27 ff., 28); *Franke* a.a.O., S. 27 oben; *Barske*, a.a.O., S. 1103 ff., 1104 und 1114; *Wellmann* in DStR 1963, 301 ff., 303 li. Sp. unter 3.

[93] Für § 94 Abs. 1 Ziff. 1 AO: BFH-Urteile vom 7. 12. 1960, BStBl. 1961 III 84 und v. 14. 3. 1962, HFR 1963 Nr. 32 S. 32; für § 222 Abs. 1 Ziff. 4 AO: BFH-

Gegen ein solches Erkennen und Vorbringen wird geltend gemacht, der Steuerpflichtige und sein fachlich vorgebildeter Berater werden überfordert, wenn sie sich Gedanken über die Verfassungsmäßigkeit bzw. Gültigkeit einer Norm machen sollten[94]. Das mag angesichts der oft schwierigen verfassungsrechtlichen Fragen richtig sein. Vor ebenso großen Schwierigkeiten kann der Steuerpflichtige aber auch bei der Prüfung anderer Fragen stehen, die die Anwendung gültiger Rechtsnormen auf einen konkreten Sachverhalt mit sich bringen. Hier mutet man ihm die rechtliche Nachprüfung innerhalb der Rechtsmittelfrist ohne weiteres zu. Eine Überforderung des Steuerpflichtigen kann deshalb nicht als entscheidender Gesichtspunkt angesehen werden. Es ist vielmehr zu prüfen, ob es dem Steuerpflichtigen überhaupt von Rechts wegen zugemutet werden kann, die seinem Steuerverwaltungsakt zugrunde liegenden Rechtsnormen auf ihre etwaige Verfassungswidrigkeit oder Ungültigkeit zu überprüfen.

Rechtsnormen sind im demokratischen Rechtsstaat Willensäußerungen eines Parlaments, das seine unmittelbare Legitimation aus der Mehrheitsentscheidung des Volkes bezieht. Einem Parlamentsgesetz kommt deshalb „Rang und Prädikat einer demokratischen Mehrheitsentscheidung"[95] zu, wie dies bei keinem anderen Staatsakt, insbesondere nicht bei Hoheitsakten der vollziehenden Gewalt der Fall ist. Ebenso verhält es sich mit Normen, die rangmäßig unter dem Gesetz im formellen Sinn stehen, also mit Rechtsverordnungen und Satzungen. Auch sie sind Willensäußerungen eines nach der Verfassung oder nach einem formellen Gesetz mit Billigung der Verfassung (Art. 80 GG) berufenen Staatsorgans. Sicher ist der Gesetz-, Verordnungs- und Satzungsgeber bei seinen Willensäußerungen Schranken unterworfen, die das Grundgesetz oder Gesetze im formellen Sinn gezogen haben und deren Überschreitung die Nichtigkeit dieser Willensäußerungen bewirkt. Es kann aber nicht Aufgabe des Bürgers sein, diese Überschreitungen festzustellen. In einem Rechtsstaat muß er grundsätzlich darauf vertrauen dürfen, daß die von ihm gewählte Volksvertretung und die staatlichen Organe, denen die Volksvertretung eine beschränkte Gesetzgebungsbefugnis übertragen hat, die von der Verfassung gezogenen Grenzen kennen und einhalten; er darf ferner darauf vertrauen, daß ihre Willensäußerungen, die Rechtsnormen, sich in Einklang mit den ranghöheren Normen des Verfassungsrechts befinden und somit wirksam und gültig sind[96]. Darf der Staatsbürger hierauf vertrauen, so verletzt er keine

---

Urteile vom 17. 8. 1956, BStBl. III 290, vom 14. 10. 1960, StRK AO § 222 R. 53 und vom 17. 11. 1961, BStBl. 1962 III 72; vgl. auch *Mittelbach*, a.a.O., 455, 456; Ebenso: *Mittenzwei*, a.a.O., S. 85 ff.

[94] *Friesecke*, a.a.O.

[95] *Ipsen* in VVDStRL 10, 75.

[96] So für die Verfassungsmäßigkeit mindestens aller nachkonstitutionellen

Obliegenheit gegenüber sich selbst, wenn er Steuerverwaltungsakte nicht daraufhin überprüft, ob die ihnen zugrunde liegenden Rechtsnormen etwa nichtig sind[97]. Sind sie nichtig, so handelt es sich nicht um Fehler, die er im Veranlagungsverfahren hätte erkennen und im Rechtsmittelverfahren hätte vorbringen müssen. Es stellt deshalb eine Ermessensverletzung dar, wenn die Finanzverwaltung die Berichtigung oder die Aufsichtsbehörde die Fehleraufdeckung mit dieser Begründung ablehnen[98]. Eine solche Entscheidung der Finanzverwaltung wäre im Rechtsmittelverfahren als ermessenswidrig aufzuheben.

Das wird auch dann zu gelten haben, wenn die Rechtsnorm nicht von einem Verfassungsgericht für nichtig erklärt, sondern von einem anderen Gericht nur inzident für nichtig gehalten worden ist, und zwar mindestens dann, wenn dies in einem letztinstanzlichen Urteil geschehen ist. Der Grund für die Inzidentfeststellung der Nichtigkeit ist ebenso wie bei der Nichtigerklärung der Widerspruch der Norm zu ranghöherem Recht, der von dem Normgeber nicht beachtet worden ist. Darauf, daß der Normgeber bei Erlaß der Norm das ranghöhere Recht beachtet hat, darf der Steuerpflichtige vertrauen.

Werden vorkonstitutionelle Normen für nichtig erklärt oder wird ihre Ungültigkeit inzident festgestellt, so entfällt ein Vertrauen des Steuerpflichtigen darauf, daß der Normgeber die von der Verfassung und sonstigen ranghöheren Rechten gezogenen Grenzen eingehalten hat, weil die nichtige Norm vor Inkrafttreten der Verfassung erlassen worden ist. Immerhin sind seit dem Inkrafttreten der Verfassung mehr als 20 Jahre vergangen. Angesichts dieses erheblichen Zeitraums wird der Steuerpflichtige in der Regel darauf vertrauen dürfen, daß der Gesetzgeber diese Normen in der Zwischenzeit aufgehoben hätte, wenn sie mit der Verfassung und sonstigen ranghöheren Rechten nicht vereinbar sein sollten.

Im übrigen besteht für vorkonstitutionelle Normen kein Prüfungs- und Verwerfungsmonopol der Verfassungsgerichte. Die Finanzverwaltung ist deshalb mindestens berechtigt, wenn nicht sogar verpflichtet, vor Anwendung der vorkonstitutionellen Norm auf den Einzelfall zu prüfen, ob diese Norm mit dem nunmehr geltenden ranghöheren Recht vereinbar und damit gültig ist. Wenn die Verwaltung diese Prüfung nicht vornimmt oder irrigerweise die Gültigkeit der vorkonstitutionellen Norm bejaht, so ist es für den Steuerpflichtigen in aller Regel nicht

---

Rechtsnormen: BVerfGE 2, 266 ff., 282 und 9, 338 ff., 350; *Maunz-Dürig*, Kom. z. GG Art. 20 Tz. 63.

[97] Im Ergebnis zustimmend: *Friesecke*, a.a.O.,; *Sauer* in StW 1962 Sp. 579, 59 P.

[98] Ebenso *Tipke-Kruse*, § 222 Anm. 38 und *Friesecke*, a.a.O., (503, 31 ff., 32).

zumutbar, den ihm zugegangenen Steuerverwaltungsakt in dieser Beziehung zu überprüfen.

Auch bei vorkonstitutionellen Normen darf der Antrag auf Fehleraufdeckung von der Aufsichtsbehörde nicht mit der Begründung abgelehnt werden, der Steuerpflichtige hätte die Ungültigkeit der Norm im Rechtsmittelverfahren gegen den Steuerverwaltungsakt geltend machen können.

c) Sonstige Erwägungen bei der Ermessensentscheidung

Ob das Finanzamt unter dem Gesichtspunkt einer fehlerfreien Ermessensentscheidung zur Berichtigung oder Fehleraufdeckung verpflichtet ist, richtet sich nach der Rechtsprechung des Bundesfinanzhofs, nach Treu und Glauben und Recht und Billigkeit[99]. Diese Grundsätze gebieten eine Berichtigung bzw. Fehleraufdeckung insbesondere dann, wenn einerseits der Steuerpflichtige seinen Mitwirkungs- und Aufklärungspflichten in vollem Umfang nachgekommen ist und andererseits auf seiten der Veranlagungsbeamten oder der Finanzverwaltung ein offensichtlicher Veranlagungsfehler vorliegt[100].

Wendet die Finanzverwaltung ein verfassungswidriges, aber noch nicht für nichtig erklärtes Gesetz an, so liegt zwar ein Veranlagungsfehler vor[101]; die Finanzverwaltung hat ihn allerdings nicht schuldhaft verursacht, weil sie ihn in der Regel nicht erkannt hat und im übrigen zur Anwendung des Gesetzes verpflichtet war. Die eigentliche Ursache liegt in einem fehlsamen Verhalten des Gesetz- oder Verordnungsgebers selbst, der die ihm gesetzten Grenzen für den Erlaß von Rechtsnormen verkannt hat. Es handelt sich, um mit Sauer zu sprechen[102], um einen staatlichen Regiefehler, den die Finanzverwaltung in ihren Steuerverwaltungsakt lediglich übernommen hat. Ein derartiger Fehler eines Rechtsetzungsorgans ist einem eigenen Veranlagungsfehler der Finanzverwaltung, der eine Berichtigung bzw. Fehleraufdeckung nach Treu und Glauben gebietet[103], gleichzustellen. Diese Gleichstellung rechtfertigt sich daraus, daß der Fehler nicht im Handlungs- und Verantwortungsbereich des Steuerpflichtigen liegt und daß ihm nicht zuzumuten ist, den ihm zugegangenen Steuerverwaltungsakt auf diesen

---

[99] BFH-Urteile vom 27. 4. 1955, BStBl. III 201 ff., 222 li. unten und vom 8. 8. 1958, BStBl. III 409 re. Sp.

[100] So das BFH-Urteil vom 8. 8. 1958 und *Mittelbach* in DStR 1962/63, 452 ff., 456.

[101] Siehe oben unter D II 2 l.

[102] *Sauer*, a.a.O.

[103] Vgl. Anm. 99.

Fehler hin zu überprüfen und erforderlichenfalls seine Beseitigung im Rechtsmittelverfahren geltend zu machen.

Selbst wenn einer solchen Gleichstellung des Fehlers des Gesetzgebers mit einem Veranlagungsfehler der Finanzverwaltung nicht beigepflichtet wird, läßt sich eine Pflicht der Finanzverwaltung zur Berichtigung bzw. Fehleraufdeckung bejahen. Die Finanzverwaltung hat durch Anwendung der nichtigen Norm auf den konkreten Sachverhalt den Rechtsschein gültigen Rechts konkretisiert und verstärkt. Erst durch diese Subsumtion des Einzelfalles unter die nichtige Norm in dem Steuerverwaltungsakt ist der Steuerpflichtige in eine konkrete Rechtsbeziehung zur nichtigen Norm gebracht worden. Erst durch dieses Handeln der Finanzverwaltung ist ein für den einzelnen Steuerpflichtigen erheblicher Rechtsschein errichtet worden, der unmittelbar seine Rechtsgüter oder rechtlich geschützten Interessen betroffen hat. Die Verwaltung selbst hat durch den Erlaß des Steuerverwaltungsakts eine Ursache, und zwar vom Standpunkt des Steuerpflichtigen aus gesehen, die entscheidende Ursache dafür gesetzt, daß auf Grund einer nichtigen Norm Steuern gezahlt worden sind. Dadurch, daß sie die nichtige Norm auf den konkreten Sachverhalt angewendet hat, hat sie zugleich auch eine entscheidende Ursache für den Eintritt seiner Unanfechtbarkeit gesetzt, weil der Steuerpflichtige darauf vertrauen durfte und auch in aller Regel darauf vertraut hat, daß die von der Verwaltung angewandte Rechtsnorm gültig ist. Infolgedessen hat er von der Einlegung eines Rechtsmittels abgesehen und durfte das auch tun.

Die Finanzverwaltung hat also — objektiv gesehen — die entscheidende Ursache dafür gesetzt, daß auf Grund der verfassungswidrigen Rechtsnorm Steuern festgesetzt und auch gezahlt worden sind und daß der zugrunde liegende Steuerbescheid unanfechtbar geworden ist. Diese Gesichtspunkte gebieten nach Recht und Billigkeit und nach Treu und Glauben, daß die Aufsichtsbehörde den Fehler aufdeckt. Liegt dem Steuerbescheid eine verfassungswidrige und später für nichtig erklärte Rechtsnorm zugrunde, so werden die Ermessensgrenzen in der Regel so eingeengt sein, daß nur eine Entscheidung der Aufsichtsbehörde ermessensfehlerfrei ist, nämlich die Aufdeckung des Fehlers. Dem Steuerpflichtigen steht somit in der Regel ein Rechtsanspruch auf die Fehleraufdeckung zu. Lehnt die Aufsichtsbehörde die Aufdeckung dennoch ab, so hat das Finanzgericht auf die Klage des Steuerpflichtigen nach § 40 Abs. 1 FGO die Aufsichtsbehörde für verpflichtet zu erklären, den Fehler aufzudecken. Nach der Aufdeckung des Fehlers hat der Steuerpflichtige einen Rechtsanspruch auf die Berichtigung.

Unanfechtbare Steuerverwaltungsakte, die auf nichtigen Rechtsnormen beruhen, sind somit zugunsten des Steuerpflichtigen nach den

§§ 93, 94 Abs. 1 Ziff. 1, 222 Abs. 1 Ziff. 4 und 224 AO zu berichtigen, wenn von § 79 Abs. 2 Satz 1 BVerfGG abgesehen wird.

Die Berichtigung setzt voraus, daß die Nichtigkeit der zugrunde liegenden Steuerrechtsnorm feststeht. Erklärt ein Verfassungsgericht eine Norm für nichtig, so steht die Nichtigkeit dieser Norm auf Grund der bindenden Wirkung dieser Entscheidung nach § 31 Abs. 1 BVerfGG und den entsprechenden Bestimmungen für landesverfassungsgerichtliche Entscheidungen fest. Diese Entscheidungen binden auch die Finanzämter und Finanzgerichte, die über die Fehleraufdeckung zu entscheiden haben.

Anders verhält es sich, wenn ein sonstiges Gericht eine Rechtsnorm inzident für nichtig hält. Da dieser Entscheidung die bindende Wirkung fehlt, kann die Aufsichtsbehörde die Rechtsnorm weiterhin als gültig betrachten und den Antrag auf Fehleraufdeckung zurückweisen. Dagegen kann der Steuerpflichtige Klage zum Finanzgericht und, soweit die Revision zulässig ist, zum Bundesfinanzhof erheben. Halten diese Gerichte die Rechtsnorm ebenfalls inzident für nichtig, so werden sie der Klage bzw. Revision stattgeben, anderenfalls diese zurückweisen. In der Regel wird also, wenn die Sache revisibel ist, stets der Bundesfinanzhof die letzte Entscheidung über die Gültigkeit oder Nichtigkeit der Rechtsnorm zu treffen haben.

4. Weitere Voraussetzungen für eine Berichtigung zugunsten der Finanzverwaltung und für eine Steuernachforderung

Nach den Ausführungen unter 2 kommen folgende Berichtigungsvorschriften für eine Berichtigung zugunsten der Finanzverwaltung in Frage: für Zoll-, Abgaben- und Verbrauchsteuerbescheide §§ 94 Abs. 1 Ziff. 1 und 223 AO; für Steuerbescheide über Erbschaftsteuer, Grunderwerbsteuer, Kapitalverkehrsteuer und Beförderungsteuer, sowie für Bescheide über Lastenausgleichsabgaben: § 222 Abs. 1 Ziff. 3 AO; alle übrigen nach dem Gesetz schriftlich zu erteilenden Steuerbescheide können nicht zugunsten der Verwaltung berichtigt werden; für andere Steuerverwaltungsakte als Steuerbescheide (mit Ausnahme der in den §§ 95, 96 AO genannten) § 93 AO. Soweit Steuern formlos festgesetzt werden, kommt eine Steuernachforderung nach § 223 AO in Betracht. Die Berichtigung bzw. Steuernachforderung ist in allen Fällen nur bis zum Ablauf der Verjährungsfristen zulässig.

Ob bei Vorliegen der tatbestandlichen Merkmale dieser Bestimmungen die Finanzverwaltung von Rechts wegen verpflichtet ist, die Steuerverwaltungsakte zu ihren Gunsten zu berichtigen oder ob diese Berichtigung in ihrem pflichtgemäßen Ermessen steht, ist eine umstrittene, für die einzelnen Berichtigungsvorschriften verschieden beantwortete Frage. Der Bundesfinanzhof hält die Finanzverwaltung in den Fällen der §§ 94 Abs. 1 Ziff. 1 und 223 AO für von Rechts wegen zur Berichtigung verpflichtet[104]. Für die Bestimmung des § 222 Abs. 1 Ziff. 3 AO fehlt es an einer Entscheidung über diese Frage; in der Literatur wird sowohl die eine wie auch die andere Auffassung vertreten[105,106]. Auf die Streitfrage soll hier im einzelnen nicht eingegangen werden, zumal diejenigen, die eine Rechtspflicht zur Berichtigung bejahen, unter gewissen Voraussetzungen Ausnahmen zulassen[107], so daß beide Meinungen im Einzelfall oft zu demselben Ergebnis gelangen werden.

Nach beiden Auffassungen werden Fehler zu ungunsten der Finanzverwaltung im Regelfall zu einer Berichtigung bzw. zunächst zur Aufdeckung durch die Aufsichtsbehörde und sodann zur Berichtigung führen. Das gilt grundsätzlich auch für Steuerverwaltungsakte, die deshalb fehlerhaft sind, weil sie auf einer verfassungswidrigen und für nichtig erklärten oder auf einer inzident für nichtig gehaltenen Norm beruhen. Diese Steuerverwaltungsakte sind grundsätzlich zu berichtigen; gegenüber der wahren Rechtslage zu wenig erhobene Steuern sind — innerhalb der Verjährungsfristen — nachzuerheben. Ob § 79 Abs. 2 Satz 1 BVerfGG eine andere Beurteilung gebietet, bleibt zunächst dahingestellt.

Es fragt sich, ob es Gesichtspunkte gibt, die der Berichtigung bzw. Fehleraufdeckung zugunsten der Finanzverwaltung entgegenstehen.

a) Das Vertrauen des Steuerpflichtigen auf den Bestand des Rechtsscheins der nichtigen Norm als Hinderungsgrund

Der Steuerpflichtige hat auf den durch die nichtige Rechtsnorm erzeugten Rechtsschein vertraut, da er die in Wirklichkeit bestehende Nichtigkeit der Norm nicht erkannt hat und auch nicht zu erkennen brauchte[108]. Dieser Gesichtspunkt kann es jedoch für sich allein nicht

---

[104] BFH-Urteil vom 28. 10. 58 in BStBl. 1959 III 11 ff., 13; vom 7. 12. 1960 in BStBl. 1961 III 84 ff., 85 u. 86 li. oben; vom 6. 3. 1957 in BStBl. III 173 ff., 174.

[105] Für Rechtspflicht zur Berichtigung: *Spitaler* in *Hübschmann-Hepp-Spitaler*, AO § 222 Tz. 4 k mit weiteren Nachweisen.

[106] Für Ermessensentscheidung: *Tipke-Kruse*, AO § 222 Anm. 8 und § 223 Anm. 2 mit weiteren Nachweisen.

[107] Keine Rechtspflicht, wenn der Berichtigung auf Grund besonders gelagerter Umstände des Einzelfalles Treu und Glauben entgegenstehen. BFH-Urteile vom 6. 3. 1957, a.a.O., und vom 28. 10. 1958, a.a.O., S. 13 2. Abs. von oben; vgl. auch die BFH-Urteile vom 7. 12. 1960, a.a.O., S. 86 oben und vom 2. 12. 1959, BStBl. 1960 III 127 ff., 129 ff. unter III, sowie FG Hamburg, Urteil vom 23. 8. 1960 in DStZ B 1961, 172 ff., 173; *Tipke-Kruse* § 223 Anm. 3 und 4.

[108] Vgl. unter D II 3 b.

rechtfertigen, eine Berichtigung zuungunsten des Steuerpflichtigen auszuschließen. Denn dann würde die nichtige Norm partiell gültig sein,
soweit es sich um eine Berichtigung zugunsten der Finanzverwaltung
und um eine Steuernachforderung handelt. Eine solche partielle Gültigkeit wäre mit der ipso iure bestehenden Nichtigkeit der Norm[109] und
bei Nichtigerklärungen durch das Bundesverfassungsgericht außerdem
auch mit § 31 BVerfGG unvereinbar. Auch das Bundesverfassungsgericht hat ausgeführt, daß der Staatsbürger sich nicht immer auf den
durch eine ungültige Rechtsnorm erzeugten Rechtsschein verlassen und
daß der Gesetzgeber deshalb unter Umständen eine nichtige Bestimmung rückwirkend durch eine rechtlich nicht zu beanstandende Norm
ersetzen könne[110].

Das Vertrauen des Steuerpflichtigen auf den Bestand des durch die
nichtige Norm erzeugten Rechtsscheins hindert deshalb eine Berichtigung und Steuernachforderung nach Treu und Glauben nicht.

Das Bundesverfassungsgericht hat in ständiger Rechtsprechung entschieden, ein belastendes Gesetz, das abgeschlossene Tatbestände er-
fasse, also in die Vergangenheit zurückwirke, sei mit Rücksicht auf das
Rechtsstaatsprinzip im allgemeinen verfassungsrechtlich unzulässig und
daher nichtig[111].

Auf diese Erwägung kann sich der Steuerpflichtige im Fall der Berichtigung eines Steuerverwaltungsakts wegen Nichtigkeit der ihm zugrunde liegenden Norm zu seinen Ungunsten und im Fall einer Steuernachforderung ebenfalls nicht berufen. In diesen Fällen wirkt nicht ein
später ergehendes Gesetz auf abgeschlossene Tatbestände ein, was verfassungsrechtlich unzulässig ist, weil der Steuerpflichtige darauf vertrauen kann, daß sein dem geltenden Recht entsprechendes Handeln
mit allen ursprünglich damit verbundenen Rechtsfolgen anerkannt
bleibt. Es wird hier vielmehr der Gültigkeitsschein einer nichtigen Norm
dadurch beseitigt, daß an seiner Stelle ein von Anfang an gültiges Gesetz der steuerlichen Beurteilung im Rahmen der allgemeinen Verfahrensvorschriften zugrunde gelegt wird. Der Steuerpflichtige hat also
nicht auf ein gültiges Gesetz vertraut, das rückwirkend abgeändert
wird, sondern auf die scheinbare Gültigkeit eines nichtigen Gesetzes.
Dieses Vertrauen kann nicht in gleicher Weise wie jenes auf gültige
Rechtsnormen geschützt werden[112].

---

[109] Vgl. oben unter C II 1 d.

[110] BVerfGE 7, 89 ff., 94 und BVerfG, Urteil vom 19. 12. 1961 — 2 BvL 6/59
— BStBl. 1962 I 486 ff., 488 re. unten unter 2 c.

[111] BVerfGE 7, 89 ff., 92; 7, 129 ff., 152; 8, 274 ff., 304; 11, 64 ff., 72.

[112] Vgl. oben unter D II 3 b.

b) Das Vertrauen des Steuerpflichtigen auf den Bestand des Steuerverwaltungsakts als Hinderungsgrund

Bis zum Ablauf der Verjährungsfrist müssen die Steuerpflichtigen grundsätzlich damit rechnen, daß auf Grund der Berichtigungsvorschriften Steuerbescheide zu ihren Ungunsten berichtigt und nicht oder zu wenig erhobene Steuern nachgefordert werden[113]. Auch auf die Unanfechtbarkeit, „Bestandskraft" oder „Rechtskraft" eines Steuerverwaltungsakts kann der Steuerpflichtige nicht in dem Sinn vertrauen, daß die einmal getroffene und unanfechtbar gewordene Regelung nicht mehr zu seinen Ungunsten geändert werden kann. Denn eine „Bestands- oder Rechtskraft" gibt es im Steuerrecht nur in dem Umfang, in dem ein Steuerverwaltungsakt nach den Berichtigungsvorschriften nicht mehr geändert werden kann.

Besteht auf Grund des Anscheins der Gültigkeit einer nichtigen Norm und des Bestands des daraufhin erlassenen Steuerverwaltungsakts kein Vertrauensschutz für den Steuerpflichtigen, so können Steuerverwaltungsakte auch unter dem Gesichtspunkt von Treu und Glauben zugunsten der Finanzverwaltung berichtigt und bisher nicht oder zu wenig erhobene Steuern nachgefordert werden.

c) Beschränkter Vertrauensschutz zugunsten des Steuerpflichtigen

Treu und Glauben können aber einer Berichtigung zugunsten der Finanzverwaltung oder einer Steuernachforderung im Einzelfall entgegenstehen, und zwar insbesondere dann, wenn der Steuerpflichtige im Vertrauen auf den fehlerhaften Bescheid des Finanzamtes geschäftliche Maßnahmen getroffen hat, die sich nicht mehr rückgängig machen lassen oder deren Rückgängigmachung dem Steuerpflichtigen nicht zugemutet werden kann[114,115]. In der bisherigen Rechtsprechung der Finanzgerichte bestand der Fehler stets in einer unrichtigen Anwendung

---

[113] Anders nur in den Fällen einer rechtsverbindlichen Auskunft oder Zusicherung des Finanzamts. Dann ist die Berichtigung grundsätzlich nach Treu und Glauben ausgeschlossen. BFH-Urteile vom 18. 11. 1958 in BStBl. 1959 III 52 und vom 4. 8. 1961 in BStBl. III 562. Bei Zweifeln über die Gültigkeit einer Norm wird es in der Praxis kaum zu einer solchen Auskunft oder Zusicherung durch das Finanzamt kommen.

[114] BFH-Urteil vom 2. 12. 1959, BStBl. 1960 III 127 ff., 129 ff. unter III: Der BFH hielt eine Nachforderung von an sich entstandener Mineralölsteuer nach Treu und Glauben für unzulässig, weil die Zollverwaltung sich rechtsirrig so verhalten hatte, daß der Steuerpflichtige darauf vertrauen konnte, eine bestimmte Vergünstigung werde ihm weiterhin gewährt werden. Vgl. auch *Tipke-Kruse* § 223 Anm. 4.

[115] Ähnlich entschied der BFH in Fällen, in denen das Finanzamt eine Auskunft oder Zusicherung über einen Steuertatbestand erteilte, dessen Eintreten oder Nichteintreten die Steuerpflichtige dann von der Erteilung der Aus-

gültiger Steuerrechtsnormen. Einem solchen Fehler ist aber der Fehler gleichzuerachten, den das Finanzamt dadurch begeht, daß es eine nichtige Norm auf den konkreten Sachverhalt anwendet und dadurch unmittelbar den Anschein erweckt, die angewandte Norm sei gültig.

Hat der Steuerpflichtige im Vertrauen auf die Gültigkeit einer für ihn günstigen Rechtsnorm Maßnahmen mit finanziellen Auswirkungen getroffen, die sich sodann in einem Steuerbescheid niedergeschlagen haben, so wird diesen Maßnahmen durch die Nichtigerklärung der Norm die Rechtsgrundlage entzogen, ohne daß den Steuerpflichtigen hieran eine Verursachung oder gar ein Verschulden trifft. Da die Maßnahmen ihren Grund allein im Vertrauen auf die nichtige Norm hatten und nur dadurch veranlaßt worden sind, gebieten Treu und Glauben, in einem solchen Fall von einer Berichtigung zugunsten der Finanzverwaltung und von einer Steuernachforderung abzusehen.

Ein Beispiel, in dem Treu und Glauben diese Auswirkungen auf die nach dem Gesetz an sich gegebene Berichtigung und Steuernachforderung haben, bietet das sogenannte Parteispendenurteil des Bundesverfassungsgerichts[116]. Das Bundesverfassungsgericht hat zwar die Frage offen gelassen, ob den Steuerpflichtigen, die im Vertrauen auf die Gültigkeit der betreffenden Vorschriften Spenden an politische Parteien gegeben haben, die in den für nichtig erklärten Vorschriften gewährten Steuervergünstigungen belassen werden können[117]; jedoch ist die Frage aus den angeführten Erwägungen zu bejahen. Eine Berichtigung zugunsten der Finanzverwaltung und eine Steuernachforderung werden insbesondere dann nicht zulässig sein, wenn der Steuerpflichtige mit Rücksicht auf eine nichtige Norm, die eine Steuervergünstigung vorsieht, Verfügungen irgendwelcher Art über Wirtschaftsgüter vorgenommen, z. B. Gelder ausgeben oder auf bestimmte Art und Weise langfristig angelegt hat.

5. Zusammenfassung

Beruht ein Steuerverwaltungsakt auf einer für nichtig erklärten Norm, so treffen je nach Art des einzelnen Steuerverwaltungsaktes die tatbestandsmäßigen Voraussetzungen der §§ 93, 94 Abs. 1 Ziff. 1, 222 Abs. 1 Ziff. 3 und Ziff. 4 und 224 AO für eine Berichtigung zugunsten

---

kunft oder Zusicherung abhängig machte: BFH-Urteile vom 6. 3. 1957, BStBl. III 173 ff., 174; vom 18. 11. 1958 in BStBl. 1959 III 52 ff., 53 und vom 29. 1. 1960, BStBl. III 96 ff., 97.

[116] BVerfGE 8, 51 = BStBl. 1958 I 403.

[117] a.a.O., 408; offensichtlich, weil es sich hierbei um eine verfassungsrechtlich nicht erhebliche Frage handelte.

des Steuerpflichtigen[118] oder zugunsten der Finanzverwaltung[119] und des § 223 AO für eine Steuernachforderung zu[120]. Die äußerste zeitliche Grenze für die Steuernachforderung und die Berichtigung, im Fall der §§ 222 Abs. 1 Ziff. 4 und 224 AO für die Fehleraufdeckung ist der Ablauf der Verjährungsfrist. Zugunsten des Steuerpflichtigen besteht in der Regel ein Rechtsanspruch auf die Durchführung der Berichtigung[121] und danach ein Rechtsanspruch auf Erstattung der auf Grund der nichtigen Norm gezahlten Steuern nach § 151 AO[122].

Andererseits kann auch die Finanzverwaltung Steuerverwaltungsakte der in den aufgeführten Vorschriften bezeichneten Art grundsätzlich zu ihren Gunsten berichtigen und infolge der Nichtigkeit einer Norm nicht oder zu wenig erhobene Steuern nachfordern, ohne gegen Treu und Glauben zu verstoßen[123]. Ein solcher Verstoß ist aber ausnahmsweise dann anzunehmen, wenn der Steuerpflichtige im Vertrauen auf die Gültigkeit der nichtigen Norm bestimmte geschäftliche Handlungen insbesondere Verfügungen über Wirtschaftsgüter, vorgenommen hat[124].

III. Steht § 79 Abs. 2 Satz 1 BVerfGG einer Berichtigung zugunsten der Finanzverwaltung und der Steuerpflichtigen und einer Steuernachforderung entgegen?

Nachdem der Umfang der tatbestandsmäßigen Anwendbarkeit der Berichtigungsvorschriften auf Steuerverwaltungsakte, die auf nichtigen Rechtsnormen beruhen, erörtert worden ist, stellt sich die weitere Frage, ob § 79 Abs. 2 Satz 1 BVerfGG einer Berichtigung zugunsten der Finanzverwaltung und der Steuerpflichtigen, sowie einer Steuernachforderung entgegensteht. Nach dieser Bestimmung bleiben die nicht mehr anfechtbaren Entscheidungen, die auf einer vom Bundesverfassungsgericht für nichtig erklärten Norm beruhen[125], unberührt, und zwar vorbehaltlich

---

[118] Vgl. oben unter D II 3.
[119] Vgl. oben unter D II 4.
[120] Vgl. oben unter D II 4.
[121] Vgl. oben unter D II 3 c.
[122] Vgl. oben unter D II 2 m.
[123] Vgl. oben unter D II 4 b.
[124] Vgl. oben unter D II 4 c.
[125] § 79 Abs. 2 Satz 1 BVerfGG gilt nicht nur entsprechend seiner Stellung im Bundesverfassungsgerichtsgesetz im Verfahren der aktrakten Normenkontrolle, sondern nach § 82 Abs. 1 BVerfGG auch im Verfahren der konkreten Normenkontrolle und nach § 95 Abs. 3 Satz 3 BVerfGG auch dann, wenn im Verfahren der Verfassungsbeschwerde eine Rechtsnorm vom Bundesverfassungsgericht für nichtig erklärt wird. Kuntze in NJW 1957, 778 vertritt demgegenüber mit nicht überzeugender Begründung die Auffassung, § 79 Abs. 2 Satz 1 BVerfGG sei nicht anwendbar, wenn eine Rechtsnorm im konkreten Normenkontrollverfahren für nichtig erklärt wird.

des § 95 Abs. 2 BVerfGG[126] und vorbehaltlich einer besonderen gesetzlichen Regelung.

„Nicht mehr anfechtbare Entscheidungen" in diesem Sinn sind nicht nur Urteile und Beschlüsse der Gerichte, sondern auch die Hoheitsakte der vollziehenden Gewalt, also Verwaltungsakte und Steuerverwaltungsakte[127]. Es sind deshalb die Auswirkungen des § 79 Abs. 2 Satz 1 BVerfGG auf Steuerverwaltungsakte zu erörtern.

1. Verfassungsmäßigkeit des § 79 Abs. 2 Satz 1 BVerfGG

Diese Bestimmung wurde vereinzelt für verfassungswidrig gehalten[128]. Das Bundesverfassungsgericht führte im Beschluß vom 12. 12. 1957[129], in dem es die Verfassungsmäßigkeit des § 26 Abs. 5 EStG 1957 bejahte, aus, diese Bestimmung des EStG entspreche § 79 Abs. 2 Satz 1 BVerfGG. Bei Beratung des Bundesverfassungsgerichtsgesetzes habe der Gesetzgeber vor einem Widerstreit zwischen der Rechtssicherheit und der Forderung nach Gerechtigkeit im Einzelfall gestanden; beide Grundsätze hätten Verfassungsrang; unter verfassungsrechtlichen Gesichtspunkten sei die Entscheidung des Gesetzgebers für einen der beiden Rechtsgrundsätze, also für die Rechtssicherheit, nicht zu beanstanden. Damit hat das Bundesverfassungsgericht die Verfassungsmäßigkeit des § 79 Abs. 2 Satz 1 BVerfGG bejaht. Neuerdings wird sie von Randebrock[130] wieder in Zweifel gezogen, und zwar mit Rücksicht auf zwei Vorlagebeschlüsse des Bundesfinanzhofs nach Art. 100 GG[131], deren Gründe nach Ansicht Randebrocks auch auf § 79 Abs. 2 Satz 1 BVerfGG zutreffen. Abgesehen davon, daß dies nicht der Fall ist[132], hat das Bundesverfassungsgericht

---

[126] Wegen § 95 Abs. 2 BVerfGG siehe unten Anm. 305.

[127] *Geiger*, BVerfGG § 79 Anm. 3.

[128] z. B. *Kuntze* in NJW 1957, 778.

[129] E 7, 191 ff.

[130] In StRK-Anm. AO § 222 R. 124.

[131] Vom 3. 4. und 2. 8. 1962, BStBl. III 359 und 420. In diesen Beschlüssen hielt der BFH Art. 2 Abs. 7 StÄndG 1960 (BGBl. I 616) für verfassungswidrig, weil diese Bestimmung zwar die rückwirkende Anwendung der den Steuerpflichtigen begünstigenden Vorschrift des § 18 Abs. 1 Sätze 3 und 4 EStG 1960 (Aufhebung der sog. „Vervielfältigungstheorie") ab 1955 anordnet, jedoch nur insoweit, als noch keine „rechtskräftigen Veranlagungen" vorliegen. In dieser Differenzierung zwischen „rechtskräftigen" und „noch nicht rechtskräftigen" Fällen sah der BFH eine Verletzung des Art. 3 GG.

[132] § 79 Abs. 2 Satz 1 BVerfGG regelt den Fall, daß eine Entscheidung auf einer von Anfang an ungültigen Norm beruht; in den genannten Beschlüssen ging es darum, ob die geänderte Fassung einer gültigen Norm rückwirkend nur auf noch anfechtbare Steuerbescheide bzw. in Fällen angewendet werden kann, in denen überhaupt noch kein Steuerbescheid ergangen ist, oder ob aus verfassungsrechtlichen Gründen auch die unanfechtbaren Steuerbescheide zu erfassen waren. Siehe die eingehenden Ausführungen des BFH, a.a.O., 421, auf die *Randebrock* nicht eingegangen ist.

inzwischen die in den Vorlagebeschlüssen angesprochene Rechtsnorm für verfassungsmäßig erklärt[133] und damit der Auffassung Randebrocks den Boden entzogen. In einem weiteren Beschluß[134] hat das Bundesverfassungsgericht erneut die Verfassungsmäßigkeit des § 79 Abs. 2 BVerfGG bejaht und ausgeführt, die Vorschrift diene der Rechtssicherheit und enthalte einen allgemein anerkannten Rechtssatz; es sei daher sinnwidrig, gegen diesen Rechtssatz das rechtsstaatliche Verlangen nach Vertrauensschutz ins Feld zu führen.

2. Gilt § 79 Abs. 2 Satz 1 BVerfGG nur für die Nichtigerklärung von Normen durch das Bundesverfassungsgericht oder auch durch andere Gerichte?

Seinem Wortlaut nach ist § 79 Abs. 2 Satz 1 BVerfGG nur anwendbar, wenn der Steuerverwaltungsakt auf einer vom Bundesverfassungsgericht für nichtig erklärten Rechtsnorm beruht. Es fragt sich, ob diese Bestimmung entsprechend anzuwenden ist, wenn ein Landesverfassungsgericht eine Rechtsnorm für nichtig erklärt hat oder wenn ein anderes Gericht inzident eine Rechtsnorm für ungültig angesehen hat.

Wie oben ausgeführt worden ist[135], regeln die §§ 43 Abs. 2 des hessischen Gesetzes und 26 Abs. 3 des rheinland-pfälzischen Gesetzes über den Staats- bzw. Verfassungsgerichtshof — ähnlich wie § 79 Abs. 2 BVerfGG — die Auswirkungen der Nichtigerklärung einer Norm durch das Landesverfassungsgericht auf sonstige rechtskräftig abgeschlossene Verfahren, denen die nichtige Norm zugrunde liegt. Im Gegensatz zu § 79 Abs. 2 Satz 1 BVerfGG wird in jenen Vorschriften dem Verfassungsgericht selbst die Befugnis eingeräumt, zu bestimmen, ob und unter welchen Voraussetzungen die Wiederaufnahme des rechtskräftig abgeschlossenen Verfahrens zulässig ist, was eine gewisse Parallele zur österreichischen Regelung darstellt[136]. Das Wort „Wiederaufnahme" wird dabei nicht im engen Sinn der Gerichtsverfahrensordnungen zu verstehen sein, da in den angeführten landesrechtlichen Bestimmungen allgemein von „Entscheidungen" die Rede ist, unter denen — wie im Fall des § 79 Abs. 2 Satz 1 BVerfGG — nicht nur gerichtliche Urteile, sondern auch Verwaltungsakte und Steuerverwaltungsakte zu verstehen sind.

---

[133] Urteil vom 14. 3. 1963 — 1 BvL 28/62 — BStBl. 1963 I 470 = DB 1963, 469; siehe dazu *Mielke* in Steuer und Buchhaltung Gruppe 1 S. 221 ff., Nr. 18 v. 5. 9. 1963.
[134] Vom 28. 2. 1963, HFR 1963 S. 159.
[135] Vgl. oben unter C II 1 c.
[136] Vgl. oben unter C II 1 c.

Der Begriff „Wiederaufnahme" wird vielmehr im Sinn einer jeden Änderungsmöglichkeit dieser Entscheidungen aufzufassen sein, so daß hierunter auch die Berichtigung von Steuerverwaltungsakten zu verstehen ist. Würde z. B. der hessische Staatsgerichtshof eine seiner Verwerfungskompetenz unterliegende Steuerrechtsnorm für nichtig erklären, so könnte er nach der angeführten Vorschrift bestimmen, daß alle unanfechtbaren Steuerbescheide, die auf jener Norm beruhen, inhaltlich so zu ändern sind, daß sie dem Urteil nicht mehr widersprechen.

Wenn der Gesetzgeber der beiden Landesverfassungsgerichtsgesetze — die übrigen Landesverfassungsgerichtsgesetze geben zu dieser Frage keinen Aufschluß — es für erforderlich gehalten hat, eine solche Regelung zu treffen, so folgt hieraus, daß grundsätzlich die Entscheidungen der Landesverfassungsgerichte — ebenso wie die des Bundesverfassungsgerichts — die unanfechtbare Steuerverwaltungsakte, die auf der für nichtig erklärten Norm beruhen, unberührt lassen. Es wäre auch nicht einzusehen, weshalb den landesverfassungsgerichtlichen Entscheidungen eine andere, unter Umständen sogar weitergehende Wirkung zukommen sollte als den Urteilen des Bundesverfassungsgerichts.

Für diese Auffassung spricht auch § 183 Satz 1 VwGO, eine dem § 79 Abs. 2 Satz 1 BVerfGG nachgebildete Bestimmung, nach der vorbehaltlich einer besonderen gesetzlichen Regelung die rechtskräftig gewordenen Urteile der Verwaltungsgerichte unberührt bleiben, die auf einer von einem Landesverfassungsgericht für nichtig erklärten Norm beruhen. § 183 Satz 1 VwGO ist im übrigen für die hier zu erörternde Frage ohne Bedeutung, weil nur die Wirkungen der Nichtigerklärung von Rechtsnormen auf Steuerverwaltungsakte, nicht aber auf gerichtliche Entscheidungen untersucht werden.

Die bisherige Untersuchung zeigt, daß diejenigen gerichtlichen Entscheidungen, durch die mit allgemeinverbindlicher Wirkung inter omnes Rechtsnormen für nichtig erklärt werden, die auf den nichtigen Normen beruhenden unanfechtbaren Steuerverwaltungsakte unberührt lassen, daß also für alle diese Entscheidungen eine dem § 79 Abs. 2 Satz 1 BVerfGG entsprechende Rechtslage gilt.

Hiermit stimmt es überein, wenn im Fall des § 47 VwGO — die Entscheidung des OVG ist ebenfalls allgemeingültig[137] —, für den es insoweit an einer ausdrücklichen Regelung fehlt, angenommen wird, daß die unanfechtbar oder rechtskräftigen Entscheidungen, die auf der vom Oberverwaltungsgericht für ungültig erklärten Norm beruhen, durch

---

[137] Siehe oben unter A IV.

den Beschluß des Oberverwaltungsgerichts ebenfalls nicht berührt werden[138].

Für den Fall, daß die Nichtverfassungsgerichte Rechtsnormen inzident
für nichtig halten, fehlt es an einer gesetzlichen Regelung entsprechend § 79 Abs. 2 Satz 1 BVerfGG. Es fragt sich, ob diese Bestimmung
auf inzidente Nichtigkeitsfeststellungen analog anzuwenden ist.

Der Bundesfinanzhof bejaht eine solche analoge Anwendung[139] mit
der Begründung, wenn schon auf einer vom Bundesverfassungsgericht
für nichtig erklärten Norm beruhende Steuerverwaltungsakte unberührt blieben, so müsse das erst recht gelten, wenn der Bundesfinanzhof oder ein anderes Finanzgericht eine Rechtsnorm inzident für nichtig
hielten.

Diese Meinung verkennt, daß der Grund für die Anordnung des Unberührtbleibens in allen o. a. Fällen die Allgemeinverbindlichkeit und
Gesetzeskraft der Entscheidungen ist, durch die die Norm für nichtig
erklärt worden ist. Gerade weil diese Entscheidungen mit Allgemeinverbindlichkeit inter omnes ausgestattet sind, hat es der Gesetzgeber für
nötig gehalten, das Schicksal der auf der nichtigen Norm beruhenden
sonstigen Urteile und Verwaltungsakte zu regeln.

Wird die Nichtigkeit der Norm nur inzident festgestellt, so ist mit
einer solchen Entscheidung keine allgemeingültige oder allgemeinverbindliche Wirkung verbunden. Damit fehlt es an einer Notwendigkeit
für eine analoge Anwendung des § 79 Abs. 2 Satz 1 BVerfGG.

Wird die analoge Anwendung dieser Bestimmung auf inzidente
Nichtigkeitsfeststellungen verneint, so wird zwar für das Steuerrecht
das Ergebnis gewonnen, daß die Inzidentfeststellung unmittelbar zu
einer Berichtigung der auf der nichtigen Norm beruhenden Steuerverwaltungsakte nach den o. a. Berichtigungsvorschriften führt, ohne daß
zu prüfen ist, ob analog § 79 Abs. 2 Satz 1 BVerfGG ein Berichtigungsverbot besteht. Dieses Ergebnis ist aber nicht sachfremd. Hat die
Inzidentfeststellung keine Allgemeinverbindlichkeit und Allgemeingültigkeit, so ist es auch gerechtfertigt, Berichtigungen eher zuzulassen
und ohne Beachtung derjenigen Schranken durchzuführen, die für die
Nichtigerklärung einer Norm in jenen Fällen zu beachten ist.

---

[138] *Eyermann-Fröhler*, VwGO 4. Aufl. 1965, § 47 Tz. 39.
[139] BFH-Urteil vom 6. 9. 1962 in BStBl. III 494 unter I 2 am Ende.

3. Schließt § 79 Abs. 2 Satz 1 BVerfGG eine
Berichtigung der auf einer für nichtig erklärten Rechtnorm
beruhenden Steuerverwaltungsakte aus?

Nach Klärung des Geltungsbereichs des § 79 Abs. 2 Satz 1 BVerfGG ist zu prüfen, ob diese Bestimmung ein Berichtigungsverbot für unanfechtbare Steuerverwaltungsakte enthält, so daß diejenigen Berichtigungsvorschriften, deren tatbestandliche Voraussetzungen oben bejaht worden sind, ausgeschlossen werden.

a) Die von der Verwaltung, der Rechtsprechung
und dem Schrifttum hierzu vertretenen Meinungen

Die Finanzverwaltung vertritt den Standpunkt, nach § 79 Abs. 2 Satz 1 BVerfGG sei eine Berichtigung allein unter dem Gesichtspunkt der Nichtigkeit einer Rechtsnorm nicht zulässig[140]. Als Grund hierfür wird angeführt, der Gesetzgeber habe sich mit dieser Bestimmung für den Vorrang der Rechtssicherheit gegenüber der Gerechtigkeit im Einzelfall entschieden.

Dieselbe Auffassung, nach der § 79 Abs. 2 Satz 1 BVerfGG eine Berichtigung unanfechtbarer Steuerverwaltungsakte schlechthin verbietet, vertreten mit etwa derselben Begründung Winterberg[141], Kohlrust[142], Geiger[143], Kühn[144], Lauterkorn[145], Bahlmann[146], Ernst[147], Wauer[148], Bertermann[149], Friesecke[150], Barth[151], Skibbe[152], Theis[153], Rudolf[154],

---

[140] OFD Düsseldorf, Verfügung vom 23. 3. 1962 in DB 1962, 485 ff.; gemeinsamer Ländererlaß vom 26. 6. 1962 in BStBl. 1962 II 149 = DB 1962, 856; beide Erlasse betreffen die Auswirkungen der Urteile des BVerfG vom 24. 1. 1962 über die Nichtigkeit des § 8 Ziff. 5 und 6 GewStG (S. 10) Erlaß des Hess. Fin.Min. v. 17. 1. 1963 — L 1330 — 53 — II/33 — betreffend Auswirkungen derselben Urteile des Bundesverfassungsgerichts auf die Festsetzung und Erhebung von anderen Geldleistungen als Gewerbesteuer.

[141] DB 1962, 587.

[142] DStZ A 1961, 272 ff., 273 Fußnote 6.

[143] Kom. z. BVerfGG, § 79 Anm. 3. Geiger setzt sich mit den Berichtigungsvorschriften der AO nicht auseinander. Er hat das Problem offensichtlich nicht erkannt.

[144] AO, Vorbem. vor §§ 228 ff. Anm. D 1.

[145] KStR Abt. 26 a S. 107 ff., 110 unter III.

[146] MDR 1963, 541 ff., 542 unter 4.

[147] StW 1963 Sp. 1 ff.

[148] StW 1963 Sp. 263 ff., 264.

[149] InfL 1962, 129 ff., 134.

[150] RWP 14 D AO II B 9/62 unter I und unter II 2 am Ende (S. 503, 33).

[151] GmbHRdsch. 1962, 41 ff., 43.

[152] BB 1959, 1206.

[153] Ehegattensteuer 1957 S. 1.

[154] AöR 85, 457 ff., 464.

Kirmse[155], Homann[156], Hans[157], Boettcher-Grass[158], Wacke[159], Heinemann[160], offensichtlich auch Hillebrecht[161].

Das Bundesverfassungsgericht scheint ebenfalls dieser Auffassung zu sein. Im Beschluß vom 12. 12. 1957[162] heißt es: Stelle das Bundesverfassungsgericht die Nichtigkeit eines Gesetzes fest, so werde diese Entscheidung im Hinblick auf § 79 Abs. 2 Satz 1 BVerfGG im allgemeinen für eine Vielzahl rechtskräftig abgeschlossener Verfahren ohne Bedeutung sein, während sie für alle anhängigen Verfahren Rechtswirkungen äußere. Zwangsläufig müßten Steuerpflichtige verschieden behandelt werden, je nachdem, ob die Steuerbescheide vor dem Zeitpunkt der Verkündung der bundesverfassungsgerichtlichen Entscheidung „rechtskräftig" geworden seien oder nicht. Diese verschiedene Behandlung werde durch das Bedürfnis nach Rechtssicherheit gerechtfertigt. Im Beschluß vom 28. 2. 1963[163] wird ausgeführt: Als das Bundesverfassungsgericht § 58 UStDB 1951 für nichtig erklärt habe, sei die Beschwerdeführerin bereits „rechtskräftig" zur Umsatzsteuer veranlagt gewesen und hätte die geschuldeten Steuerbeträge bezahlt. Dem Rückforderungsanspruch (nach den §§ 150 ff. AO) stehe daher § 79 Abs. 2 BVerfGG entgegen. Die Vorschrift diene der Rechtssicherheit und enthalte einen allgemein anerkannten Rechtssatz.

Auch der Finanzausschuß des Deutschen Bundestages ist der Meinung, § 79 Abs. 2 BVerfGG bewirke, daß die günstigen Folgen einer Entscheidung des Bundesverfassungsgerichts für die Vergangenheit nur denjenigen zugute kommen, deren Steuerfälle noch nicht „rechtskräftig" sind oder die ihre Steuern noch nicht bezahlt haben oder deren Steuerfälle im Wege der Berichtigungsveranlagung aus anderen Gründen als dem der Nichtigkeit der zugrunde liegenden Norm wieder aufgerollt werden[164].

Der Bundesfinanzhof hat in mehreren Entscheidungen ebenfalls die Auffassung vertreten, daß § 79 Abs. 2 Satz 1 BVerfGG einer Berichti-

---

[155] RWP 14 D AO II B 16/62 (517, 35 ff., 39).
[156] FR 1957, 529.
[157] BB 1962, 1403 ff., 1404.
[158] Ehegattenbesteuerung S. 39.
[159] NJW 1958, 776 ff., 778.
[160] BB 1963, 346.
[161] BB 1963, 549 ff., 551 unter B I.
[162] E 7, 191 ff.
[163] 2 BvR 51/63 in HFR 1963 Nr. 157 S. 159 = DB 1963, 716.
[164] Antrag des Finanzausschusses vom 18. 6. 1963, Deutscher Bundestag, 4. Wahlperiode Drucks. IV/1343 unter B, der auf eine Änderung dieser angeblich bestehenden Rechtslage durch den Gesetzgeber abzielt (siehe hierzu unter V 2).

gung unanfechtbar Steuerverwaltungsakte aus Anlaß der Verfassungswidrigkeit der ihnen zugrunde liegenden Rechtsnorm entgegensteht. Im
Urteil vom 29. 9. 1960[165] lehnte er einen Erstattungsanspruch nach den
§§ 150 ff. AO wegen der „Rechtskraft" des Bescheides und einen Erstattungsanspruch nach Treu und Glauben mit Rücksicht auf den Vorrang der Rechtssicherheit gegenüber der materiellen Gerechtigkeit ab.
Ein weiteres Urteil vom 22. 11. 1962[166] hatte ebenfalls unmittelbar einen
Erstattungsanspruch in entsprechender Anwendung der §§ 150 ff. AO[167]
und nicht eine Berichtigung wegen des Beruhens auf der nichtigen
Rechtsnorm zum Gegenstand. Der Bundesfinanzhof meinte aber[168], auch
eine Berichtigungsveranlagung könne die Rechtsfolgen eines Urteils-
spruchs des Bundesverfassungsgerichts nicht beseitigen, da eine Berichtigungsveranlagung mangels der gesetzlichen Voraussetzungen des
§ 222 AO oder einer anderen Vorschrift gar nicht in Betracht komme.

Diese Ansicht des Bundesfinanzhofs ist nach der hier vertretenen
Auffassung unrichtig, weil gewisse Berichtigungsvorschriften mit ihren
tatbestandlichen Voraussetzungen zutreffen, der Bundesfinanzhof hat
sie im übrigen, wie die folgenden Urteile ergeben, selbst stillschwei-
gend fallen gelassen.

In den weiteren Gründen des angeführten Urteils heißt es jedoch:
Steuerverwaltungsakte, die im Zeitpunkt des Ergehens des bundesverfassungsgerichtlichen Urteils „rechtskräftig" sind, hätten nach dem eindeutig geäußerten Willen des Gesetzgebers im Interesse der Rechtssicherheit unberührt zu bleiben. In einem weiteren Urteil vom 6. 9.
1962[169] wird derselbe Gesichtspunkt vertreten: Der Gesetzgeber habe in
§ 79 Abs. 2 Satz 1 BVerfGG bewußt das Gebot der Rechtssicherheit
über das Gebot der gleichmäßigen Anwendung des Rechts gestellt.
Urteile des Bundesverfassungsgerichts führten deshalb grundsätzlich
nicht zu einer „rückwirkenden Aufhebung" der auf Grund der betreffenden Rechtsnormen ergangenen Verwaltungsakte[170].

---

[165] StRK AO § 246 R. 20 = DB 1961, 226.

[166] BStBl. 1963 III 51.

[167] Ein Erstattungsanspruch kann erst als Folge einer Berichtigung entstehen (vgl. oben unter D I und D II). Deshalb muß sich die erste Frage
nach der Zulässigkeit einer Berichtigung stellen.

[168] a.a.O., S. 52 li. Sp. unten.

[169] BStBl. 1962 III 494 unter I 2.

[170] Etwas anderes ergeben auch nicht die Ausführungen unter II 1 dieses
Urteils (a.a.O., 495). In diesem Abschnitt hält der BFH allerdings die Berichtigung eines auf einer nichtigen Norm beruhenden Bescheides nach § 222
Abs. 1 Ziff. 2 AO trotz § 79 Abs. 2 Satz 1 BVerfGG für zulässig. Es handelte
sich dabei um die Nichtigkeit des § 17 Abs. 1 UStDB (umsatzsteuerliche Unternehmereinheit zwischen zwei juristischen Personen) und es ging ausschließlich um die Frage, ob zu berichtigen ist, wenn dem Finanzamt die
tatsächlichen Umstände, die die Unternehmereinheit begründen, erst nach

Im Falle des Urteils vom 23. 4. 1964[171] lagen unanfechtbare Bescheide über Herstellerzusatzsteuer vor. Nachdem das Bundesverfassungsgericht die die Herstellerzusatzsteuer regelnden Bestimmungen für nichtig erklärt hatte, beantragte ein Steuerpflichtiger eine Fehleraufdeckung gemäß § 222 Abs. 1 Satz 4 AO und machte geltend, die Anwendung des nichtigen Gesetzes sei eine objektive Unrichtigkeit. Der Bundesfinanzhof führte aus, § 79 Abs. 2 Satz 1 BVerfGG stehe dem Begehren des Steuerpflichtigen entgegen; in dieser Vorschrift komme der eindeutige Wille des Gesetzgebers zum Ausdruck, daß die nicht mehr anfechtbaren Steuerverwaltungsakte ungeachtet der „rückwirkenden Kraft" der Urteile des Bundesverfassungsgerichts fortgelten sollten. Damit habe sich der Gesetzgeber für den Vorrang der Rechtskraft entschieden. Wenn es zu Erstattungen von Herstellerzusatzsteuern gekommen sei, so nur dann, wenn die Veranlagungen aus anderen Gründen als dem der Verfassungswidrigkeit der Norm berichtigt werden könnten und in diesem Zusammenhang auch die Verfassungswidrigkeit als Fehler berücksichtigt worden sei. Keinesfalls könne die Verfassungswidrigkeit einer Norm einen selbständigen Anlaß zur Berichtigung geben. Würde man § 79 Abs. 2 Satz 1 BVerfGG im Hinblick auf § 222 Abs. 1 Satz 4 AO anders auslegen, so verlöre die Vorschrift des Bundesverfassungsgerichtsgesetzes für das gesamte Steuerrecht an Bedeutung. Da diese Bestimmung dem Rechtsfrieden diene, habe der Gesetzgeber etwaige Ungleichmäßigkeiten in der Behandlung der Steuerpflichtigen, die sich aus der unterschiedlichen verfahrensrechtlichen Lage bei Ergehen der Entscheidungen des Bundesverfassungsgerichts ergeben können, bewußt in Kauf genommen.

An diesen Ausführungen hat der Bundesfinanzhof im Urteil vom 28. 10. 1964[172], welches als S-Urteil ergangen ist, festgehalten.

Aus den bisher angeführten Urteilen ergibt sich eindeutig, daß nach Auffassung des Bundesfinanzhofs die Verfassungswidrigkeit einer Rechtsnorm, die nach Eintritt der Unanfechtbarkeit eines auf ihr beruhenden Steuerverwaltungsakts für nichtig erklärt worden ist, nicht mehr geltend gemacht werden kann.

Der Bundesfinanzhof hat sich ferner in einer Reihe von Urteilen mit der Frage beschäftigt, ob und in welchem Umfang die Verfassungs-

---

Nichtigerklärung der Norm durch eine Betriebsprüfung bekannt geworden sind. Der BFH entschied, eine neue Tatsache im Sinn des § 222 Abs. 1 Ziff. 2 AO führe auch dann zu einer Berichtigung, wenn das Finanzamt bei ihrer Kenntnis zur Zeit der ursprünglichen Veranlagung die Tatsache infolge unzutreffender Rechtsauffassung nicht zugunsten des Steuerpflichtigen gewürdigt hätte. Er betonte, nicht die Nichtigkeit der Norm, sondern allein die neue Tatsache ziehe die Berichtigung nach sich.

[171] BStBl. 1963 III 321.
[172] BStBl. 1965 III 196.

widrigkeit einer Norm zu berücksichtigen ist, wenn der unanfechtbare Steuerbescheid aus anderen Gründen z. B. nach § 222 Abs. 1 Ziff. 1 AO wegen Bekanntwerdens einer neuen Tatsache berichtigt wird. Nach dem in der Literatur umstrittenen, vom Bundesfinanzhof aber in ständiger Rechtsprechung vertretenen Grundsatz der Wiederaufrollung des gesamten Steuerfalles[173] sind bei der Veranlagung unterlaufene Fehler, die für sich allein eine Berichtigung nicht rechtfertigen würden, innerhalb der Grenzen der §§ 232 Abs. 1 AO n. F. und 92 Abs. 1 FGO[174] bei der Berichtigungsveranlagung zu berücksichtigen. Werden nur neue Tatsachen zuungunsten des Steuerpflichtigen bekannt, so verbietet § 234 AO (a. F.), daß bei der Berichtigungsveranlagung der ursprüngliche Steuerbetrag unterschritten wird.

Im Urteil vom 22. 11. 1962[175] kam der Bundesfinanzhof zu dem Ergebnis, daß die Nichtigkeit der Rechtsnorm nach dem Wiederaufrollungsgrundsatz bei der aus anderem Anlaß erfolgten Berichtigungsveranlagung zu berücksichtigen ist, jedoch nur innerhalb der Grenzen des § 234 AO (a. F.). Zur Begründung führte er aus: Ein Herabgehen unter den ursprünglichen Steuerbetrag werde durch § 234 AO (a. F.) verboten; diese Bestimmung sei eine verfahrensrechtliche Regelung, die durch § 79 Abs. 2 BVerfGG unberührt geblieben sei. Nur für das Strafverfahrensrecht sei in § 79 Abs. 1 BVerfGG eine Ausnahme getroffen worden, während die verfahrensrechtlichen Bestimmungen in den anderen Verfahrensordnungen aufrechterhalten blieben und demgemäß zu beachten seien[176].

Ebenso heißt es im Urteil vom 30. 5. 1963[177]: Das Verfahrensrecht der Abgabenordnung sei durch § 79 Abs. 2 BVerfGG unberührt geblieben.

Im Urteil vom 7. 10. 1964[178] führte der Bundesgerichtshof zu dieser Frage aus: Wenn § 79 Abs. 2 Satz 1 BVerffGG von den nicht mehr anfechtbaren Entscheidungen spreche, so könne daraus nicht der Schluß gezogen werden, daß hierunter nur die in vollem Umfang unanfechtbaren Entscheidungen zu verstehen seien. Ob und gegebenenfalls in welchem Umfang eine Entscheidung unanfechtbar sei, müsse nach den verfahrensrechtlichen Vorschriften beurteilt werden, die in den einzelnen Rechtsgebieten ergangen seien. Für Berichtigungsbescheide des Steuerrechts entschiede sich diese Frage nach § 234 AO (a. F.). In die

---

[173] Vgl. *Tipke-Kruse*, AO § 222 Anm. 19 mit weiteren Nachweisen.
[174] = § 234 AO a.F.
[175] BStBl. 1963 III 31.
[176] a.a.O., S. 32 re. Sp.
[177] BStBl. III 342.
[178] BStBl. 1965 III 103.

dort getroffene Regelung solle nach § 79 Abs. 2 BVerfGG nicht eingegriffen werden[179].

Wenn es richtig ist, daß sich die Frage nach dem Umfang der Unanfechtbarkeit einer Entscheidung nach den betreffenden verfahrensrechtlichen Vorschriften beurteilt und daß durch § 79 Abs. 2 Satz 1
BVerfGG in diese Verfahrensvorschriften nicht eingegriffen werden
soll, so könnte daraus gefolgert werden, daß z. B. auch § 222 Abs. 1
Ziff. 3 und 4 AO trotz § 79 Abs. 2 Satz 1 BVerfGG anwendbar sein
könnte, weil es sich bei dieser Bestimmung um eine ebensolche verfahrensrechtliche Vorschrift handelt wie im Fall des § 234 AO (a. F.),
Den gleichen Schluß ließe auch die Formulierung des Bundesfinanzhofs
zu, das Verfahrensrecht der Abgabenordnung bleibe durch § 79 Abs. 2
Satz 1 BVerfGG unberührt und sei zu beachten.

Die weiterhin vom Bundesfinanzhof angestellte Erwägung, § 234 AO
(a. F.) sei eine Regelung, die durch § 79 Abs. 2 BVerfGG unberührt
bleibe, ist mindestens mißverständlich, denn nach der Bestimmung des
Bundesverfassungsgerichtsgesetzes bleiben nur „Entscheidungen", also
Urteile und Verwaltungsakte, nicht aber Rechtsnormen, also Bestimmungen der Abgabenordnung, unberührt. Der Bundesfinanzhof meint
offenbar — darauf läßt auch das weiter unten angeführte Urteil vom
28. 10. 1964[180] schließen —, § 234 AO (a. F.) sei als eine besondere gesetzliche Regelung im Sinn des § 79 Abs. 2 Satz 1 BVerfGG anzusehen.
Träfe diese Auffassung zu, so würde sich die Frage aufdrängen, ob
auch andere Bestimmungen der Abgabenordnung, z. B. die hier für
tatbestandlich zutreffend erachteten §§ 222 Abs. 1 Ziff. 3 und 4 AO, als
besondere gesetzliche Regelungen angesehen werden könnten, die also
trotz § 79 Abs. 2 Satz 1 BVerfGG anwendbar seien. Mindestens bedürfte
es einer überzeugenden Begründung dafür, weshalb zwar § 234 AO
(a. F.) eine besondere gesetzliche Regelung sein soll, andere Bestimmungen der Abgabenordnung aber, die ebenso wie § 234 AO (a. F.) mit
der Berichtigung zu tun haben, keinesfalls als eine solche Regelung
im Sinn des § 79 Abs. 2 Satz 1 BVerfGG in Betracht kommen sollen.

Schließlich hat der Bundesfinanzhof im Urteil vom 28. 10. 1964[181] ausgeführt, eine besondere gesetzliche Regelung im Sinne des § 79 Abs. 2
Satz 1 BVerfGG seien auch die Berichtigungsvorschriften des § 222
Abs. 1 Ziff. 1 und 2 AO, deren tatbestandliche Voraussetzungen im Fall
der Nichtigkeit einer Norm vom Bundesfinanzhof verneint werden[182].

---

[179] a.a.O., S. 104 li. Sp. unten.
[180] BStBl. 1965 III 196; vgl. die folgenden Ausführungen zu diesem Urteil.
[181] BStBl. 1965 III 196 ff., 197 re. Sp. oben.
[182] Ebenso hier unter D II 2 j.

Wenn schon die ersten beiden Tatbestände des § 222 Abs. 1 AO nach Meinung des Bundesfinanzhofs eine besondere gesetzliche Regelung im Sinn des § 79 Abs. 2 Satz 1 BVerfGG sein sollen, so ist ebenfalls nicht ohne weiteres einzusehen, weshalb die beiden letzten Tatbestände des § 222 Abs. 1, die Ziffern 3 und 4, deren tatbestandliche Voraussetzungen im Fall eines auf einer nichtigen Norm beruhenden Steuerverwaltungsakts im Gegensatz zu den Ziffern 1 und 2 nach der hier vertretenen Meinung gegeben sind, als besondere gesetzliche Regelung ausscheiden sollen.

Der Bundesfinanzhof will mit den o. a. Erwägungen offenbar lediglich den von ihm eingenommenen Standpunkt begründen, daß die Nichtigkeit einer Rechtsnorm nicht aus selbständigem Anlaß, sondern immer nur im Zusammenhang mit einer aus anderen Gründen zulässigen Berichtigungsveranlagung berücksichtigt werden könne. Die vom Bundesfinanzhof hierfür gegebenen Begründungen vermögen jedoch nicht recht zu überzeugen; sie wecken darüber hinaus Zweifel an der Richtigkeit des o. a. vom Bundesfinanzhof gewonnenen Ergebnisses, daß die Verfassungswidrigkeit einer Norm für sich allein keinen Berichtigungsgrund abgeben könne.

Eine Meinung im Schrifttum, die in Übereinstimmung mit der hier vertretenen Auffassung davon ausgeht oder es mindestens für möglich hält, daß gewisse Berichtigungsvorschriften mit ihren tatbestandsmäßigen Voraussetzungen auf Steuerverwaltungsakte zutreffen, die auf einer nichtigen Norm beruhen, nimmt an, § 79 Abs. 2 Satz 1 BVerfGG regele ausschließlich die Frage der Auswirkung von Urteilen des Bundesverfassungsgerichts und stehe somit zu den Berichtigungsvorschriften der Abgabenordnung im Verhältnis einer lex specialis zu einer lex generalis. Diese Auffassung vertreten Laux[183], Vogel[184], Boettcher-Grass[185], Bertermann[186], Lenski[187], Kirmse[188], sowie die Finanzgerichte

---

[183] StW 1957 Sp. 293 ff., 298.

[184] Berichtigungsveranlagung S. 63; *Vogel* nennt § 79 Abs. 2 Satz 1 BVerfGG eine „Sonderregelung", wenngleich nicht eine lex specialis im streng logischen Sinn.

[185] Ehegattenbesteuerung S. 41 in Widerspruch zu den Ausführungen auf S. 39. Einerseits sollen § 222 AO und 79 Abs. 2 Satz 1 BVerfGG selbständig nebeneinanderstehen und voneinander unabhängig sein (a. .O., S. 39), andererseits soll aber § 222 Abs. 1 Ziff. 4 AO durch § 79 Abs. 2 Satz 1 BVerfGG verdrängt werden (a.a.O., S. 41). Ähnlich argumentiert auch das FG München (Anm. 7) hinsichtlich des Verhältnisses des § 79 Abs. 2 Satz 1 BVerfGG zu § 4 Abs. 3 Ziff. 2 StAnpG.

[186] Inf. 1962, 161 ff., 166 unter 3 a.

[187] RdschDSt 1957, 344 ff., 349.

[188] RWP 14 D AO II B 16/62 (517, 40 ff., 41).

Hamburg[189], Stuttgart[190] und München[191], wohl auch Spitaler[192] und Mittenzwei[193].

Eine kleinere Zahl von Autoren nimmt demgegenüber an, § 79 Abs. 2 Satz 1 BVerfGG hindere eine Berichtigung unanfechtbarer Steuerverwaltungsakte, die auf einer vom Bundesverfassungsgericht für nichtig erklärten Norm beruhen, nicht. Diese Auffassung wird wie folgt begründet: Die tatbestandlich zutreffenden Berichtigungsvorschriften[194] seien eine „besondere gesetzliche Regelung". Da nicht mehr anfechtbare Entscheidungen nur vorbehaltlich einer solchen besonderen gesetzlichen Regelung unberührt blieben, sei § 79 Abs. 2 Satz 1 BVerfGG die subsidiäre Bestimmung gegenüber den Berichtigungsvorschriften der Abgabenordnung. Vertreter dieser Meinung sind: Niepoth[195], Felix[196], Randebrock[197], Tipke-Kruse[198], Kruse[199], Sauer[200], Gail[201] und Roos[202].

Die Autoren, die § 79 Abs. 2 Satz 1 BVerfGG als ein Spezialgesetz gegenüber den Berichtigungsvorschriften ansehen, erwidern hierauf, unter einer besonderen gesetzlichen Regelung sei nur eine solche zu verstehen, die zeitlich nach der Nichtigerklärung einer Norm durch das Bundesverfassungsgericht für den speziellen Fall der dadurch geschaffenen Lage getroffen werde[203]. Dieser Auffassung pflichten Boettcher-Grass[204], Friesecke[205], — enb — in Deutsche Zeitung und Wirtschaftszeitung[206] und das Finanzgericht Düsseldorf[207] bei. Ihr widersprechen Randebrock[208], Sauer[209] und Tipke-Kruse[210].

[189] Urteil vom 30. 8. 1962, EFG 1963 Nr. 158 S. 131.
[190] Urteil vom 4. 9. 1962, EFG 1963 Nr. 167 S. 136.
[191] Urteil vom 29. 7. 1960, EFG 1961 Nr. 171 S. 142. Das FG München meint allerdings eine „spezielle Regelung" gegenüber den §§ 150 ff. AO.
[192] BB 1963, 132. Spitaler beschäftigt sich allerdings haupsächlich mit dem Verhältnis des § 79 Abs. 2 Satz 1 BVerfGG zu § 234 AO.
[193] *Mittenzwei*, Fehlerberichtigung, S. 46/47.
[194] Es handelt sich meistens um § 4 Abs. 3 Ziff. 2 StAnpG, dessen tatbestandliche Voraussetzungen im Fall des Beruhens auf einer nichtigen Norm nach der hier vertretenen Auffassung nicht vorliegen.
[195] FR 1957, 188.
[196] FR 1957, 270 ff., 273 unter V 2 und in GmbH-Rsch. 1962, 129 und 236.
[197] DB 1962, 455 und 1319 ff., 1320.
[198] AO, § 222 Anm. 4 und Anm. 31 Abs. 3.
[199] StRK-Anm. AO § 152 R. 13 S. 2 unter b.
[200] StW 1962 Sp. 579 ff., 582.
[201] BB 1963, 265 ff., 266 li. Sp. oben.
[202] GmbH-Rsch. 1962, 235.
[203] Vgl. § 26 Abs. 5 EStG 1957 u. § 36 a Abs. 4 GewStG 1963 (BGBl. 1 563 ff.).
[204] a.a.O., 41.
[205] a.a.O., 510, 29.
[206] Nr. 39 vom 15. 12. 1962.
[207] Urteil vom 30. 10. 1962, DStZ B 1962, 516.
[208] a.a.O., 1320.
[209] StW 1962 Sp. 579 ff., 582.
[210] a.a.O., Anm. 4 und 31 Abs. 3.

b) Ausgangspunkt für die Erörterung der Streitfrage

Überblickt man die in der Verwaltung, in der Rechtsprechung und in der Literatur vertretenen Meinungen zum Verhältnis des § 79 Abs. 2 Satz 1 BVerfGG zu den Berichtigungsvorschriften, so fällt folgendes auf: Es fehlt an einer überzeugenden Begründung dafür, weshalb die Worte „bleiben unberührt" die Bedeutung „dürfen nicht berichtigt werden" haben sollen. Ob ein auf einer nichtigen Rechtsnorm beruhender Steuerverwaltungsakt „unberührt bleibt" oder ob die tatbestandlich an sich gegebenen Berichtigungsvorschriften der Abgabenordnung auf ihn nicht angewendet werden dürfen, sind aber durchaus verschiedene Sachverhalte. Mindestens folgt aus dem Unberührtbleiben nicht notwendigerweise ein Berichtigungsverbot. Wenn in Rechtsprechung und Literatur immer wieder darauf hingewiesen wird, der Gesetzgeber des Bundesverfassungsgerichtsgesetzes habe sich in § 79 Abs. 2 Satz 1 BVerfGG für den Vorrang der Rechtssicherheit und des Rechtsfriedens gegenüber der materiellen Gerechtigkeit im Einzelfall entschieden, so ist das sicher richtig. Dieses Argument genügt aber nicht, um die Berichtigung auf nichtigen Normen beruhender Steuerverwaltungsakte auszuschließen, wenn man wie hier die tatbestandlichen Voraussetzungen gewisser Berichtigungsvorschriften für gegeben ansieht. Das Argument des Bundesfinanzhofs, bei einer anderen Auslegung verlöre § 79 Abs. 2 Satz 1 BVerfGG für das gesamte Steuerrecht an Bedeutung[211], ist keine überzeugende Begründung, da es sich gerade darum handelt, die Bedeutung des § 79 Abs. 2 Satz 1 BVerfGG im Steuerrecht herauszufinden. Gerade im Steuerrecht werden Rechtssicherheit und Rechtsfrieden durch die Berichtigungsvorschriften, insbesondere durch § 222 AO zugunsten der Finanzverwaltung und zugunsten des Steuerpflichtigen in zahlreichen Fällen außer acht gelassen, um die materielle Richtigkeit der Besteuerung im Einzelfall sicherzustellen[212]. Weshalb ausgerechnet bei solchen Steuerverwaltungsakten, die auf nichtigen Rechtsnormen beruhen, dies nicht gelten, sondern die Rechtssicherheit Vorrang vor der materiell richtigen und gerechten Besteuerung haben soll, ist nicht ohne weiteres einzusehen, zumal die Nichtigkeit der Norm als rechtlicher Mangel weder schwerer noch leichter wiegt als ein durch unrichtige Anwendung eines gültigen Gesetzes verursachter Fehler. Ein solcher Fehler kann nach den §§ 94, 222, 224 AO unter den dort genannten Voraussetzungen berichtigt werden. Der Vorrang der Rechtssicherheit und damit ein Verbot der Berichtigung kann für auf nichti-

---

[211] BFH-Urteil vom 23. 4. 1964 in BStBl. III 321.

[212] BFH-Urteile vom 7. 12. 1962, BStBl. 1963 III 161 ff., 162 letzter Absatz und vom 24. 1. 1963, StRK AO § 251 R. 26 S. 48. Ebenso FG Kassel, Urteil vom 13. 11. 1962, EFG 1963 Nr. 217 S. 178 ff., 179 und VG Berlin, Urteil vom 26. 2. 1963, EFG 1963, 431 ff., 432. Vgl. auch S. 87 und S. 100.

gen Normen beruhende Steuerverwaltungsakte nur dann gelten, wenn
§ 79 Abs. 2 Satz 1 BVerfGG ein solches Berichtigungsverbot zwingend
gebietet. Ob das der Fall ist, muß im Wege einer Auslegung ermittelt
werden, die am Wortlaut dieser Bestimmung, insbesondere an den
Worten „bleiben unberührt" anzusetzen hat.

c) Allgemeine Bedeutung der Worte „bleiben unberührt"

Mit den Worten „bleiben unberührt" wird etwas über den Bestand
der Entscheidungen im Sinn des § 79 Abs. 2 Satz 1 BVerfGG, zu denen
auch die Steuerverwaltungsakte gehören, ausgesagt; sie sollen bestehen
bleiben[213], Geltung behalten[214], in Kraft und Wirksamkeit bleiben. Im
übrigen hilft der Wortlaut nicht viel weiter. Er läßt eine Bedeutung
der Worte „bleiben unberührt" von „werden infolge der Nichtigkeit der
zugrunde liegenden Norm selbst nicht nichtig" bis zu „werden durch die
Nichtigkeit der Norm in keiner wie auch immer gearteten Weise be-
einflußt" zu.

Geiger äußerte sich bei der Beratung des Bundesverfassungsgerichtsgesetzes wie folgt: „Nicht mehr anfechtbare Entscheidungen bleiben
grundsätzlich unberührt, d. h. sie haben Bestand, bleiben in Kraft,
äußern die sonst mit ihnen verbundenen Rechtswirkungen. Sie mögen
aus anderen Gründen nichtig sein, daß sie auf Grund der für nichtig
erklärten Rechtsvorschrift ergangen sind, vermag ihre Geltung und
Verbindlichkeit nicht in Frage zu stellen"[215]. Ähnlich meint Lechner:
„Nicht mehr anfechtbare Entscheidungen bleiben als solche grundsätzlich unberührt, und zwar mit dem Status, mit der Kraft und mit der
Schwäche des Rechtsaktes, die nach allgemeinen Grundsätzen mit ihm
verbunden sind"[216].

§ 79 Abs. 2 Satz 1 BVerfGG betrifft, soviel läßt sich jedenfalls auf
Grund des Wortlauts sagen, die Wirkungskraft und Verbindlichkeit aller
hoheitlichen Akte[217] und ordnet ihr Bestehenbleiben an. Er will diese
Wirkungskraft und Verbindlichkeit schützen. Es handelt sich also, da
unanfechtbare hoheitliche Akte in Rede stehen, um den Schutz der
Rechtsbeständigkeit[218] dieser Akte, d. h. bei Hoheitsakten der recht-
sprechenden Gewalt (Urteile und Beschlüsse) um den Schutz der Rechtskraft.

---

[213] So auch das BFH-Urteil vom 6. 9. 1962, BStBl. III 494 unter I 2.
[214] *Ernst* in StW 1963 Sp. 1.
[215] *Geiger,* BVerfGG § 79 Anm. 3.
[216] *Lechner,* BVerfGG § 79 Anm. 1 zu Abs. 2.
[217] Im Sinne *Wolffs* und *Forsthoffs;* siehe unter C II 2 a Anm. 44.
[218] Der Begriff „Rechtsbeständigkeit" ist dem Urteil des Bundesverfassungsgerichts vom 14. 3. 1963 DB 1963, 469 entnommen worden. Nach diesem

Daß § 79 Abs. 2 Satz 1 BVerfGG ganz allgemein als Schutz der Rechtsbeständigkeit hoheitlicher Akte zu verstehen ist, ergibt auch der Regierungsentwurf zum Bundesverfassungsgerichtsgesetz. In ihm wird ausgeführt, die Nichtigerklärung der Norm durch das Bundesverfassungsgericht berühre die Rechtskraft eines auf Grund dieser Norm ergangenen Urteils und die Rechtsbeständigkeit eines anspruchsbegründenden Verwaltungsaktes nicht; das verlange die Rechtssicherheit[219]. Auf die Ähnlichkeit der mit § 79 Abs. 2 Satz 1 BVerfGG bezweckten Regelung mit der Rechtskrafttheorie wies der Abgeordnete Neumayer bei der Beratung des Gesetzes ausdrücklich hin[220]. Ebenso sieht das Bundesverfassungsgericht in § 79 Abs. 2 Satz 1 BVerfGG eine Regelung der Rechtsbeständigkeit von „Akten der Rechtsfindung"[221]. Auch Laux vertritt die Auffassung, das „Unberührtbleiben" beziehe sich immer nur auf die Erhaltung der Rechtskraft um der Rechtssicherheit willen[222]. Hoffmann meint ebenfalls, Sinn des § 79 Abs. 2 Satz 1 BVerfGG sei es, „das Rechtsinstitut der Rechtskraft gerichtlicher und behördlicher Entscheidungen für solche Fälle zu konkretisieren und zu modifizieren, in denen die Entscheidung auf einem für nichtig erklärten Gesetz beruht[223].

Kann man also die Worte „bleiben unberührt" mit „haben und behalten Rechtsbeständigkeit bzw. Rechtskraft" exakter fassen, so stellt sich für die Wirkung des § 79 Abs. 2 Satz 1 BVerfGG auf Steuerverwaltungsakte, die auf einer nichtigen Norm beruhen, die Frage, ob und inwieweit den Steuerverwaltungsakten überhaupt eine Rechtsbeständigkeit oder Rechtskraft zukommt. Würde ihnen eine solche Eigenschaft nicht zukommen, so könnten Steuerverwaltungsakte von § 79 Abs. 2 Satz 1 BVerfGG nicht betroffen werden, weil das Objekt des Schutzes dieser Vorschrift bei ihnen nicht vorhanden wäre.

d) Die Rechtsbeständigkeit der Steuerverwaltungsakte

Daß Verwaltungs- und Steuerverwaltungsakte grundsätzlich eine gewisse Rechtsbeständigkeit erlangen, folgt aus ihrer Wirkungskraft als autoritative Äußerungen hoheitlicher Gewalt; als solchen muß ihnen

---

Urteil gebietet der verfassungsrechtliche Grundsatz der Rechtssicherheit die Rechtsbeständigkeit gerichtlicher Urteile und auch aller Akte der öffentlichen Gewalt, also auch der Steuerverwaltungsakte.

[219] Verhandlungen des Deutschen Bundestages, I. Wahlperiode 1949 Drucks. Nr. 488 S. 34 zu § 72 des Entw. (= § 78 des Ges.).

[220] Verhandlungen . . ., Stenogr. Berichte Band 6 Seite 4234.

[221] BVerfGE 2, 380 ff., 404; ebenso FG Hamburg, Urteil vom 30. 8. 1962, EFG 1963 Nr. 158 S. 131.

[222] StW 1957 Sp. 293 ff., 297 und 299.

[223] JZ 1961, 193 ff., 197; vgl. auch Maisch, NJW 1959. 227 ff., 228: Nach ihm stellt § 79 Abs. 2 Satz 1 BVerfGG auf eine „Rechtskraft oder Bindung" ab.

auch eine Geltungsdauer zukommen[224]. Ihre Rechtsbeständigkeit fordern auch verfassungsrechtliche Erwägungen[225]. Daß Verwaltungsakten ein gewisser der formellen und materiellen Rechtskraft gerichtlicher Urteile ähnlicher formeller und wenigstens auch teilweise materieller Rechtsbestand verliehen ist, wird heute allgemein angenommen[226]. Gleiches gilt auch für Steuerverwaltungsakte[227,228,229].

Ob man diese Rechtsbeständigkeit „Rechtskraft" nennt und somit wie bei gerichtlichen Urteilen auch bei Verwaltungs- und Steuerverwaltungsakten zwischen formeller und materieller Rechtskraft unterscheidet[230] oder ob man neben dem Begriff der Rechtskraft im Sinn des Prozeßrechts[231] wegen gewisser Besonderheiten des Verfahrens vor den Verwaltungs- und Finanzbehörden[232] anstelle des Begriffs „Rechtskraft"

---

[224] *Wolff*, a.a.O., 263 und 283.

[225] s. unter C III 2 b Anm. 51.

[226] BVerfGE 2, 380 ff., 403; BVerwGE 2, 31 ff., 32; 4, 233 ff., 234; 4, 250 ff., 252; 5, 312 ff., 313; in DVBl. 1958, 285 und 1960, 727; BSG in NJW 1961, 142; KG in NJW 1958, 106 für Akte der freiwilligen Gerichtsbarkeit; *Forsthoff*, Lehrbuch I § 13, 232 ff.; *Wolff*, Allgemeines Verwaltungsrecht I, 283 ff.; *Turegg-Kraus*, Verwaltungsrecht 7. Kapitel a, 140; *Haueisen*, NJW 1959, 697 ff., 699 und 2137 und 1963, 1329 ff., 1333 unter IV 1.

[227] RFH in ständiger Rechtsprechung: RStBl. 1930, 344 und 444; 1935, 371 und 438; 1938, 81 und 626; 1939, 946; 1943, 530; BFH in ständiger Rechtsprechung: BStBl. 1953 III 214; 1956 III 137 und 190; 1960 III 392.

[228] *Kühn*, AO § 93 Anm. 1 letzter Absatz; *Zitzlaff*, StW 1936 Sp. 1493; *Tipke-Kruse*, AO § 93 Anm. 3.

[229] Siehe hierzu folgende Dissertationen: *Braxmeier*, Rechtskraft, Widerruf und Berichtigung von Steuerbescheiden, Diss.Freiburg/Br. 1953; *Würdinger*, Die Berichtigung von Steuerbescheiden und diesen gleichgestellten Bescheiden, Diss München 1954; *Wernscheid*, Die Berichtigung rechtskräftiger Steuerbescheide (§ 222 AO) Diss. Köln 1958; *Franke*, Die Rechtskraft der Steuerverwaltungsakte, Diss. Münster 1962; *Reche*, Die Rechtskraft im Steuerrecht, insbesondere ihr Verhältnis zur Unabänderlichkeit, Diss. Münster 1952.

[230] So für Steuerverwaltungsakte, insbesondere Steuerbescheide die Rechtsprechung in Anm. 227.

[231] Im Sinn des Zivilprozeßrechts bedeutet formelle (äußere) Rechtskraft, daß das Urteil für dasselbe Verfahren unabänderlich ist und insbesondere keinem (ordentlichen) Rechtsmittel unterliegt: *Stein-Jonas-Schönke-Pohle*, ZPO 18. Aufl., § 322 Anm. I; *Baumbach-Lauterbach*, ZPO 26. Aufl., Einf. zu §§ 322 bis 327 Anm. 1; vgl. im übrigen *Franke*, a.a.O., S. 12 mit weiteren Nachweisen; — Die materielle (innere) Rechtskraft bedeutet nach der im Zivilprozeßrecht herrschenden sog. „jüngeren prozeßrechtlichen Lehre" (vgl. *Franke*, a.a.O., S. 12 Fußn. 50), daß eine nochmalige Verhandlung und Entscheidung über den formell rechtskräftig entschiedenen Anspruch ausgeschlossen ist (ne bis in idem): BGH in NJW 1961, 917 und 1954, 1073 ff., 1074; BVerwG in DVBl. 1962, 265; *Kornblum* in DÖV 1962, 654; *Franke*, a.a.O., S. 15 ff., 19; *Braxmeier*, a.a.O., S. 3.

[232] Das Gericht kann sein Urteil nach § 318 ZPO nicht selbst zurücknehmen; bei Verwaltungsakten und Steuerverwaltungsakten ist das dagegen in aller Regel teils ex tunc, teils ex nunc möglich. Vgl. hierzu *Haueisen*, NJW 1963, 1329 ff., 1333 unter IV 1.

den Begriff „Bestandskraft" in einem formellen und materiellen Sinn verwendet[233] oder ob man von formeller und materieller „Bindungswirkung" eines Verwaltungsaktes spricht[234], ist in erster Linie eine Frage der zweckmäßigen terminologischen Bezeichnung und Begriffsprägung[235]. Im Steuerrecht kommt dem um die Rechtskraft der Steuerverwaltungsakte (insbesondere im materiellen Sinn) entbrannten Streit[236] umso weniger praktische Bedeutung zu, als die Abgabenordnung und andere Steuergesetze selbst bestimmen, wann und unter welchen Voraussetzungen Steuerverwaltungsakte berichtigt werden können. Damit ist zugleich entschieden, wann sie nicht berichtigt werden können und deshalb rechtsbeständig werden[237]. Die Berichtigungsvorschriften können deshalb nur im Zusammenhang mit der Rechtsbeständigkeit verstanden werden.

Auf die Streitfragen um die Rechtskraft im Steuerrecht kann hier nicht eingegangen werden. Mit Wolff[238] wird hier zwischen nur in Bestandskraft im formellen und materiellen Sinn und darüber hinaus auch in Rechtskraft im formellen und materielen Sinn erwachsenden Verwaltungs- und Steuerverwaltungsakten unterschieden[239]. Die An-

---

[233] So *Wolff*, a.a.O., 282; ihm folgen jedenfalls zum Teil im Steuerrecht: *Tipke-Kruse*, AO, § 93 Anm. 2; *Vogel*, a.a.O., S. 15 und *Franke*, a.a.O., S. 22, 23. Franke verwendet allerdings nicht den Begriff der materiellen Bestandskraft, sondern hält Steuerbescheide der materiellen Rechtskraft für fähig, wobei er allerdings einräumen muß, daß diese bei den Steuerbescheiden nicht soweit geht wie bei gerichtlichen Urteilen.

[234] BSG Urteil vom 21. 9. 1962, MDR 1963, 254; ähnlich *Haueisen*, NJW 1959, 697, 699; *Würdinger*, a.a.O., S. 25; *Barske* in NWB Fach 2 S. 1103 ff. (Nr. 24/ 1963).

[235] Zustimmend *Tipke-Kruse*, AO, § 93 Anm. 1 am Ende.

[236] Vgl. hierzu statt aller *Franke*, a.a.O., S. 23 (zur formellen Rechtskraft) und S. 36, 37 (zur materiellen Rechtskraft).

[237] Vgl. Anm. 92 und oben unter D II 4 b; anderer Ansicht *Würdinger*, a.a.O., S. 2—5, der die Berichtigungsvorschriften im Zusammenhang mit der Bindung der Behörde an ihre Entscheidung sieht und unter Bindung etwas gegenüber der materiellen Bestands- bzw. Rechtskraft Selbständiges verstehen will. Seine Begründung überzeugt nicht.

[238] *Wolff*, a.a.O., 283 ff.

[239] Formell bestandskräftig sind Verwaltungs- und Steuerverwaltungsakte, die zwar nach Eintritt der Unanfechtbarkeit vom Steuerpflichtigen mit ordentlichen Rechtsmitteln nicht mehr angegriffen, von der Finanzverwaltung aber zu einem jeden Zeitpunkt bis zum Ablauf der steuerlichen Verjährungsfristen noch zurückgenommen oder geändert werden können: *Wolff*, a.a.O., 283 ff.; *Tipke-Kruse*, a.a.O., Anm. 2; *Vogel*, a.a.O., S. 15; vgl. *Tipke* in StW 1960 Sp. 809. — Formell rechtskräftig werden Verwaltungs- und Steuerverwaltungsakte dann, wenn sie sowohl durch ordentliche Rechtsmittel nicht mehr angegriffen als auch von der erlassenen Behörde oder ihrer Aufsichtsbehörde nicht mehr zurückgenommen oder geändert werden können: siehe die o. a. Schriftsteller und *Franke*, a.a.O., S. 24—24. Franke wendet sich überzeugend gegen eine Gleichsetzung der Begriffe „Unanfechtbarkeit" und „formelle Rechtskraft" und versteht unter letzterer eine „Unabänderlichkeit (Festigkeit, Endgültigkeit) im weiteren Sinn".

wendung dieser Begriffe auf Steuerverwaltungsakte führt zu folgenden Ergebnissen: Alle Steuerverwaltungsakte werden formell bestandskräftig, weil sie mit dem Ablauf der Rechtsmittelfristen (§ 245 AO) für den Steuerpflichtigen unanfechtbar werden. Die unter § 93 AO fallenden Steuerverwaltungsakte können von der Finanzverwaltung jederzeit zurückgenommen oder geändert werden. Sie erlangen deshalb keine formelle Rechtskraft. Gleiches gilt für Zölle und andere Abgaben betreffende Steuerbescheide nach § 94 Abs. 1 Ziff. 1 AO. Alle anderen Steuerbescheide sind nur unter erschwerten Voraussetzungen als solche abänderbar (§§ 94 Abs. 1 Ziff. 2, 212 b Abs. 3, 218 Abs. 4 AO, 4 Abs. 2 und 3, 5 Abs. 5 StAnpG, 35 b GewStG). Ob man mit Rücksicht auf die erschwerte Abänderbarkeit gegenüber § 93 AO hier von „formeller Rechtskraft" spricht[240] oder wegen der immer noch sehr erheblichen Berichtigungsmöglichkeiten (insbesondere nach § 4 Abs. 3 Ziff. 2 StAnpG[241]) es bei der formellen Bestandskraft im Sinn Wolffs beläßt, hat keine praktischen Auswirkungen. Im folgenden soll gerade wegen § 4 Abs. 3 Ziff. 2 StAnpG auch bei Steuerbescheiden nur von „formeller Bestandskraft" gesprochen werden[242].

Die materielle Bestands- bzw. Rechtskraft der Steuerverwaltungsakte wird in den §§ 222 ff. AO geregelt. Ihnen ist folgendes gemeinsam: Während nach den o. g. Berichtigungsvorschriften im Rahmen desselben Verfahrens ein neuer Steuerverwaltungsakt an die Stelle des ursprünglichen Steuerverwaltungsakts tritt, wird durch die §§ 222 ff. AO ein neues selbständiger Verfahren eingeleitet, das den vorangegangenen Bescheid formell unberührt läßt und ihn lediglich materiell, seinem Inhalt nach, in dem Umfang kraftlos werden läßt, in dem er dem Be-

---

Materiell rechtskräftig kann ein Verwaltungs- oder Steuerverwaltungsakt dann werden, wenn er formell rechtskräftig geworden ist und die in ihm getroffene Regelung nicht mehr Gegenstand einer nochmaligen Entscheidung durch die Behörde sein kann: Wolff, a.a.O., S. 285; Tipke-Kruse, § 93 Anm. 3; Vogel, S. 15; Franke, S. 24.

Materiell bestandskräftig werden Steuerverwaltungsakte dann, wenn sie formell bestands- oder formell rechtskräftig geworden sind und die in ihnen getroffene Regelung nur unter bestimmten, eng umgrenzten Umständen, z. B. in einem neuen Verfahren Gegenstand einer nochmaligen Entscheidung durch die Behörde sein kann: siehe hierzu die oben angeführten Schriftsteller.

[240] So Vogel, a.a.O., S. 15; Spitaler in Hübschmann-Hepp-Spitaler; § 222 Anm. 3; wohl auch Tipke-Kruse, § 93 Anm. 2, anders § 94 Anm. 1; Franke, a.a.O., S. 25 ff. unter B (Ergebnis Seite 35) mit eingehenden Untersuchungen, die allerdings, so weit sie in diesem Zusammenhang § 222 AO betreffen (S. 27—31) unrichtig sind (siehe unten).

[241] Vgl. Thiel in BB 1963, 443.

[242] Franke, a.a.O., S. 25, der sich eingehend mit dieser Frage beschäftigt hat, hat § 4 Abs. 3 Ziff 2 StAnpG nicht in seine Erörterungen einbezogen.

richtigungsbescheid entgegensteht[243],[244]. Der Grundtatbestand, aus dem
dies klar hervorgeht, ist § 223 AO. Diese Bestimmung gestattet innerhalb der Verjährungsfrist nicht nur die Nachforderung bisher gänzlich
unterbliebener Steuerfestsetzungen[245], sondern auch die nachträgliche
Mehrforderung von Steuern, wenn bereits durch einen formell be-
standskräftigen Bescheid über den Steuerfall entschieden worden ist[246],
und zwar ohne daß die Finanzbehörde den ursprünglichen Bescheid
ändern, d. h. seine formelle Bestandskraft aufheben müßte. Steuerbescheide, die unter § 223 AO fallen, werden also, soweit es sich um
Änderungen zugunsten der Finanzverwaltung handelt, nicht materiell
rechtskräftig. Soweit Steuerbescheide nach § 224 AO zugunsten des
Steuerpflichtigen berichtigt werden können, kommt ihnen eine gewisse
materielle Bestandskraft zu, weil nur nach einer Fehleraufdeckung
durch die Aufsichtsbehörde eine Berichtigungsmöglichkeit gegeben ist.
Der materielle Bestand der unter § 222 AO fallenden Bescheide wird

---

[243] *Becker*, AO § 212 Erl. 2; *Kühn*, § 222 Anm. 1; *Tipke-Kruse*, § 222 Anm. 3;
Vogel, a.a.O., S. 9; *Wernscheid*, a.a.O., S. 67 unter II und S. 135; *Spitaler* in
Hübschmann-Hepp-Spitaler, § 222 Anm. 2; *Sauer*, Fehlerberichtigung S. 13;
Würdinger, a.a.O., S. 36, 37; in diesem Sinn wohl auch die BFH-Urteile vom
17. 8. 1956, BStBl. III 290 und vom 5. 6. 1962, BStBl. 1963 III 100.

[244] Anderer Ansicht *Reche*, a.a.O., 68 ff., 73 und *Franke*, a.a.O., 27—29: Nach
ihnen erfolgt die Berichtigung nach § 222 AO wie im Fall des § 94 AO im
Rahmen desselben Verfahrens, also „unter Durchbrechung der formellen
Rechtskraft". § 222 AO soll für die in ihm aufgeführten Steuerbescheide eine
lex specialis gegenüber § 94 AO sein. — Diese Auffassung wird widerlegt
durch die Stellung beider Vorschriften im Gesetz. Wäre Reches und Frankes
Ansicht richtig, so müßten beide Bestimmungen an einer Stelle stehen. Auch
das Verhältnis zwischen § 223 AO als der Grundvorschrift für die Steuernachforderung und § 222 AO als einer davon abweichenden Sondernorm für
bestimmte Arten von Steuerbescheiden (*Vogel*, a.a.O., S. 10; *Tipke-Kruse*,
§ 222 Anm. 2) spricht gegen diese Auffassung. Frankes Erwägung, § 222 AO
sei kein Unterfall des § 223 AO (a.a.O., S. 28), überzeugt nicht. Franke gibt
selbst zu (a.a.O., S. 28 oben und S. 39) daß § 223 AO nicht als eine Vorschrift,
die die formelle Bestands- oder Rechtskraft berührt angesehen werden kann.
Seine Auffassung steht auch in Widerspruch zur zwar nicht unbestrittenen,
aber von der höchstrichterlichen Rechtsprechung ständig vertretenen Lehre
von der Wiederaufrollung des ganzen abgeschlossenen Steuerfalles im Fall
des § 222 AO (u. a. BFH, BStBl. 1959 III 52; 1960 III 480; 1963 III 100) und
auch dazu, daß der Steuerpflichtige sein Rechtsmittel gegen den Berichtigungsbescheid mit Tatsachen begründen kann, die mit der Berichtigung nicht
in Zusammenhang stehen (RFH, RStBl. 1939, 787). Daß § 234 AO u. a. § 94 AO
neben § 222 AO aufführt, ist kein durchgreifendes Argument gegen die hier
vertretene Auffassung (so *Franke*, a.a.O., S. 29), weil § 234 AO etwas an sich
Selbstverständliches aussagt, nämlich die selbständige Anfechtbarkeit des
neuen Bescheides.

[245] Vgl. BFH-Urteil vom 27. 4. 1961, BStBl. III 281 ff., 283 oben.

[246] BFH-Urteil vom 29. 11. 1961, BStBl. 1962 III 62; ebenso *Kühn*, § 223
Anm. 1; *Tipke-Kruse*, § 223 Anm. 1; anderer Ansicht *Franke*, a.a.O., S. 39:
seine Auffassung, eine Nachforderung sei nur dann gegeben, wenn einzelne
Steuervorfälle zwar schon zu einer Veranlagung geführt hätten, aber durch
diese Veranlagung noch nicht alle von der Steuerart betroffenen Vorgänge
erfaßt seien, findet im Wortlaut des § 223 AO keine Stütze.

gegen Änderungen zugunsten der Behörde (§ 222 Abs. 1 Ziff. 1 und 3 AO) und zugunsten des Steuerpflichtigen (§ 222 Abs. 1 Ziff. 2 und 4 AO) in größerem Umfang geschützt, denn eine Berichtigung ist nur bei Vorliegen der jeweils aufgeführten tatbestandsmäßigen Voraussetzungen zulässig. Hier kann also von einer höheren materiellen Bestandskraft, aber noch nicht von materieller Rechtskraft gesprochen werden, weil die Berichtigungsmöglichkeiten noch immer zahlreich sind.

Zusammenfassend ergibt sich, daß Steuerverwaltungsakte nur in formelle Bestandskraft und nicht auch in formelle Rechtskraft erwachsen. Der Umfang der formellen Bestandskraft ist allerdings bei den Steuerbescheiden größer als bei den sonstigen Steuerverwaltungsakten. Einige Steuerverwaltungsakte, vor allem Steuerbescheide, erwachsen darüber hinaus auch in materielle Bestandskraft, die ebenfalls verschieden groß sein kann und am weitesten bei den unter § 222 AO fallenden Steuerbescheiden geht. Materiell rechtskräftig werden Steuerverwaltungsakte und auch Steuerbescheide nicht.

e) Denkbarer Umfang des Schutzes der Bestandskraft
durch § 79 Abs. 2 Satz 1 BVerfGG und Auswirkungen
auf die Berichtigungsvorschriften

Das Objekt des Schutzes, den § 79 Abs. 2 Satz 1 BVerfGG den Steuerverwaltungsakten um der Rechtssicherheit und des Rechtsfriedens willen gibt, nämlich ihre formelle und (oder) materielle Bestandskraft, steht nunmehr fest. Zu untersuchen bleibt noch, in welchem Umfang dieser Schutz durch die Worte „bleiben unberührt" gewährt wird. Folgende Möglichkeiten sind denkbar:

aa) „Deklaratorische Schutzwirkung"

Die Steuerverwaltungsakte bleiben bestehen, d. h. sie werden durch die Nichtigkeit des Gesetzes selbst nicht nichtig, sind und bleiben aber wegen der Nichtigkeit des Gesetzes in bezug auf ihre formelle und materielle Bestandskraft in vollem Umfang berichtigungsfähig. § 79 Abs. 2 Satz 1 BVerfGG würde dann nur das gesetzlich anordnen, was inzwischen ein allgemeiner Grundsatz des Verwaltungsrechts geworden ist, nämlich: auf einem nichtigen Gesetz beruhende Verwaltungsakte sind selbst nicht nichtig, sondern bleiben bestehen, werden also von der Nichtigkeit der Norm „nicht berührt"[247]. Man kann insoweit von einer nur feststellenden (deklaratorischen) Schutzwirkung des § 79 Abs. 2 Satz 1 BVerfGG sprechen.

---

[247] Vgl. oben unter C II 2 d.

bb) „Einfache konstitutive Schutzwirkung"

Die formelle Bestandskraft des Steuerverwaltungsakts bleibt trotz Nichtigkeit der zugrunde liegenden Rechtsnorm nicht nur bestehen und in Kraft, sondern sie darf auch — jedenfalls wegen der Nichtigkeit der Norm — nicht geändert werden, wird also erhalten und geschützt. § 79 Abs. 2 Satz 1 BVerfGG hätte dann eine auf die formelle Bestandskraft beschränkte rechtsbegründende (konstitutive) Schutzwirkung. Sie wird im folgenden „einfache konstitutive Schutzwirkung" genannt.

cc) „Verstärkte konstitutive Schutzwirkung"

Nicht nur die formelle, sondern auch — soweit vorhanden — die materielle Bestandskraft des Steuerverwaltungsakts bleibt trotz Nichtigkeit des Gesetzes nicht nur bestehen und in Kraft, sondern sie wird darüber hinaus auch wegen der Nichtigkeit der Norm erhalten und geschützt, d. h. in den materiellen Bestand darf wegen der Nichtigkeit der Norm nicht eingegriffen werden. Dann würde § 79 Abs. 2 Satz 1 BVerfGG eine sich sowohl auf die formelle als auch auf die materielle Bestandskraft erstreckende rechtsbegründende (konstitutive) Schutzwirkung entfalten. Sie wird im folgenden „verstärkte konstitutive Schutzwirkung" genannt.

dd) „Absolute Schutzwirkung"

Die formelle und materielle Bestandskraft von Steuerverwaltungsakten soll nicht nur hinsichtlich der Nichtigkeit des Gesetzes, sondern überhaupt (absolut) geschützt werden, so daß ein Eingriff in die formelle oder materielle Bestandskraft überhaupt nicht mehr — auch nicht aus anderen Gründen als der Nichtigkeit der zugrunde liegenden Rechtsnorm — zulässig ist. Die von § 79 Abs. 2 Satz 1 BVerfGG ausgehende Schutzwirkung wäre eine absolute und würde im Ergebnis zu einer echten materiellen Rechtskraftwirkung im Sinn des Prozeßrechts[248] führen. Diese Möglichkeit soll „absolute Schutzwirkung" genannt werden.

Diese vier denkbaren Arten von Schutzwirkungen hätten auf die Berichtigungsvorschriften, deren tatbestandsmäßige Voraussetzungen im Fall des Fehlens einer gültigen Rechtsgrundlage vorliegen[249], folgende Auswirkungen:

---

[248] Vgl. Anm. 231.
[249] Vgl. siehe oben unter D II 3 und 4.

Im Fall der deklaratorischen Schutzwirkung könnten die Steuerverwaltungsakte wegen der Nichtigkeit der ihnen zugrunde liegenden Norm nach allen angeführten Berichtigungsvorschriften berichtigt werden. Aus anderen Gründen als der Nichtigkeit des Gesetzes könnten sie ebenfalls berichtigt werden.

Im Fall der einfachen konstitutiven Schutzwirkung könnten Steuerverwaltungsakte wegen der Nichtigkeit der zugrunde liegenden Norm nach denjenigen Berichtigungsvorschriften nicht berichtigt werden, die die formelle Bestandskraft betreffen, weil diese im konstitutiven Schutzbereich läge. Dabei handelt es sich um die §§ 93 und 94 Abs. 1 Ziff. 1 AO[250]. Eine Berichtigung nach den §§ 222 Abs. 1 Ziff. 3 und 4, 224 AO und eine Steuernachforderung nach § 223 AO wären dagegen zulässig, weil hier die nicht im konstitutiven Schutzbereich liegende materielle Bestandskraft betroffen werden würde[251]. Eine Berichtigung aus anderen Gründen als der Nichtigkeit des Gesetzes wäre nach allen Vorschriften zulässig.

Im Fall der verstärkten konstitutiven Schutzwirkung wäre hinsichtlich der Nichtigkeit der zugrunde liegenden Rechtsnorm auch eine Berichtigung nach den §§ 222 Abs. 1 Ziff. 3 und 4 § 224 AO sowie eine Steuernachforderung nach § 223 AO ausgeschlossen, weil die formelle und materielle Bestandskraft innerhalb des konstitutiven Schutzbereichs lägen. Eine Berichtigung aus anderen Gründen als der Nichtigkeit des Gesetzes wäre nach allen Berichtigungsvorschriften zulässig.

Im Fall der absoluten Schutzwirkung gäbe es überhaupt keine Berichtigung mehr, nach welchen Vorschriften auch immer und aus welchen Gründen auch immer.

f) Vereinbarkeit der vier Wirkungsmöglichkeiten mit
Wortlaut und Grundgedanken des § 79 Abs. 2 Satz 1 BVerfGG

Die absolute Schutzwirkung würde den Bestand des Steuerverwaltungsakts am stärksten sichern. Rechtssicherheit und Rechtsfrieden hätten gegenüber der Gerechtigkeit im Einzelfall einen absoluten Vorrang. Eine so weitgehende Schutzwirkung kann jedoch § 79 Abs. 2 Satz 1 BVerfGG nicht innewohnen. Diese Bestimmung will Steuerbescheide nicht vor solchen Berichtigungen schützen, die mit der Nichtigkeit der zugrunde liegenden Norm in keinem Zusammenhang stehen. Für einen solchen Schutz besteht auch kein Anlaß, denn es ist nicht einzusehen, weshalb die Berichtigung eines Steuerbescheides bei Bekanntwerden

---

[250] Vgl. Anm. 240.
[251] Vgl. die vorstehenden Ausführungen zur materiellen Bestands- bzw. Rechtskraft.

einer neuen Tatsache (§ 222 Abs. 1 Ziff. 1 oder Ziff. 2 AO) nicht zulässig sein soll, nur weil der Bescheid zugleich auch keine gültige Rechtsgrundlage hat. Nach seinem Sinn und Zweck will § 79 Abs. 2 Satz 1 BVerfGG sich auf eine Regelung der Folgen beschränken, die sich unmittelbar aus der Nichtigerklärung einer Norm durch das Bundesverfassungsgericht ergeben. Die absolute Schutzwirkung kann deshalb nicht die von § 79 Abs. 2 Satz 1 BVerfGG gemeinte sein[252].

Durch die einfache konstitutive und auch durch die verstärkte konstitutive Schutzwirkung würden Steuerverwaltungsakte nur wegen der fehlenden Rechtsgrundlage durch teilweisen oder völligen Ausschluß der Berichtigungsvorschriften der Abgabenordnung geschützt werden. Es würde also ein auf die Folgen der Nichtigerklärung des Gesetzes beschränkter Schutz gewährt werden, und zwar zugunsten der Rechtssicherheit und des Rechtsfriedens mit Vorrang gegenüber der Gerechtigkeit im Einzelfall. Beide Wirkungsmöglichkeiten entsprechen deshalb dem Wortlaut und Grundgedanken des § 79 Abs. 2 Satz 1 BVerfGG.

Aber auch die nur deklaratorische Schutzwirkung würde einen echten, wenn auch beschränkten Schutz der Bestandskraft der Steuerverwaltungsakte beinhalten. Man muß dabei bedenken, daß zur Zeit der Beratung des Bundesverfassungsgerichtsgesetzes im Jahre 1949 der Grundsatz des allgemeinen Verwaltungsrechts, daß auf einem für nichtig erklärten Gesetz beruhende Verwaltungsakte selbst nicht nichtig werden, noch nicht in der heute geltenden Allgemeinheit vertreten wurde[253] und im übrigen auch heute noch angezweifelt wird[254]. Eine feststellende und klärende Funktion käme deshalb auch dieser Schutzwirkung zu. Auch sie würde die Rechtsbeständigkeit der Steuerverwaltungsakte schützen und damit der Rechtssicherheit und dem Rechtsfrieden zum Vorrang vor der Gerechtigkeit im Einzelfall verhelfen. Sie ist deshalb ebenfalls mit dem Wortlaut und Grundgedanken des § 79 Abs. 2 Satz 1 BVerfGG vereinbar.

g) Kritik an der „herrschenden Meinung"

An den oben in den Anmerkungen 140 ff. wiedergegebenen Erörterungen ist zu beanstanden, daß ohne eingehende Begründung die hier verstärkte konstitutive Schutzwirkung genannte Wirkungsmöglichkeit beinahe selbstverständlich als Inhalt des § 79 Abs. 2 Satz 1 BVerfGG zugrunde gelegt wird, ohne daß dabei dargelegt wird, weshalb die beiden

---

[252] Zustimmend *Laux* StW 1957 Sp. 293 ff., 297 und *Theis*, Ehegattensteuer 1957 S. 1; siehe die BFH-Urteile in Anm. 175 u. f.

[253] Vgl. oben unter C II 2 b.

[254] Vgl. Anm. 55 unter C II 2 b.

anderen Wirkungsmöglichkeiten auszuscheiden haben. Bezeichnend hierfür sind die Ausführungen des Bundesfinanzhofs im Urteil vom 22. 11. 1962[255]: Der Gesetzgeber habe sich in § 79 Abs. 2 BVerfGG für den Grundsatz der Rechtssicherheit entschieden. In „Rechtskraft" erwachsene Entscheidungen sollten nach dem eindeutig geäußerten Willen des Gesetzgebers im Interesse der Rechtssicherheit unberührt bleiben. § 79 Abs. 2 BVerfGG verbiete also die Berichtigung mit dem Ziel der Erstattung der auf einer für nichtig erklärten Norm beruhenden Steuern.

Gegen den ersten Satz ist nichts einzuwenden; der zweite Satz wiederholt den Wortlaut des § 79 Abs. 2 Satz 1 BVerfGG; die im dritten Satz gezogene Schlußfolgerung wird weder durch die beiden ersten Sätze noch durch sonstige Ausführungen im Urteil getragen. Ähnlich einfach macht sich der Bundesfinanzhof die Entscheidung im Urteil vom 6. 9. 1962[256]. In der gleichen Richtung bewegen sich auch gewisse Ausführungen des Bundesverfassungsgerichts in den Beschlüssen vom 12. 12. 1957[257] und vom 28. 2. 1963[258], auf die sich der Bundesfinanzhof auch beruft[259].

In dem zuerst genannten Beschluß hat das Bundesverfassungsgericht lediglich die Verfassungsmäßigkeit des § 26 Abs. 5 EStG 1957 und des § 79 Abs. 2 Satz 1 BVerfGG bejaht, von der auch hier ausgegangen wird. In welchem Sinn die letztere Bestimmung auszulegen ist und wie sie sich zu den Berichtigungsvorschriften verhält, ist keine verfassungsrechtliche, sondern eine allgemein verfahrensrechtliche Frage[260],[261].

Im Beschluß vom 28. 2. 1963[262] erhebt das Bundesverfassungsgericht keine verfassungsrechtlichen Bedenken gegen die Versagung eines Anspruchs auf Erstattung der auf einer nichtigen Norm beruhenden, in einem unanfechtbaren Bescheid festgesetzten und bezahlten Steuern durch den Bundesfinanzhof[263].

---

[255] BStBl. 1963 III 51 ff., 52 zweiter Absatz der Gründe.

[256] BStBl. 1962 III 494 unter I 2.

[257] E 7, 191 ff.

[258] HFR 1963 Nr. 157 S. 159.

[259] BFH vom 22. 1. 1962, BStBl. 1963 III 51 ff, 52.

[260] So auch *Laux*, StW 1957 Sp. 293 ff., 298 und *Sauer*, StW 1962 Sp. 579 ff., 582; anderer Ansicht *Bahlmann* in MDR 1963, 541 unter II und *Boettcher-Grass*, a.a.O., S. 39, die von § 79 Abs. 2 BVerfGG als einer Norm des Verfassungsrechts sprechen.

[261] Unzutreffend deshalb der BFH im Urteil vom 22. 11. 1962, a.a.O., der meint, es könne nicht angenommen werden, daß das BVerfG im Beschluß vom 12. 12. 1957 die Frage der Anwendbarkeit der §§ 150 ff. AO übersehen habe. — Die §§ 150 ff. AO anzuwenden, ist nicht Aufgabe des Bundesverfassungsgerichts, sondern der Finanzverwaltung und der Finanzgerichte.

[262] Siehe Anm. 258.

[263] Daß das BVerfG in dem Beschluß nur auf verfassungsrechtliche Ge-

Daß diese Entscheidung, soweit verfassungsrechtliche Gesichtspunkte in Rede stehen, zutreffend ist, soll nicht bezweifelt werden. Eine andere Frage ist es jedoch, ob das Ergebnis unter dem hier erörterten Umfang des von § 79 Abs. 2 Satz 1 BVerfGG gewährten Schutzes gerechtfertigt ist.

Auch in der steuerrechtlichen Literatur[264] wird beinahe selbstverständlich angenommen, von § 79 Abs. 2 Satz 1 BVerfGG gehe eine verstärkte konstitutive Schutzwirkung aus mit der Begründung, eine solche Wirkung ergebe sich zwingend aus dem Vorrang von Rechtssicherheit und Rechtsfrieden gegenüber der materiell richtigen Entscheidung[265]. Begründungen in dieser Richtung finden sich vor allem in neueren Urteilen des Bundesfinanzhofs[266], bei Theis[267], Boettcher-Grass[268], Bertermann[269]. Friesecke[270], Kirmse[271] und Mittenzwei[272]. Wenn eine Begründung für gerade diese Wirkung gegeben wird, so ist es im allgemeinen die, daß im Fall der Zulässigkeit einer Berichtigung wegen der Nichtigkeit der Norm § 79 Abs. 2 Satz 1 BVerfGG für das Steuerrecht praktisch gegenstandslos werden würde[273]. Diese Erwägung träfe nur dann zu, wenn zuvor bewiesen werden würde, daß § 79 Abs. 2 Satz 1 BVerfGG überhaupt einen in allen Fällen durchgreifenden Schutz der Bestandskraft im Sinn der verstärkten konstitutiven Schutzwirkung gewähren will.

Schließlich wird noch vorgebracht, bei Zulässigkeit einer Berichtigung wegen der Nichtigkeit allein würde die Finanzverwaltung durch übergroße Mehrarbeit lahmgelegt werden[274].

Dieser Gesichtspunkt überzeugt nicht. Daß der Steuerverwaltungsakt einer rechtlichen Grundlage entbehrt, ist nicht vom Steuerpflich-

---

sichtspunkte abgestellt hat, ergibt sich nicht nur aus seiner Aufgabe als Verfassungsgericht, sondern auch ausdrücklich aus den Ausführungen, a.a.O., S. 159 unter II: Die Klärung einer verfassungsrechtlichen Frage sei nicht zu erwarten.

[264] Vgl. Anmerkungen 140 ff.

[265] Dagegen mit Recht *Hillebrecht* in StRK-Anm. AO § 150 R. 14, S. 2. Er meint, bis jetzt sei die Frage noch ungelöst, wie zu entscheiden sei, wenn Rechtssicherheit und steuerliche Gerechtigkeit jeweils in einer besonderen Gesetzesvorschrift zum Ausdruck kämen.

[266] Siehe Anmerkungen 165 ff.

[267] Ehegattensteuer 1957 S. 1.

[268] Ehegattenbesteuerung S. 41.

[269] Inf. 1962, 161 ff., 166.

[270] RWP 14 D AO II B 9/62 unter I und II 2 am Ende (503, 33) und 13/62 (510, 29 ff., 30).

[271] RWP 14 D AO II B 16/62 (517, 35 ff., 39—41).

[272] *Mittenzwei*, Fehlerberichtigung S. 46.

[273] *Friesecke*, a.a.O., 503, 33; *Boettcher-Grass*, a.a.O., *Homann*, FR 1957, 529; BFH-Urteil vom 23. 4. 1964 — BStBl. III 321.

[274] *Boettcher-Grass*, a.a.O., S. 40; *Homann*, a.a.O.

tigen, sondern von der Gesetzgebung und auch von der Finanzverwaltung verursacht worden. Es handelt sich um einen Fehler, dessen finanzielle Belastungen nicht mit der angeführten Begründung dem Steuerpflichtigen aufgebürdet werden dürfen. Gewiß sollen und müssen die Steuergesetze praktikabel sein. Im Rechtsstaat können aber Praktikabilitätserwägungen nicht den entscheidenden Auslegungsmaßstab bilden[275] und deshalb nicht zu der Annahme führen, auf Grund nichtiger Gesetze erhobene Steuern seien zu Recht erhoben worden und deshalb nicht zu erstatten.

h) Bedeutung der Eigenschaft des § 79 Abs. 2 Satz 1 BVerfGG als lex specialis

Aus den bisherigen Untersuchungen ergibt sich folgendes: Die Frage nach der Zulässigkeit einer Berichtigung der Steuerverwaltungsakte beurteilt sich nicht oder jedenfalls nicht in erster Linie danach, in welchem Verhältnis § 79 Abs. 2 Satz 1 BVerfGG zu den Berichtigungsvorschriften steht. Diese Frage stellt sich schon innerhalb des Tatbestandes der Vorschrift des Bundesverfassungsgerichtsgesetzes, nämlich bei der Untersuchung des Umfangs seines Schutzbereiches. Das übersehen z. B. Laux[276] und Vogel[277], die sich insbesondere mit der Frage der „Normkonkurrenz" auseinandergesetzt haben. Ihnen ist zuzugeben, daß § 79 Abs. 2 Satz 1 BVerfGG eine lex specialis bzw. Sonderregelung in dem Sinn darstellt, daß bei Nichtigerklärung einer Norm die Zulässigkeit einer Berichtigung stets auch an dieser Bestimmung zu messen ist. Laux und Vogel verkennen aber, daß daraus noch nicht zwingend folgt, daß die Nichtigkeit keinen Berichtigungsgrund enthält, eben weil es mehrere mit dem Wortlaut und Grundgedanken des § 79 Abs. 2 Satz 1 BVerfGG vereinbare Auslegungsmöglichkeiten in bezug auf seinen Schutzumfang gibt. Wieweit die Schutzwirkung geht, kann nicht damit beantwortet werden, daß § 79 Abs. 2 Satz 1 BVerfGG eine lex specialis ist, sondern nur durch eine Auslegung dieser Bestimmung dahin, welche der drei Wirkungsmöglichkeiten von ihr tatsächlich gewollt ist.

i) Umfang der Schutzwirkung des § 79 Abs. 2 Satz 1 BVerfGG?

aa) Aufbau der Vorschrift

Laux meint, wenn § 79 BVerfGG u. a. Sonderregelungen für das Strafverfahren, für das zivilprozessuale Zwangsvollstreckungsverfah-

---

[275] *Felix*, Von der Auslegung und Anwendung der Steuergesetze, S. 124; vgl. auch FG Kassel, Urteil vom 20. 3. 1963, EFG 1963 S. 430.
[276] a.a.O., Sp. 296 unter II 2.
[277] a.a.O., S. 63.

ren und für bürgerlich-rechtliche Bereicherungsansprüche treffe, so werde damit zum Ausdruck gebracht, daß in allen anderen Fällen die Nichtigkeit der Norm allein keinen Grund für eine Änderung der auf ihr beruhenden Hoheitsakte abgeben dürfe; der Vorrang des § 79 BVerfGG sei in diesen Fällen schon nach seinem Wortlaut gegeben[278]. In ähnlichem Sinn meint auch Kaiser[279], die grundsätzliche Regelung, nämlich das Verbot einer jeden Abänderung, enthalte § 79 Abs. 2 Satz 1 BVerfGG; nur in Absatz 1 werde eine auf Strafurteile begrenzte Ausnahme von diesem Grundsatz gestattet. Beide Auffassungen sprechen für die „verstärkte konstitutive Schutzwirkung" im vorstehenden Sinn.

Der Aufbau des § 79 BVerfGG zwingt jedoch nicht zu diesem Schluß. Die §§ 359, 362 StPO lassen eine Wiederaufnahme des Verfahrens für den Fall, daß ein Strafurteil auf einer für nichtig erklärten Norm beruht, nicht zu. Diese Bestimmungen der Strafprozeßordnung betreffen sämtlich die tatsächlichen Feststellungen bzw. Beweisgrundlagen des angegriffenen Urteils und seine rechtliche Grundlage[280]. Damit niemand den „Makel einer Strafe" zu tragen braucht, die auf einem nichtigen Strafgesetz beruht[281], hat der Gesetzgeber in § 79 Abs. 1 BVerfGG für Strafurteile einen Wiederaufnahmegrund besonderer Art geschaffen, den es bisher nach der Strafprozeßordnung nicht gab und der mit den in § 359 StPO aufgeführten Voraussetzungen keine Verwandtschaft hat[282].

Anders verhält es sich dagegen im Steuerrecht. Auf Steuerverwaltungsakte, die auf einer nichtigen Rechtsnorm beruhen, treffen die tatbestandlichen Voraussetzungen bestimmter Berichtigungsvorschriften zu. Wenn also durch § 79 Abs. 1 BVerfGG gewissermaßen konstitutiv etwas Neues geschaffen worden ist, so kann daraus nicht gefolgert werden, daß eine für den Fall der Normnichtigkeit vorhandene Regelung durch Abs. 2 Satz 1 ausgeschlossen oder eingeschränkt wird. Das gilt auch für die in § 79 Abs. 2 Satz 2 und Satz 3 BVerfGG getroffenen Regelungen. Laux' und Kaisers Schluß ist deshalb nicht gerechtfertigt.

---

[278] a.a.O., 297.

[279] In NJW 1962, 1703 ff., 1704.

[280] BGH in NJW 1963, 1364 ff., 1365 und OLG Bremen in MDR 1962, 1004 ff., 1009 links oben.

[281] Vgl. den Bericht des Abgeordneten Neumayer in Verhandlungen des Deutschen Bundestages I. Wahlperiode, Stenogr. Berichte Band 6 S. 4234; BVerfGE 12, 338, 340; BayObLG in DB 1962, 1405; Bahlmann in MDR 1963, 541 ff., 542 unter 4.

[282] BGH, a.a.O.; so wohl auch Bahlmann a.a.O., 542 unter II 4 und III.

bb) Die Gesetzesmaterialien

Dafür, daß § 79 Abs. 2 Satz 1 BVerfGG eine „verstärkte konstitutive Schutzwirkung" entfaltet, werden auch die Gesetzesmaterialien zum Bundesverfassungsgerichtsgesetz herangezogen[283].

Demgegenüber faßte der Abgeordnete Neumayer die Vorstellungen des Rechtsausschusses über § 79 Abs. 2 BVerfGG wie folgt zusammen[284]: Bestehende Rechtsbehelfe werden durch diese Vorschrift nicht ausgeschlossen; wo keine Rechtsbehelfe vorhanden sind, werden keine neuen geschaffen mit Ausnahme des Wiederaufnahmeverfahrens gegen Strafurteile. Diese Ausführungen beziehen sich nicht etwa nur auf im Zeitpunkt der Nichtigerklärung noch anfechtbare Hoheitsakte, sondern auch auf in diesem Zeitpunkt bereits unanfechtbare Akte der Verwaltung.

Neumayers Erläuterungen sprechen gegen eine der beiden konstitutiven Schutzwirkungen" im hier gemeinten Sinn. Denn die Berichtigungsvorschriften, deren tatbestandsmäßige Voraussetzungen im Fall der Nichtigkeit der zugrunde liegenden Rechtsnorm gegeben sind, wären „bestehende Rechtsbehelfe" die nach den Worten Neumayerns nicht ausgeschlossen werden sollen.

Für ein solches Ergebnis könnte auch die Begründung des Abgeordneten Dr. Wahl herangezogen werden[285]: der alte Satz, daß „Nichtigkeiten, die rückwirkend eine Kluft zwischen Recht und Leben aufreißen", möglichst einzuschränken seien, gelte insbesondere dann, wenn eine längere Staatspraxis von der Gültigkeit der Norm ausgegangen sei. In allen diesen Fällen automatisch eine rückwirkende Nichtigkeit aller auf Grund dieser Rechtsnorm erlassenen Akte zu verordnen, würde in unser ganzes Rechtsleben eine unerträgliche Unsicherheit bringen.

Wenn mit diesen Worten gemeint sein sollte, daß Rechtssicherheit und Rechtsfrieden es nur verböten, auf der nichtigen Norm beruhende Verwaltungsakte wegen der Nichtigkeit automatisch, also von selbst, nichtig werden zu lassen, so würden die Ausführungen wohl für die „deklaratorische Schutzwirkung" im hier gemeinten Sinn sprechen.

Der Abgeordnete Dr. Wahl führt weiter aus[286]: Wer keine Verfassungsbeschwerde eingelegt habe, müsse sich mit der ihm zuteil gewordenen Regelung zufrieden geben und könne von der Verfassungsbeschwerde eines Dritten oder der sonstigen Nichtigerklärung eines Gesetzes im Wege der Normenkontrolle nicht profitieren.

---

[283] *Laux*, a.a.O., 295; *Kaiser*, a.a.O., 1704.
[284] Siehe Anm. 281.
[285] Verhandlungen ... Stenogr. Berichte Band 6 S. 4227 re. Sp. 1. Absatz von oben.
[286] a.a.O., S. 4228.

Aus dem Zusammenhang, in dem diese Ausführungen stehen, ergibt sich, daß Dr. Wahl denjenigen, die nicht Verfassungsbeschwerde eingelegt haben, die „automatische Nichtigkeit" ihrer gleichfalls auf der nichtigen Norm beruhenden Akte verweigern wollte. Aus den Ausführungen kann deshalb auf eine (verstärkte) konstitutive Schutzwirkung nicht geschlossen werden.

Ein solcher Schluß könnte allenfalls aus der Auffassung Dr. Wahls gezogen werden, „abgewickelte Angelegenheiten" blieben in ihrer rechtlichen Wirksamkeit unberührt, ohne daß eine „Remedur" möglich wäre. Was der Abgeordnete mit „Remedur" meint, erläutert er allerdings nicht. Dafür, daß er sich hier für eine verstärkte konstitutive Schutzwirkung einsetzen wollte, sprechen aber seine Ausführungen zum Begriff einer „gesetzlichen Regelung" im Sinn des § 79 Abs. 2 Satz 1 BVerfGG. Dr. Wahl meint: Es könne in bestimmten Fällen ein Gebot der Gerechtigkeit sein, eine umwälzende Entscheidung des Verfassungsgerichts auch denen zugute kommen zu lassen, die sich bei dem sie beschwerenden Hoheitsakt beruhigt hätten. Dann sei es aber Sache des Gesetzgebers, durch eine besondere gesetzliche Regelung einzugreifen. Nach diesen Ausführungen könnten unanfechtbare Steuerbescheide wegen der nichtigen Rechtsnorm nur berichtigt werden, wenn ein besonderes Gesetz dies bestimmen würde. Es erscheint aber fraglich, ob Dr. Wahl die besondere Problematik im Steuerrecht erkannt hat, die gerade darin besteht, daß die Abgabenordnung — jedenfalls nach der hier vertretenen Auffassung — Berichtigungsmöglichkeiten bereit hält. Wahrscheinlicher ist es, daß der Abgeordnete an Fälle gedacht hat, in denen es keine gesetzliche Vorschrift für die Abänderung eines Hoheitsakts wegen der Nichtigkeit der zugrunde liegenden Rechtsnorm gibt.

Für eine deklaratorische, höchstens aber für die einfache konstitutive Schutzwirkung sprechen auch die Ausführungen des Abgeordneten Dr. Laforet[287]: Stütze sich ein Verwaltungsakt auf ein für nichtig erklärtes Gesetz, so sei er fehlerhaft und müsse aufgehoben oder geändert werden, wenn er noch abänderbar sei. Er sei nur dann nicht mehr abänderbar, wenn der Beteiligte oder ein Dritter aus dem Verwaltungsakt einen Rechtsanspruch oder eine rechtlich begründete Eigenschaft erlangt habe. Nach diesen Ausführungen Dr. Laforets sind also nicht nur noch anfechtbare Verwaltungsakte aufzuheben — das folgt bereits aus dem Wortlaut des § 79 Abs. 2 Satz 1 BVerfGG —, sondern auch alle noch abänderbaren Verwaltungsakte, wobei die Abänderung nur zugunsten des Betroffenen eingeschränkt wird. Danach kommt § 79 Abs. 2 Satz 1 BVerfGG keine konstitutive Schutzwirkung einfacher oder verstärkter Art zu, sondern nur eine deklaratorische.

---

[287] Verhandlungen ... Stenogr. Berichte Band 6 S. 4289.

Der Annahme einer konstitutiven Schutzwirkung stehen ferner die folgenden Ausführungen Geigers im Rechtsausschuß entgegen[288]: „Unberührt bleiben" bedeute in dem Status, mit der Kraft und der Schwäche des Verwaltungsakts bleiben, die nach allgemeinen Grundsätzen mit ihm verbunden seien. Das läßt ebenfalls auf nur „deklaratorische Schutzwirkung" schließen, denn zur „Schwäche" eines Verwaltungsakts muß auch seine Berichtigungsfähigkeit im Sinn der Abgabenordnung gerechnet werden[289]. Sollte dies der Sinn der Ausführungen Geigers sein — möglicherweise meint er hier Anfechtbarkeit und Aufhebbarkeit aus anderen Gründen —, so würde das bedeuten, daß der Verwaltungsakt weiterhin berichtigt werden könnte, und zwar dann, wenn die Verfassungswidrigkeit und Nichtigkeit der vorliegenden Norm — unabhängig von § 79 Abs. 2 Satz 1 BVerfGG — ein zwingender Rechtsgrund für eine Berichtigung wäre[290].

Geiger selbst zieht zwar diese Schlußfolgerung nicht, sondern meint im Gegenteil, abgewickelte Rechtsverhältnisse blieben durch § 79 Abs. 2 BVerfGG ein für allemal erledigt; das sei z. B. der Fall, wenn der zu einer Steuer Herangezogene sie entrichtet habe, bevor das Gesetz, auf dem der Steuerbescheid beruhe, für nichtig erklärt worden sei[291]. Diese Ausführungen sprechen allerdings für eine „verstärkte konstitutive Schutzwirkung" in dem angeführten Sinne.

Zusammenfassend läßt sich festhalten, daß die Gesetzesmaterialien keine eindeutigen Hinweise auf eine verstärkte konstitutive Schutzwirkung enthalten. Die Ausführungen Neumayers und Dr. Laforets sprechen für eine nur deklaratorische, höchstens aber einfache konstitutive Schutzwirkung. Die Erläuterungen Dr. Wahls sind zwar nicht ganz eindeutig, lassen aber jedenfalls erkennen, daß für den Gesetzgeber der Gedanke im Vordergrund stand, Hoheitsakte dürften nicht deshalb automatisch nichtig werden, weil die ihnen zugrunde liegende Rechtsnorm für nichtig erklärt worden ist. Auch Geigers Ausführungen ergeben keinen eindeutigen Schluß auf eine bestimmte der vorstehend angeführten Schutzwirkungen.

---

[288] Zitiert bei *Lechner*, a.a.O., § 79 Anm. 1 zu Abs. 2.

[289] In diesem Sinn auch *Sauer*, StW 1962 Sp. 579 ff., 582 und Fehlerberichtigung S. 40: Die „Schwäche" des Rechtsakts biete die Grundlage zur Beantwortung der Frage, ob § 79 BVerfGG den § 222 AO ausschalte oder weitergelten lasse.

[290] Anderer Ansicht ohne Begründung *Laux*, a.a.O., Sp. 297; ihm widerspricht mit Recht *Sauer*, a.a.O.

[291] *Geiger*, BVerfGG, § 79 Anm. 3.

cc) Bedeutung des Grundsatzes „volenti non fit iniura"

Arndt[292] meint, dem § 79 Abs. 2 BVerfGG liege der Gedanke zugrunde, daß im Einzelfall die Geltendmachung eines Grundrechts insoweit verwirkt werden kann, wie der Staatsbürger sich untätig verhält. Kann hieraus als Sinn des § 79 Abs. 2 Satz 1 BVerfGG gefolgert werden, der Steuerpflichtige könne das Beruhen des gegen ihn erlassenen Bescheides auf einem nichtigen Gesetz nicht geltend machen und damit von einer an sich möglichen Berichtigung keinen Gebrauch machen, weil er es verabsäumt habe, gegen den Verwaltungsakt die zulässigen Rechtsmittel und nach deren Erschöpfung Verfassungsbeschwerde einzulegen? Ein solcher Ausschuß der Berichtigung würde praktisch der verstärkten konstitutiven Schutzwirkung im hier gemeinten Sinn gleichkommen.

Diese Frage beantwortet sich nach denselben Erwägungen, die für die Lösung der Rechtsfrage entscheidend sind, ob eine Berichtigung zugunsten des Steuerpflichtigen etwa deshalb unzulässig ist, weil er die Nichtigkeit der Rechtsnorm schon im Veranlagungsverfahren hätte erkennen und geltend machen können[293]. Auch hier gilt der Grundsatz, daß es dem Steuerpflichtigen von Rechts wegen nicht zugemutet werden kann, ordnungsgemäß erlassene und verkündete Gesetze auf ihre Vereinbarkeit mit ranghöheren Normen zu überprüfen. Er kann sich vielmehr darauf verlassen, daß ein solches Gesetz gültig ist. Sein Vertrauen auf die Gültigkeit der Rechtsnorm muß auch bei der Auslegung des § 79 Abs. 2 Satz 1 BVerfGG berücksichtigt werden. Der Sinn dieser Bestimmung kann deshalb nicht mit dem Satz „volenti non fit iniura" umschrieben werden, weil der Steuerpflichtige das in der Anwendung des nichtigen Gesetzes bestehende Unrecht weder zu kennen braucht noch regelmäßig kennen wird. Er nimmt dieses Unrecht deshalb auch nicht in seinen Willen auf und verzichtet nicht auf die ihm nach der Abgabenordnung zustehenden Berichtigungsmöglichkeiten. Die Annahme eines solchen Verzichts ist eine bloße Fiktion. Auch unter diesem rechtlichen Gesichtspunkt läßt sich deshalb nichts für die verstärkte konstitutive Schutzwirkung herleiten.

dd) Rechtssicherheit, Gesetzmäßigkeit und Gleichmäßigkeit der Besteuerung

Die wirkliche von § 79 Abs. 2 Satz 1 BVerfGG ausgehende Schutzwirkung kann nur unter Abwägung aller sich aus den verschiedenen

---

[292] In NJW 1959, 863 ff., 864; vgl. auch die inhaltsgleichen Ausführungen des *Dr. Wahl*, a.a.O., S. 4228; in diesem Sinn auch *Bahlmann* in MDR 1963, 541 ff., 542 unter 4.

[293] Vgl. oben unter D II 3 b.

Auslegungen ergehenden Folgen unter Berücksichtigung der Interessen des Steuerpflichtigen und der Finanzverwaltung ermittelt werden. Das Bundesverfassungsgericht hat zwar ausgeführt, weil § 79 Abs. 2 BVerfGG der Rechtssicherheit diene, sei es sinnwidrig, gegen diese Vorschrift das rechtsstaatliche Verlangen nach Vertrauensschutz ins Feld zu führen[294]. Diese Ausführungen beziehen sich jedoch ausdrücklich nur auf die Prüfung der Verfassungsmäßigkeit des § 79 Abs. 2 BVerfGG selbst und nicht auf die Ermittlung seines Inhaltes und seiner Wirkung. Zum anderen lassen, wie ausgeführt worden ist, Rechtssicherheit und Rechtsfrieden als § 79 Abs. 2 Satz 1 BVerfGG zugrunde liegende Rechtsprinzipien mehrere Schutzmöglichkeiten verschiedenen Umfanges zu.

α) *Rechtssicherheit*

Die verstärkte konstitutive Schutzwirkung würde den Bestand der auf nichtigen Rechtsnormen beruhenden Steuerverwaltungsakte stärker schützen als die einfache konstitutive oder die bloße deklaratorische Schutzwirkung und damit die im Interesse der Allgemeinheit bestehenden Grundsätze der Rechtssicherheit und des Rechtsfriedens in größtmöglichem Umfang gewährleisten. Das „Unberührtbleiben" im Sinn eines „haben und behalten Bestandskraft" wäre in vollem Umfang verwirklicht. Es ist anzuerkennen, daß es sich hierbei um einen gewichtigen Gesichtspunkt für die Annahme der verstärkten konstitutiven Schutzwirkung handelt.

Der Forderung nach einer so weitgehenden Gewährleistung der Rechtssicherheit und des Rechtsfriedens lassen sich jedoch folgende Erwägungen gegenüberstellen: Soll ein Steuerbescheid trotz Nichtigkeit der ihm zugrunde liegenden Norm und trotz vorhandenen Berichtigungsmöglichkeiten der Abgabenordnung bestehen und erhalten bleiben, so stellt das eine „Anomalie" in der Rechtsordnung dar[295]. Diese Regelwidrigkeit ist in engen Grenzen zu halten. Spitaler meint deshalb mit Recht[296], die Aufgabe, das richtige Recht zu finden, liege nicht darin, § 79 Abs. 2 BVerfGG so auszulegen, das möglichst viel unabänderbar bleibt, sondern im umgekehrten Sinn. Auch Kohlhaas[297] vertritt eine ähnliche Auffassung; er meint, die Nichtigkeit eines Gesetzes sei etwas so an die Grundlagen des Rechtsstaats Greifendes, daß dort die Grenzen der „formellen Rechtskraft" eng gezogen werden müssen, schon allein um den Vorwurf zu entkräften, der Gesetzgeber könne flüchtig arbeiten, da in praxi doch nichts passieren werde, wenn eine Norm „wegfalle". Auch Felix kommt zu einem ähnlichen Ergebnis, wenn er

---

[294] Beschluß vom 28. 2. 1963, HFR 1963 S. 159.
[295] *Spitaler* in BB 1962, 421 ff., 423.
[296] *Spitaler*, a.a.O.,
[297] In NJW 1963, 454.

ausführt[298]: Rechtsbeziehungen, die wie das steuerliche Rechtsverhältnis zwischen Finanzverwaltung und Bürger auf Unterordnung und Unterwerfung ausgerichtet seien, bedürften der Rechtssicherheit nicht in so weitgehendem Umfang wie Rechtsbeziehungen unter Gleichgeordneten. Spitaler und Sauer[299] weisen noch darauf hin, daß das Steuerrecht von Natur aus möglichst anpassungsfähig und schmiegsam sein müsse, um den stets sich ändernden Vorgängen des Wirtschaftslebens gerecht zu werden; starre Formen und Formeln seien ihm fremd, weshalb auch der Gedanke der „Rechtskraftwirkung" im Steuerrecht nicht dieselbe Stärke und Strenge habe wie auf anderen Rechtsgebieten.

Diese Erwägungen ergeben, daß der „Rechtskraftwirkung" im Steuerrecht keine absolute Geltung beizumessen ist, was im übrigen schon aus den zahlreichen Berichtigungsmöglichkeiten der Abgabenordnung und des Steueranpassungsgesetzes folgt. Ist aber die Rechtskraft selbst nicht absolut geschützt, so kommt auch der verstärkten konstitutiven Schutzwirkung, die die Rechtssicherheit für auf nichtigen Normen beruhende Steuerverwaltungsakte vollkommen verwirklichen würde, kein absoluter Geltungsrang zu. Der Rechtssicherheit kann deshalb eine alle anderen rechtlichen Gesichtspunkte verdrängende Wirkung bei der Auslegung des § 79 Abs. 2 Satz 1 BVerfGG nicht zugebilligt werden.

β) Gesetzmäßigkeit der Besteuerung

Wird eine für den Steuerpflichtigen ungünstige Rechtsnorm für nichtig erklärt, so stellt sich heraus, daß der Steuerpflichtige mehr Steuern gezahlt hat, als er nach der wirklichen Rechtslage schuldete. Durch den Erlaß des Steuerbescheids ist also der Grundsatz der Gesetzmäßigkeit der Besteuerung verletzt worden. Dieser Grundsatz wird ebenso im umgekehrten Fall verletzt, wenn der Steuerpflichtige auf Grund einer für ihn günstigen nichtigen Norm zu wenig Steuern gezahlt hat. Eine solche Verletzung ist auf dem Gebiet des Steuerrechts in besonders hohem Maße unerträglich, weil die Steuergesetze unter allen dem Staatsbürger vom Staat auferlegten vermögensrechtlichen Belastungen den schwersten Eingriff enthalten, weshalb auch das Prinzip der Rechtsstaatlichkeit im Steuerrecht besonders streng zu befolgen ist[300].

Spitaler meint dazu[301]: Es verstoße gegen Treu und Glauben, wenn der Gesetzgeber eine Rechtsnorm erlasse und dann denjenigen Steuer-

---

[298] FR 1957, 530.

[299] *Spitaler* in BB 1956, 985 ff.; *Sauer* in Fehlerberichtigung, S. 67 und StW a.a.O. 590.

[300] So auch *Wacke* in NJW 1958, 776, der die Steuergesetze, was die vermögensrechtlichen Belastungen des Bürgers angeht, noch über die Enteignungsgesetze stellt.

[301] BB 1955, 762 ff., 764 unter 4 und BB 1962, 421 ff., 423 und 424.

pflichtigen materiell schädige, der im Vertrauen auf die Rechtmäßigkeit des gesetzlichen Befehls diesen zur Kenntnis nehme und nichts dagegen im Rechtsmittelweg unternehme. Vulgär ausgedrückt liege hier der Fall vor, daß der Steuerpflichtige vom Gesetzgeber getäuscht worden sei. Dies schlage dem Grundsatz von Treu und Glauben geradezu ins Gesicht.

In der Tat wird mit diesen Ausführungen die wichtigste Erwägung aufgezeigt, die gegen die verstärkte konstitutive Schutzwirkung und damit gegen die von der herrschenden Meinung vertretene Auffassung spricht. Durch den Ausschluß einer Berichtigung der Steuerverwaltungsakte wegen der Nichtigkeit der Rechtsnorm selbst würde der Grundsatz der Gesetzmäßigkeit der Besteuerung in hohem Maße verletzt werden, obwohl nach der Abgabenordnung diese Verletzungen in den meisten Fällen durch eine Berichtigung wieder gutgemacht werden könnten[302].

Daß auch im Bereich der auf nichtigen Rechtsnormen beruhenden Steuerverwaltungsakte der Grundsatz der Gesetzmäßigkeit der Besteuerung gilt, ergibt § 31 Abs. 1 BVerfGG. Die Bindung aller Organe des Bundes und der Länder sowie aller Gerichte und Behörden zwingt diese nicht nur, einer bestimmten Entscheidung des Bundesverfassungsgerichts nachzukommen und ihr widersprechende Maßnahmen in Zukunft zu unterlassen, sondern darüber hinaus alle mit ihr in Widerspruch stehenden Maßnahmen aufzuheben oder zu ändern, sofern eine solche Änderung nach dem geltenden Recht möglich ist[303]. Bei Steuerverwaltungsakten ist eine solche Änderung, wie ausgeführt worden ist, noch möglich.

Mit dem Grundsatz der Gesetzmäßigkeit der Besteuerung verträgt sich die verstärkte konstitutive Schutzwirkung nicht.

γ) *Gleichmäßigkeit der Besteuerung*

Durch die herrschende Auslegung des § 79 Abs. 2 Satz 1 und 2 BVerfGG werden die Steuerpflichtigen, deren Steuerbescheide im Zeitpunkt des Ergehens der Entscheidung des Bundesverfassungsgerichts unanfechtbar sind, und die die Steuern bis zu diesem Zeitpunkt gezahlt haben, gegenüber jenen Steuerpflichtigen ungleich behandelt, deren

---

[302] Vgl. auch das BFH-Urteil in BStBl. 1959 III 172 ff., 173, in dem ausgeführt wird: Wenn diese Folgen zwangsläufig eintreten würden, so wäre es nach dem Grundsatz der Gerechtigkeit und Gleichmäßigkeit der Besteuerung Aufgabe der Steuergerichte, für einen angemessenen und gerechten Ausgleich zu sorgen.
[303] RegEntw. zum BVerfGG in Verhandlungen ... Drucks. Nr. 788 S. 27 zu § 27 des Entw. Forsthoff, VerwR § 12 2 e cc S. 225 Anm. 4.

Steuerbescheide in diesem Zeitpunkt noch anfechtbar sind[304] oder die die Steuern z. B. infolge einer Stundung noch nicht bezahlt haben[305]. Diese Ungleichbehandlung braucht einer Annahme der verstärkten konstitutiven Schutzwirkung begrifflich nicht entgegenzustehen. Sie läßt sich damit rechtfertigen, daß im Interesse der Rechtssicherheit ein Zeitpunkt gefunden werden muß, von dem ab die besondere Schutzwirkung des § 79 Abs. 2 Satz 1 BVerfGG auf bestehende Steuerverwaltungsakte einzuwirken beginnt, und daß dieser Zeitpunkt der des Ergehens der bundesverfassungsgerichtlichen Entscheidung ist.

Von dieser formalen Rechtfertigung abgesehen, ist es aber in hohem Maße ungerecht, wenn die Steuerpflichtigen mit unanfechtbaren Steuerbescheiden, die die Steuern bereits gezahlt haben, keine Berichtigung der Bescheide und keine Erstattung der auf Grund der nichtigen Norm gezahlten Steuermehrbeträge sollen verlangen können, während jene Steuerpflichtigen dies können, die aus beliebigen Gründen gegen den Bescheid ein Rechtsmittel einleget haben, dessen Erledigung sich mehr oder weniger zufällig bis zur Nichtigerklärung der Norm hingezogen hat oder die einfach mit der Bezahlung ihrer Steuerschulden säumig geworden sind[306]. Im Ergebnis wird der pünktliche, gewissenhaft auf die Gültigkeit der Rechtsnorm und die Richtigkeit des Steuerbescheids ver-

---

[304] Gegen im Zeitpunkt der Nichtigerklärung noch anfechtbare Steuerverwaltungsakte kann das zulässige Rechtsmittel eingelegt und auf diesem Weg erreicht werden, daß die nichtige Rechtsnorm nicht angewendet wird; vgl. *Sauer*, StW 1962 Sp. 579 und *Friesecke*, RWP 14 D AO II B 9/62. — Nach einer Weisung der OFD Düsseldorf vom 23. 3. 1962 in DB 1962, 485 unter 2 a sind noch anfechtbare Steuerbescheide sogar von Amts wegen zu berichtigen; vgl. hierzu *Bertermann* in Inf. 1962, 161 ff., 164 und *Kirmse* in RWP 14 D AO II B 16/62 (517, 35 ff., 37 u. 38 unter II). Vgl. auch § 36 a Abs. 1 GewStG 1963, wonach die Berichtigung auf Antrag des Steuerpflichtigen stattfindet.

[305] Dann ist die Vollstreckung des Steuerverwaltungsakts nach § 79 Abs. 2 Satz 2 BVerfGG unzulässig. Das Vollstreckungsverbot gilt nicht nur hinsichtlich des Mehrbetrages an Steuern, der durch die Anwendung einer nichtigen Norm entstanden ist, sondern hinsichtlich des gesamten festgesetzten Betrages, auch soweit er auf gültigen Gesetzesbestimmungen beruht: BFH-Urteil vom 24. 8. 1961, BStBl. 1962 III 66 und *Luedtke* in NWB Fach 5, 449 ff., 453 unter b. — Der Begriff „Vollstreckung" ist weit auszulegen, er betrifft nicht nur förmliche Vollstreckungsakte, sondern eine jede Durchführung einer noch nicht abgeschlossenen Verwaltungsentscheidung, die auf einer nichtigen Norm beruht: VG Düsseldorf Beschl. vom 29. 10. 1962, BB 1963, 682. § 79 Abs. 2 Satz 2 BVerfGG greift deshalb z. B. auch dann ein, wenn die nichtige Norm einem unanfechtbaren Feststellungs- oder Meßbescheid zugrunde liegt, aber der darauf gestützte Steuerbescheid im Zeitpunkt der Nichtigerklärung der Norm noch anfechtbar war. Auch wenn er später unanfechtbar wird, besteht das Vollstreckungsverbot: VG Düsseldorf, a.a.O. Auch im Verhältnis eines unanfechtbaren Steuerbescheides zu einem noch anfechtbaren Haftungsbescheid greift § 79 Abs. 2 Satz 2 BVerfGG trotz § 119 Abs. 2 AO ein: BFH-Urteil vom 26. 4. 1963- BStBl. III 341.

[306] Finanzausschuß des Dt. Bundestages, Drucks. IV/1343 S. 3 unter B.

trauende Steuerzahler gegenüber dem unpünktlichen und leicht zur Rechtsmitteleinlegung neigenden Steuerpflichtigen benachteiligt[307].

Bei Zugrundelegung der verstärkten konstitutiven Schutzwirkung findet auch innerhalb des Kreises der Steuerpflichtigen, die ihre auf einer nichtigen Rechtsnorm beruhenden Bescheide unanfechtbar werden ließen und die Steuern bezahlten, eine ungleiche Behandlung statt: werden solche Bescheide aus anderen Gründen als dem der Nichtigkeit der Rechtsnorm berichtigt[308], so findet nach der allerdings umstrittenen ständigen Rechtsprechung des Bundesfinanzhofs eine Wiederaufrollung des gesamten Steuerfalles statt, kraft deren das Finanzamt den steuerlichen Sachverhalt wie bei einer erstmaligen Veranlagung zu ermitteln und rechtlich zu beurteilen hat[309]. Hat das Finanzamt den Sachverhalt auch rechtlich neu zu würdigen, so muß es nach § 31 Abs. 1 BVerfGG die Nichtigkeit der Norm beachten und darf sie dem Berichtigungsbescheid nicht mehr zugrunde legen. Streitig ist dabei allerdings, ob § 234 AO (a. F.)[310] einer Berücksichtigung der Nichtigkeit der Norm bei der Berichtigung Grenzen setzt[311]. Beachtet man die Grenzen des § 234 AO (a. F.) auch hinsichtlich der Nichtigkeit der Rechtsnorm[312], so gelangt der Teil der Steuerpflichtigen, bei denen eine Berichtigung durchgeführt wird, in den Genuß eines neuen berichtigenden Bescheides, der ganz oder mindestens zum Teil nicht mehr auf der nichtigen Norm

---

[307] *Kirmse* in RWP 14 D GewSt II B 2/63 (552, 69 ff., 76 unter C).

[308] Nach Ablehnung der absoluten Schutzwirkung (unter D III 3 f.) ist das zulässig.

[309] BFH-Urteile vom 18. 11. 1958, BStBl. 1959 III 52 ff., 53; vom 13. 10. 1960, BStBl. III 480 ff., 481; vom 24. 4. 1961, HFR 1962 S. 133 und vom 5. 6. 1962, BStBl. 1963 III 100 ff., 101; dagegen *Tipke-Kruse* AO § 222 Anm. 19 sowie *Wellmann* in DStR 1962/63, 301 ff. und *Hermstädt* in StW 1963 Sp. 145 ff.

[310] Jetzt § 232 Abs. 1 AO n. F. und § 42 Abs. 1 FGO.

[311] Werden neue Tatsachen bekannt, die eine höhere Steuerfestsetzung rechtfertigen (§ 222 Abs. 1 Ziff. 1 AO)) so darf nach § 234 AO bei der Berichtigung im Rahmen der Wiederaufrollung des gesamten Steuerfalles der in dem zu berichtigenden Steuerbescheid festgesetzte Steuerbetrag nicht unterschritten werden. Rechtfertigen die Tatsachen eine niedrigere Steuerfestsetzung (§ 222 Abs. 1 Ziff. 2 AO) so verbietet § 234 AO eine Erhöhung des ursprünglich festgesetzten Betrages. Nur wenn die neuen Tatsachen sowohl eine niedrigere als auch eine höhere Steuerfestsetzung rechtfertigen, hindert § 234 AO eine Erhöhung oder Herabsetzung des ursprünglich festgesetzen Betrages nicht.

[312] Für eine solche Beachtung: BFH-Urteil vom 22. 11. 1962, BStBl. 1963 III 31 und Urteile des FG Stuttgart vom 9. 9. 1958 und des FG Düsseldorf vom 22. 10. 1959 in EFG 1959, 74 und 1960, 160. Liegen nur die Voraussetzungen des § 222 Abs. 1 Ziff. 1 vor, so wirkt sich die Gesetzlosigkeit im Ergebnis nur hinsichtlich des festgestellten Mehrbetrages an Steuern zugunsten des Steuerpflichtigen aus. Vgl. auch den gemeinsamen Ländererlaß in BStBl. 1962 II 149 unter 2 a. In diesem Sinn auch FG Nürnberg, Urteil vom 26. 6. 1961, EFG 1962, 130.

beruht[313], obwohl der ursprüngliche Steuerbescheid im Zeitpunkt der bundesverfassungsgerichtlichen Nichtigerklärung bereits unanfechtbar war. Bei allen übrigen Steuerpflichtigen verbleibt es dagegen bei Annahme der verstärkten konstitutiven Schutzwirkung beim Rechtsbestand der Bescheide. Noch stärker wirkt die ungleichmäßige Behandlung, wenn man die Auffassung vertritt, § 234 AO (a. F.) sei nicht anwendbar, wenn auf nichtigen Normen beruhende Steuerverwaltungsakte berichtigt werden[314].

Diese Ungleichheiten werden bei Annahme der einfachen konstitutiven und der deklaratorischen Schutzwirkung vermieden, weil bei diesen Auslegungsmöglichkeiten die Nichtigkeit der Rechtsnorm den Berichtigungsgrund darstellt.

Ein weiteres Beispiel für eine ungleichmäßige Behandlung der Steuerpflichtigen bei Annahme der verstärkten konstitutiven Schutzwirkung enthält das BFH-Urteil vom 26. 4. 1963[315]. Gegen eine GmbH war ein Gewerbesteuerbescheid ergangen, der auf dem nichtigen § 8 Ziff. 6 GewStG beruhte. Der Bescheid war vor der Nichtigerklärung dieser Norm durch das Bundesverfassungsgericht unanfechtbar geworden. Nach der Nichtigerklärung erging ein Haftungsbescheid nach § 109 AO gegen den Geschäftsführer und Liquidator der GmbH, den dieser anfocht. Obwohl der Geschäftsführer den gegen die GmbH ergangenen Bescheid in vollem Umfang nach § 119 Abs. 2 AO gegen sich gelten lassen muß, billigte der Bundesfinanzhof in diesem Rechtsmittelverfahren eine Berücksichtigung der Nichtigkeit der auch dem Haftungsbescheid zugrunde liegenden nichtigen Norm nach § 79 Abs. 2 Satz 2 BVerfGG zu. Unter dem Gesichtspunkt einer gleichmäßigen Besteuerung ist es nicht einzusehen, weshalb die GmbH sich nicht auf die Nichtigkeit berufen könnte, während es ihr Geschäftsführer kann, obwohl ihm nach § 119 Abs. 2 AO alle Einwendungen abgeschnitten sind, die auch die GmbH nicht mehr geltend machen kann.

Legt man die einfache konstitutive oder die deklaratorische Schutzwirkung zugrunde, so kann der gegen die GmbH ergangene Bescheid

---

[313] Je nachdem, ob die Voraussetzungen des § 222 Abs. 1 Ziff. 1 oder Ziff. 2 oder der Ziffern 1 und 2 vorliegen; siehe Anmerkung 311.

[314] In diesem Sinn: Urteile des FG München vom 29. 7. 1960 und des FG Kassel vom 29. 11. 1960, EFG 1960, 485 und 1961, 186 und vor allem *Spitaler* in UStR 1958, 113 und in BB 1962, 421 ff., 423, sowie in BB 1963, 132. Die Richtigkeit dieser Auffassung ergibt sich wohl aus § 31 Abs. 1 BVerfGG. Wird tatsächlich der gesamte Steuerfall wiederaufgerollt, so ist die Finanzverwaltung im Berichtigungsverfahren an die Entscheidung des BVerfG gebunden und muß deshalb die Nichtigkeit der Rechtsnorm in vollem Umfang beachten. A.A. der BFH mit Rücksicht auf § 79 Abs. 2 Satz 1 BVerfGG in den Anmerkungen 175 ff. angeführten Urteilen.

[315] BStBl. 1963 III 341.

noch berichtigt werden, so daß die aufgezeigte Ungleichheit nicht eintritt.

Diese Verletzungen des Grundsatzes der Gleichmäßigkeit der Besteuerungen ergeben sich bei Annahme einer verstärkten konstitutiven Schutzwirkung, während sie ganz oder mindestens teilweise vermieden werden, wenn man die deklaratorische oder die einfache konstitutive Schutzwirkung als zutreffend erachtet.

δ) *Abwägung im einzelnen — Ergebnis*

Während die im Steuerrecht freilich nicht unumschränkt geltende Rechtssicherheit für eine verstärkte konstitutive Schutzwirkung spricht, fordert der Grundsatz der materiellen Gerechtigkeit die Ablehnung dieser Schutzwirkung und spricht entweder für die nur deklaratorische oder die einfache konstitutive Schutzwirkung.

Bejaht man die verstärkte konstitutive Schutzwirkung, so wird es ferner der Verwaltung unmöglich gemacht, wegen der Nichtigkeit der Rechtsnorm nicht oder zu wenig erhobene Steuern nachzufordern und die in Frage kommenden Bescheide zu ihren Gunsten zu berichtigen, obwohl in einigen Fällen die tatbestandsmäßigen Voraussetzungen gewisser Berichtigungsvorschriften vorliegen. Bei Annahme der einfachen konstitutiven Schutzwirkung blieben ihr immerhin die Möglichkeiten nach § 222 Abs. 1 Ziff. 3 und § 223 AO erhalten, dabei allerdings innerhalb der oben unter D II 4 dargelegten Grenzen. Diese Grenzen ergeben sich aber auf dem Grundsatz des Vertrauensschutzes zugunsten des Steuerpflichtigen. Das Interesse der Verwaltung und auch der Allgemeinheit an der verfassungsmäßigen Steuererhebung, auch soweit es sich um eine Berichtigung zu Ungunsten des Steuerpflichtigen und um eine Steuernachforderung handelt, spricht gegen die verstärkte konstitutive Schutzwirkung.

In ihren praktischen Folgen würde die verstärkte konstitutive Schutzwirkung auch nur sehr bedingt Rechtssicherheit und Rechtsfrieden erzeugen. Mit Rücksicht auf den Ausschluß einer jeden Berichtigung müßten die Steuerpflichtigen bei Bedenken gegen die Gültigkeit einer Rechtsnorm den ordentlichen Rechtsmittelweg erschöpfen und dann Verfassungsbeschwerde einlegen, um in den Genuß der Auswirkungen einer etwa bestehenden Nichtigkeit der Rechtsnorm zu gelangen. Die Zahl der ordentlichen Rechtsmittel würde sich vervielfachen und auch die Zahl der Verfassungsbeschwerden erheblich steigen, von dem Schwund des Vertrauens zwischen Steuerpflichtigen und Finanzverwaltung ganz abgesehen. Diese Erscheinungen, die sich im Steuerrecht schon jetzt bemerkbar machen, sind wohl kaum den Prinzipien der Rechtssicherheit und des Rechtsfriedens förderlich. Sie zeigen, daß Rechtssicherheit und Rechtsfrieden nur schwerlich auf der Grundlage einer andauernden Verletzung der Gesetzmäßigkeit und Gleichmäßigkeit der Besteuerung bestehen können[316].

Gegen die verstärkte konstitutive Schutzwirkung ist schließlich noch der Grundsatz von „Recht und Billigkeit" im Sinn der Rechtsprechung des Bundesfinanzhofs zur Fehleraufdeckung und Berichtigung zugunsten des Steuerpflichtigen anzuführen[317]. Hat die Finanzverwaltung durch Subsumtion des konkreten Sachverhalts unter die nichtige Norm den Fehler des Gesetzgebungsorgans übernommen und dadurch den Anschein der Gültigkeit der Norm konkretisiert und für einen bestimmten Steuerpflichtigen in einer bestimmten Rechtsbeziehung erst erweckt[318], so gebieten Recht und Billigkeit, diesen Gültigkeitsschein wieder zu beseitigen, insbesondere wenn er zu einer steuerlichen Mehrbelastung der betroffenen Steuerpflichtigen geführt hat. Das muß umso mehr gelten, als das Verhalten der Finanzverwaltung das Zustandekommen der Bestandskraft des Verwaltungsaktes gefördert hat. Bezieht sich das fehlsame Verhalten der Finanzverwaltung gerade auch auf das Zustandekommen der Bestandskraft, also des Schutzobjektes des § 79 Abs. 2 Satz 1 BerfGG, so kann es nicht Sinn dieser Bestimmung sein, die Bestandskraft in einem Umfang zu schützen, durch den das fehlerhafte Verhalten der Finanzverwaltung zum Nachteil des Steuerpflichtigen entgegen Recht und Billigkeit aufrecht erhalten werden würde.

Aus diesen Gründen ist die verstärkte konstitutive Schutzwirkung abzulehnen; sie ist nicht die wirklich von § 79 Abs. 2 Satz 1 BVerfGG gemeinte und gewollte Schutzwirkung.

Aber auch die deklaratorische Schutzwirkung entspricht nicht dem Sinn und Zweck des § 79 Abs. 2 Satz 1 BVerfGG. Würde die verstärkte konstitutive Schutzwirkung den auf nichtigen Rechtsnormen beruhenden Steuerverwaltungsakten ein Zuviel an Bestandsschutz verleihen, so wäre es im Fall der deklaratorischen Schutzwirkung ein Zuwenig. Sie ginge über den tatsächlichen Bestandsschutz nicht hinaus, der schon nach allgemeinen verwaltungsrechtlichen Grundsätzen gegeben ist[319]. Angesichts der starken Betonung der Rechtssicherheit durch § 79 Abs. 2 Satz 1 BVerfGG muß ein darüber hinausgehender Schutz, also ein Schutz gegenüber der Nichtigkeit der Norm selbst der wirklich gemeinte sein. Diesen Schutz beinhaltet die einfache konstitutive Schutzwirkung. Sie ist deshalb die von § 79 Abs. 2 Satz 1 BVerfGG gemeinte und gewollte Schutzwirkung.

---

[316] Schriftleitung in BB 1963, 377.
[317] Vgl. oben unter D II 3 c.
[318] Vgl. oben unter D II 3 c am Ende.
[319] Vgl. oben unter C II 2 b.

Diese Auslegung ist sowohl mit dem Wortlaut als auch mit dem Sinn des § 79 Abs. 2 Satz 1 BVerfGG vereinbar. „Bleiben unberührt" bedeutet nach ihr „werden in ihrer formellen Bestandskraft oder (soweit vorhanden) formellen Rechtskraft hinsichtlich des Fehlens einer gültigen Norm geschützt". Die formelle Bestandskraft darf also wegen der durch eine Entscheidung des Bundesverfassungsgerichts festgestellten Nichtigkeit einer Rechtsnorm nicht durchbrochen werden. Darauf abzielende Berichtigungen (nach den §§ 93, 94 Abs. 1 Ziff. 1 AO[320]) sind unzulässig. Überall dort, wo das Gesetz den formellen Bestand des Steuerverwaltungsakts als solchen bestehen läßt und in einem neuen Verfahren eine Abänderung seines materiellen Bestands durch einen neuen selbständigen Bescheid zuläßt, also in den Fällen der §§ 222 Abs. 1 Ziff. 3 und 4, 223 und 224 AO[321], darf jedoch eine solche Berichtigung auch wegen der auf eine bundesverfassungsgerichtliche Entscheidung zurückzuführenden Nichtigkeit einer Norm durchgeführt werden.

j) Die „besonderen gesetzlichen Regelungen" im Sinn des § 79 Abs. 2 Satz 1 BVerfGG

Kommt § 79 Abs. 2 Satz 1 BVerfGG nur eine einfache konstitutive Schutzwirkung zu, so ergeben sich für die Frage, was unter einer „besonderen gesetzlichen Regelung" in diesem Sinn zu verstehen ist[322], die nachstehenden Folgerungen:

Berichtigungsvorschriften, die eine Abänderung des Steuerverwaltungsakts unter Aufrechterhaltung seiner formellen Bestandskraft ermöglichen (§§ 222 bis 224 AO), kommen als „besondere gesetzliche Regelung" nicht in Betracht, weil § 79 Abs. 2 Satz 1 BVerfGG einen Bestandsschutz in dieser Richtung nicht gewährt, also insoweit nichts „vorbehalten" werden kann. Auch die Berichtigungsvorschriften, die einen Eingriff in die formelle Bestandskraft ermöglichen (§§ 93 ff. AO), können keine besondere gesetzliche Regelung sein, weil § 79 Abs. 2 Satz 1 BVerfGG gerade die formelle Bestandskraft, soweit es sich um die Nichtigkeit einer Norm handelt, schützen will[323]. Wollte man der Auffassung Niepoths und anderer zustimmen[324], alle Berichtigungsvorschriften seien „besondere gesetzliche Regelungen", so würde man die Schutz-

---

[320] Vgl. Anm. 240, 242.

[321] Vgl. Anm. 243 u. 244.

[322] Vgl. Anm. 194.

[323] Das würde auch für § 4 Abs. 3 Ziff. 2 StAnpG gelten, wenn man seine tatbestandsmäßigen Voraussetzungen entgegen der hier vertretenen Auffassung (vgl. oben unter D II 2 i) für zutreffend erachten würde, weil diese Bestimmung ebenfalls einen Eingriff in die formelle Bestandskraft gestattet.

[324] Vgl. Anm. 195 ff.

wirkung, die § 79 Abs. 2 Satz 1 BVerfGG mit den Worten „bleiben unberührt" gewähren will, durch das Tatbestandsmerkmal der besonderen gesetzlichen Regelung wieder nehmen. Eine derart widersprüchliche Regelung kann aber nicht Sinn des Gesetzes sein.

Eine „besondere gesetzliche Regelung" ist nur eine solche, die in einem engen sachlichen Zusammenhang mit auf einer für nichtig erklärten Rechtsnorm beruhenden Steuerverwaltungsakten getroffen wird. Die Auffassung, hierunter könnten nur solche gesetzlichen Regelungen fallen, die für den speziellen Fall einer bestimmten durch ein Urteil des Bundesverfassungsgerichts für nichtig erklärten Norm zeitlich nach diesem Urteil getroffen werden[325], ist allerdings zu eng und findet im Wortlaut des Gesetzes keine Stütze. Das Gesetz verwehrt es dem Gesetzgeber z. B. nicht, für Nichtigkeitserklärungen von Normen in mehreren Fällen eine gemeinsame „besondere gesetzliche Regelung" zu treffen. Die Regelung kann also der Nichtigerklärung einer Norm durch das Bundesverfassungsgericht zeitlich sowohl vorangehen als auch folgen. Es muß sich aber immer um eine Regelung der Folgen der Nichtigerklärung einer oder meherer Rechtsnormen handeln. Durch die Regelung kann die Schutzwirkung des § 79 Abs. 2 Satz 1 BVerfGG im Sinn einer erweiterten Berichtigungsmöglichkeit eingeengt werden. Z. B. wenn besondere Härten oder Unzuträglichkeiten eine Berichtigungsmöglichkeit auch hinsichtlich der formellen Bestandskraft erfordern. Die Schutzwirkung kann aber auch im Sinn einer verringerten Berichtigungsmöglichkeit erweitert werden, z. B. wenn besondere Umstände den nach den Worten „bleiben unberührt" noch möglichen Berichtigungen entgegenstehen. In diesem Fall würden die für bestimmte Steuerverwaltungsakte zulässigen Berichtigungen nach den §§ 222 Abs. 1 Ziff. 3 und 4, 223 und 224 AO ausgeschlossen werden.

Beispiele für eine besondere gesetzliche Regelung dieser Art bilden die §§ 24 Abs. 5 EStG 1957[326] und 36 a Abs. 4 GewStG 1963[327]. In diesen Vorschriften wird bestimmt, daß die Berichtigung der vor Verkündung der bundesverfassungsgerichtlichen Entscheidungen über die Nichtigkeit des § 26 EStG a. F. und des § 8 Ziff. 5 und 6 GewStG a. F. rechtskräftig gewordenen Steuerbescheide nicht mit der Begründung verlangt werden kann, die genannten Bestimmungen seien nichtig[328]. Dadurch wird die

---

[325] Vgl. Anm. 204—206.

[326] i. d. F. des Gesetzes vom 26. 7. 1957, BGBl. I 848.

[327] i. d. F. des Gesetzes vom 30. 7. 1963, BGBl. I 563.

[328] Verfassungsrechtliche Bedenken gegen eine solche Erweiterung des Schutzbereiches des § 79 Abs. 2 Satz 1 BVerfGG bestehen nicht. Allenfalls könnten auf Grund der hier vertretenen Auffassung Bedenken gegen diese Vorschriften unter dem Gesichtspunkt des verfassungsrechtlichen Verbots der Rückwirkung belastender Gesetze auf abgeschlossene Tatbestände gel-

nach der hier vertretenen Auffassung an sich gegebene Berichtigungsmöglichkeit zugunsten der Steuerpflichtigen nach den §§ 222 Abs. 1
Ziff. 4 und 224 AO ausgeschlossen und der Schutzbereich des § 79 Abs. 2
Satz 1 BVerfGG erweitert. Der Auffassung der Bundesregierung, die
§§ 26 Abs. 5 EStG 1957 und 36 a Abs. 4 GewStG 1963 stellten nur klar,
was bereits nach § 79 Abs. 2 Satz 1 BVerfGG rechtens sei[329], ist demgegenüber nicht beizupflichten.

Wegen des Vorbehalts einer besonderen gesetzlichen Regelung ist vor
einer Berichtigung eines auf einer vom Bundesverfassungsgericht für
nichtig erklärten Norm beruhenden Bescheides stets zu prüfen, ob auf
Grund einer besonderen gesetzlichen Regelung die hier für zulässig
erachtete Berichtigung ausgeschlossen ist.

k) Zusammenfassung

Steuerverwaltungsakte, die auf einer für nichtig erklärten Rechtsnorm beruhen, können wie folgt berichtigt werden:

Auf einer vom Bundesverfassungsgericht für nichtig erklärten Norm
beruhende Steuerverwaltungsakte können zugunsten der Finanzverwaltung nach den §§ 222 Abs. 1 Ziff. 3 und 223 AO berichtigt werden,
sofern nicht die oben unter D II 4 c angeführten Voraussetzungen vorliegen und sofern nicht eine andere gesetzliche Regelung besteht. Berichtigt werden können hiernach nur Bescheide über Erbschaftsteuer,
Grunderwerbsteuer, Kapitalverkehrsteuer und Beförderungsteuer sowie
über Lastenausgleichsabgaben nach § 222 Abs. 1 Ziff. 3 AO[330]. Soweit
Steuern formlos festgesetzt werden, können nicht oder zu wenig erhobene Steuern nach § 223 AO nachgefordert werden[331]. Zugunsten des
Steuerpflichtigen können Steuerverwaltungsakte nach den §§ 222 Abs. 1

---

tend gemacht werden (s. die in Anm. 111 angeführten Unteile des BVerfG).
Die genannten Bestimmungen des EStG 1957 und GewStG 1963 sind erst
erhebliche Zeit nach der Nichtigerklärung der betreffenden Normen erlassen
worden. Sind Steuerbescheide wegen der Nichtigkeit der ihnen zugrunde
liegenden Norm in den hier aufgezeigten Grenzen berichtigungsfähig, so
würden die angeführten Bestimmungen konstitutiv wirken und die Rechtslage für die Steuerpflichtigen verschlechtern, wenn eine für sie ungünstige
Norm für nichtig erklärt worden ist, und zwar mit Wirkung von der Nichtigerklärung ab, also ex tunc. Ob in diesem Fall die besonderen Voraussetzungen vorliegen, unter denen das BVerfG die Rückwirkung eines belastenden
Gesetzes für verfassungsrechtlich zulässig hält (BVerfGE 7, 89 ff., 94 und in
BStBl. 1962 I 486 ff., 488 re. unten), ist zweifelhaft.
[329] Begründung zum RegEntw. des GewStÄndG 1963 Drucks. IV/923 S. 6
re. Sp. 2. Abs. von oben; zustimmend *Lauterkorn* in KStR Abt. 26 a S. 107 ff.,
111 unter IV 1 a.
[330] Vgl. Anm. 51.
[331] Vgl. oben unter D II 2 m.

Ziff. 4 und 224 AO berichtigt werden, und zwar ebenfalls unter dem Vorbehalt einer abweichenden gesetzlichen Regelung. Berichtigt werden können hierdurch alle nach dem Gesetz schriftlich zu erteilenden Steuerbescheide nach § 222 Abs. 1 Ziff. 4 AO[332] und sonstige Steuerfestsetzungen nach § 224 AO[333].

Daß auf einer vom Bundesverfassungsgericht für nichtig erklärten Norm beruhende Steuerbescheide für die wichtigsten und häufigsten Steuern (vom Einkommen, Umsatz, Gewerbeertrag und Gewerbekapital und vom Vermögen) zwar zugunsten des Steuerpflichtigen nach § 222 Abs. 1 Ziff. 4 AO, aber nicht zugunsten der Finanzverwaltung wegen der einschränkenden Fassung des § 222 Abs. 1 Ziff. 3 AO berichtigt werden können, liegt an der Eigenart der geltenden Berichtigungsvorschriften. Sie stellen unterschiedliche Voraussetzungen für eine Berichtigung zugunsten der Finanzverwaltung und zugunsten des Steuerpflichtigen auf. Daß auch bei Steuerbescheiden diese Unterschiede bestehen, ist eine nicht zu vermeidende Folge des geltenden Berichtigungsrechts.

Dieselben Folgen treten auch dann ein, wenn ein Landesverfassungsgericht eine Rechtsnorm für nichtig erklärt hat.

Steuerverwaltungsakte, die auf einer von einem anderen Gericht, insbesondere dem Bundesfinanzhof für nichtig angesehenen Rechtsnorm beruhen, können außer nach den oben angeführten Berichtigungsvorschriften auch noch nach den §§ 93 und 94 Abs. 1 Ziff. 1 AO zugunsten der Finanzverwaltung und zugunsten des Steuerpflichtigen berichtigt werden[334].

Ist ein Steuerverwaltungsakt zugunsten des Steuerpflichtigen berichtigt worden, so sind die auf Grund der nichtigen Norm bezahlten Steuerbeträge nach § 151 AO zu erstatten[335] und sonstige Steuerverwaltungsakte entsprechend der wirklichen Rechtslage inhaltlich abzuändern[336].

IV. Steuererstattung aus Billigkeitsgründen nach § 131 AO

Wird eine für den Steuerpflichtigen ungünstige Rechtsnorm für nichtig erklärt, so kommt außer einer Berichtigung des Steuerbescheides und einer Erstattung des auf Grund der nichtigen Norm gezahlten Mehrbetrages aus Rechtsgründen auch eine Erstattung aus Billigkeits-

---

[332] Vgl. oben unter D II 2 l.
[333] Vgl. oben unter D II 2 n.
[334] Vgl. oben unter D III 2.
[335] Vgl. oben unter D I.
[336] Vgl. oben unter D I.

gründen nach § 131 AO in Betracht. Nach § 131 Abs. 1 Satz 1 2. Halb-
satz AO können im Einzelfall bereits entrichtete Steuern und sonstige
Geldleistungen erstattet oder angerechnet werden, wenn ihre Ein-
ziehung nach Lage des einzelnen Falles unbillig gewesen ist.

1. Steht § 79 Abs. 2 Satz 1 BVerfGG einem Erlaß von Steuern entgegen, die auf Grund für nichtig erklärter Rechtsnormen gezahlt worden sind?

Es stellt sich die Frage, ob aus § 79 Abs. 2 Satz 1 BVerfGG zu folgern
ist, daß ein Erlaß bzw. eine Erstattung der auf Grund einer nichtigen
Rechtsnorm gezahlten Steuern im Billigkeitsweg ausgeschlossen ist.
Würde ein solcher Ausschluß bejaht werden, so hätten die Worte „bleiben unberührt" auch die Bedeutung. „Steuern, die auf den unberührt
bleibenden Entscheidungen im Sinn des § 79 Abs. 2 Satz 1 BVerfGG beruhen, dürfen nicht erlassen werden".

Wie oben ausgeführt worden ist, schützt § 79 Abs. 2 Satz 1 BVerfGG
die Rechtsbeständigkeit und damit die Bestandskraft der Steuerverwaltungsakte[337]. Erlaß bzw. Erstattung im Sinn des § 131 AO bedeuten
Verzicht des Steuergläubigers auf die Steuerschuld oder auf die Steuerzahlungsschuld[338]. Die Steuerschuld entsteht, sobald der Tatbestand verwirklicht worden ist, an den das Gesetz die Leistungspflicht knüpft;
die Steuerzahlungsschuld, d. h. die Verpflichtung, die Steuer zu bezah-
len, entsteht, sobald die Steuer in einem Steuerbescheid festgesetzt
worden ist[339]. Der Verzicht gemäß § 131 AO kann bereits ausgesprochen
werden, bevor die Steuerschuld festgesetzt worden, ja sogar bevor sie
überhaupt entstanden ist. Daraus ist zu folgern, daß es — jedenfalls
nicht in erster Linie — Sinn und Zweck des § 131 AO ist, die Rechtsbeständigkeit und Bestandskraft der Steuerverwaltungsakte — also das
Objekt des von § 79 Abs. 2 Satz 1 BVerfGG ausgehenden Schutzes —
seinerseits zu bewahren und zu schützen. Für die Anwendung des
§ 131 AO ist es unerheblich, ob überhaupt ein Steuerverwaltungsakt
vorliegt und ob, wenn ein solcher vorliegt, er bereits unanfechtbar oder
noch anfechtbar ist[340]. Es kommt allein darauf an, ob die Festsetzung
einer Steuer bzw. ihre Nichterstattung als unbillig anzusehen ist. Liegt
eine Unbilligkeit vor, so kann der Steuergläubiger auf seinen Anspruch
verzichten und ihn dadurch zum Erlöschen bringen, und zwar unab-

---

[337] Vgl. oben unter D III 3 c.

[338] *Becker-Riewald-Koch*, RAO Bd. I § 131 Anm. 1 Abs. 3; *Tipke-Kruse* AO,
§ 131 Anm. 15; *v. Wallis* in *Hübschmann-Hepp-Spitaler* AO, § 131 Anm. 7 mit
weiteren Nachweisen.

[339] *Becker-Riewald-Koch*, a.a.O., vor § 97 Anm. 1.

[340] *v. Wallis* in *Hübschmann-Hepp-Spitaler* ... § 131 Anm. 7.

hängig von allen Erwägungen hinsichtlich der Rechtsbeständigkeit eines Steuerbescheides.

Hieraus ist der Schluß zulässig, daß § 79 Abs. 2 Satz 1 BVerfGG und § 131 AO selbständig nebeneinander stehen und die erste die letzte Bestimmung nicht ausschließt. Das „Unberührtbleiben" der auf einer nichtigen Norm beruhenden Steuerverwaltungsakte hat nichts damit zu tun, daß die ihnen zugrunde liegenden Steuern nach § 131 AO auch wegen der Nichtigkeit der zugrunde liegenden Rechtsnorm selbst erlassen bzw. erstattet werden können[341].

2. Rechtsnatur der Entscheidung nach § 131 AO

Die Rechtsnatur der Entscheidung über das Vorliegen einer Unbilligkeit im Sinn des § 131 AO ist umstritten. Zum Teil wird die Auffassung vertreten, der Begriff „unbillig" sei ein unbestimmter Rechtsbegriff, so daß die Entscheidung über einen Billigkeitserlaß, mindestens aber über die Voraussetzung, ob eine Unbilligkeit vorliegt, in vollem Umfang gerichtlich nachgeprüft werden könne[342]. Nach der wohl herrschenden Meinung ist die Entscheidung über das Vorliegen einer Unbilligkeit eine Ermessensentscheidung, die von den Gerichten nur beschränkt, nämlich auf Ermessenfehler und Ermessensüberschreitungen nachgeprüft werden kann[343]. In einem neueren Urteil[344] hat der Bundesfinanzhof die Anerkennung oder Ablehnung einer unbilligen Härte als eine „sich innerhalb eines Beurteilungsspielraums vollziehende Verwirklichung kognitiven Ermessens im Sinn einer wertverwirklichenden Gestaltung der Rechtslage" und somit als einen rechtsgestaltenden Verwaltungsakt bezeichnet, der nur auf Ermessensfehler nachgeprüft werden kann[345].

Auf diese Fragen soll hier im einzelnen nicht eingegangen werden. Für die weitere Untersuchung wird davon ausgegangen, daß die nach § 131 AO zu treffende Entscheidung über das Vorliegen oder Nichtvorliegen einer Unbilligkeit von den Finanzgerichten nur daraufhin nachgeprüft werden kann, ob die Entscheidung frei von Ermessensfehlern ist.

---

[341] So auch im Ergebnis BFH-Urteil vom 7. 10. 1965 in BStBl. III 700, 701.

[342] *Tipke-Kruse*, AO, § 131 Anm. 30 und *Kruse* in StW 1962 Sp. 715 mit weiteren Nachweisen; vgl. auch die im BFH-Urteil vom 8. 5. 1962 in BStBl. III 290 re. Sp. Mitte enthaltenen Nachweise.

[343] Vgl. die BFH-Urteile in StRK AO § 131 R. 10, 13 und 53 und in BStBl. 1957 III 408 und 1959 III 11.

[344] Vom 8. 5. 1962 in BStBl. III 290, 292.

[345] Vgl. insbes. das BFH-Urteil vom 7. 10. 1965, BStBl. III 700, 701 li. Sp. 1. Abs. von oben.

3. Die Unanfechtbarkeit des Steuer-
bescheides als Hinderungsgrund für einen Erlaß

Nach der Rechtsprechung des Bundesfinanzhofs kann die Finanzbehörde einen Antrag nach § 131 AO, mit dem sich der Steuerpflichtige
sachlich gegen die Richtigkeit einer unanfechtbaren Steuerfestsetzung
wendet, in der Regel unter Hinweis auf die „Rechtskraft dieser Festsetzung" ablehnen[346]. Dem liegt der Gedanke zugrunde, daß das Verfahren nach § 131 AO ähnlich wie das Berichtigungsverfahren zugunsten
des Steuerpflichtigen nach den §§ 94 Abs. 1 Ziff. 1, 222 Abs. 1 Ziff. 4 und
224 AO nicht dem Zweck dienen soll, die sachliche Richtigkeit eines
unanfechtbaren Steuerbescheides nochmals zu überprüfen. Es sollen
keine Steuern erlassen bzw. erstattet werden, deren Festsetzung der
Steuerpflichtige durch Einlegung eines Rechtsmittels gegen den Steuerbescheid hätte verhindern können.

Diese Erwägung hindert eine Erstattung von auf Grund einer nichtigen Rechtsnorm erhobenen Steuern nach § 131 AO nicht, weil es dem
Steuerpflichtigen nicht zuzumuten ist, Rechtsnormen auf ihre Verfassungsmäßigkeit oder Gültigkeit zu prüfen und deswegen ein Rechtsmittelverfahren anzustrengen[347]; er kann und darf sich grundsätzlich
darauf verlassen, daß die Rechtsnormen verfassungsmäßig und gültig
sind[348]. Auch der Bundesfinanzhof gestattet im Ergebnis eine Über-
prüfung der sachlichen Richtigkeit des Steuerbescheides im Verfahren
nach § 131 AO, wenn die Festsetzung der Steuer eindeutig fehlerhaft
war oder wenn ausnahmsweise besondere Gründe eine solche Prüfung
erforderlich machen[349].

Würde die Finanzverwaltung einen Erlaßantrag mit der Begründung
ablehnen, der Steuerpflichtige hätte die Nichtigkeit der zugrunde liegenden Rechtsnorm im Rechtsmittelverfahren geltend machen können,
so wäre eine solche Entscheidung ebenso ermessensfehlerhaft wie die
Ablehnung eines Antrags auf Fehleraufdeckung nach § 222 Abs. 1
Ziff. 4 AO[350].

---

[346] BFH-Urteile vom 20. 11. 1962 und 21. 12. 1961, HFR 1963 Nr. 262 S. 268
und Nr. 298 S. 306 ff., 308 r. oben.
[347] Vgl. oben unter D II 3 b.
[348] Urteil vom 29. 8. 1962, BStBl. 1963 III 150.
[349] Urteil vom 31. 1. 1963, HFR 1963 Nr. 225 S. 225.
[350] Siehe oben unter D II 3 b am Ende.

4. Die Berichtigungsvorschriften
als Hinderungsgrund für einen Erlaß

Nach der hier vertretenen Auffassung liegen die tatbestandlichen Voraussetzungen mehrerer Berichtigungsvorschriften zugunsten des Steuerpflichtigen vor, wobei § 79 Abs. 2 Satz 1 BVerfGG wegen der ihm innewohnenden „einfachen konstitutiven Schutzwirkung" die Berichtigung nicht ausschließt[351]. Können Steuerbescheide auf diesem Weg berichtigt werden, so ist ein Rechtsschutzbedürfnis für ein Erstattungsverfahren im Billigkeitswege nach § 131 AO nicht gegeben, weil der Steuerpflichtige hier einen Rechtsanspruch auf die Berichtigung und Erstattung hat[352].

Leugnet man jedoch eine Berichtigungsmöglichkeit der auf einer nichtigen Rechtsnorm beruhenden Steuerverwaltungsakte, indem man die tatbestandlichen Voraussetzungen der Berichtigungsvorschriften zugunsten des Steuerpflichtigen für nicht gegeben oder diese Vorschriften für durch § 79 Abs. 2 Satz 1 BVerfGG ausgeschlossen hält, so stellt sich weiterhin die Frage nach der Erstattung der Steuerbeträge im Billigkeitsweg.

5. Sachliche Billigkeitsgründe

Daß die Unbilligkeit in einem solchen Fall nicht in der Person des Steuerpflichtigen oder in seinen wirtschaftlichen Verhältnissen liegt, schließt § 131 AO nicht aus. Auch sogenannte „sachliche Billigkeitsgründe", die sich unmittelbar aus dem steuerlichen Tatbestand ergeben, können zur Anwendung des § 131 AO führen[353]. Sachliche Billigkeitsgründe werden jedoch nur dann anerkannt, wenn nach dem erklärten oder mutmaßlichen Willen des Gesetzgebers auf dem in Frage kommenden Steuerrechtsgebiet angenommen werden kann, daß der Gesetzgeber die im Billigkeitsweg zu entscheidende Frage — hätte er sie geregelt — im Sinn der beabsichtigten Billigkeitsmaßnahme entschieden hätte[354].

§ 79 Abs. 2 Satz 1 BVerfGG läßt einen Schluß auf einen Willen des Gesetzgebers, die Erstattung im Billigkeitswege zu versagen, nicht zu,

---

[351] Vgl. oben unter D III 3 i dd s am Ende.

[352] RFH-Urteil vom 7. 7. 1933 in RStBl. 1089 ff., 1090 li. oben; *Tipke-Kruse*, AO § 131 Anm. 9; anders, a.a.O., Anm. 3 am Ende; vgl. auch das BFH-Urteil vom 8. 8. 1958, BStBl. III 409 re. Sp.

[353] BFH-Urteil vom 27. 3. 1958, BStBl. III 248 und Urteil des FG Rleinland-Pfalz vom 27. 3. 1963, EFG 428.

[354] BFH-Urteile vom 27. 3. 1958 in BStBl. III 248 und vom 28. 10. 1958 in BStBl. 1959 III 11; FG Rheinland-Pfalz a.a.O.

weil diese Bestimmung, wie oben ausgeführt worden ist[355], etwas anderes besagt und einer Anwendung des § 131 AO in Fällen, in denen Steuern auf Grund nichtiger Rechtsnormen gezahlt worden sind, nicht entgegensteht.

Dem wirklichen Willens des Gesetzgebers kann es nicht entsprechen, daß Steuern auf Grund nichtiger Rechtsnormen gezahlt werden. Er hat in § 1 Abs. 1 AO und in § 3 Abs. 1 AO den Grundsatz der Tatbestandsmäßigkeit der Steuererhebung aufgestellt, nach dem Steuerschulden nur dann entstehen, wenn ein Tatbestand verwirklicht worden ist, an den eine gültige Rechtsnorm die Leistungspflicht knüpft.

Hätte der Gesetzgeber vor Erlaß der Rechtsnorm ihre Verfassungswidrigkeit erkannt, so hätte er diese Rechtsnorm mit Sicherheit nicht erlassen. Im Sinn des § 131 AO ist deshalb grundsätzlich anzunehmen, daß die auf einer nichtigen Rechtsnorm beruhende Steuerfestsetzung dem Willen des Gesetzgebers widerspricht und daß er bei Kenntnis der Verfassungswidrigkeit die Angelegenheit im Sinn der beabsichtigten Billigkeitsmaßnahme geregelt hätte.

Aus diesen Gründen kann es nicht als eine ermessensfehlerhafte Entscheidung angesehen werden, wenn die Finanzverwaltung im Einzelfall die Entrichtung von Steuern auf Grund nichtiger Rechtsnormen als sachlich unbillig betrachtet. Die Finanzverwaltung kann somit eine Erstattung dieser Beträge nach § 131 AO vornehmen, ohne das ihr eingeräumte Ermessen zu verletzen.

Eine andere Frage, ist es, ob es stets als ermessensfehlerhaft anzusehen ist, wenn die Finanzverwaltung es ablehnt, ohne gültige Rechtsgrundlage gezahlte Steuern im Billigkeitsweg zu erstatten. Der Bundesfinanzhof hat diese Frage in einem Urteil grundsätzlich bejaht, wenn bestimmte weitere Voraussetzungen hinzutreten, z. B. wenn der Steuerpflichtige im Vertrauen auf die Gültigkeit einer ihn begünstigenden Rechtsnorm bestimmte Dispositionen getroffen hat. In diesem Fall hat nach Meinung des Bundesfinanzhofs die Finanzverwaltung zu prüfen, ob und inwieweit der in der für nichtig erklärten Vorschrift vorgesehene Steuervorteil dem Steuerpflichtigen zu gewähren ist, wobei in der Regel nur die Gewährung des Vorteils im Billigkeitsweg als ermessensfehlerfreie Entscheidung anzusehen ist[356].

Auch wenn der Steuerpflichtige im Vertrauen auf die Gültigkeit dieser Rechtsnorm lediglich Steuern gezahlt hat, ohne besondere Dispositionen getroffen zu haben, ist die Einbehaltung dieser Steuern in hohem Maße unbillig. Die Gesichtspunkte der materiellen Gerechtigkeit, der

---

[355] Vgl. oben unter D IV.
[356] BFH-Urteil vom 5. 11. 1964 in BStBl. III 602 ff., 609 li. Sp. Mitte.

Gleichmäßigkeit der Besteuerung und des Schutzes des Vertrauens des Steuerpflichtigen auf die Gültigkeit der nichtigen Norm, die bereits zur Bejahung der „einfachen konstitutiven Schutzwirkung" bei der Berichtigungsfrage geführt haben[357], gebieten es grundsätzlich, die Erstattung der ohne gültige gesetzliche Grundlage gezahlten Steuern im Billigkeitsweg nach § 131 AO als einzige ermessenfehlerfreie Entscheidung anzusehen.

V. Vorschläge für eine Lösung der Frage der Berichtigung durch den Gesetzgeber

Nach der hier vertretenen Ansicht gestattet das geltende Recht die Berichtigung der Steuerverwaltungsakte wegen der Nichtigkeit der ihnen zugrunde liegenden Steuerrechtsnormen in den wichtigsten Fällen zugunsten des Steuerpflichtigen und in gewissen Fällen auch zugunsten der Finanzverwaltung. Die größten Unzuträglichkeiten, die sich als Folge der Nichtigkeit der den Steuerverwaltungsakten zugrunde liegenden Normen ergeben, werden nach der hier vertreten Auffassung somit vermieden.

Diejenigen, die im Ergebnis die verstärkte konstitutive Schutzwirkung als Inhalt § 79 Abs. 2 Satz 1 BVerfGG ansehen[358], bemerken in zunehmendem Maße die sich daraus ergebenden Unzuträglichkeiten und beginnen eine Lösung de lege ferenda zu verlangen[359].

1. Übernahme der österreichischen Regelung der Wirkungen der Nichtigerklärungen von Rechtsnormen?

So wird die Auffassung vertreten, die geschilderten Unzuträglichkeiten hätten ihre Ursache in der „Rückwirkung" der gerichtlichen Nichtigerklärung von Normen durch das Bundesverfassungsgericht[360] und meinen, die Unzuträglichkeiten könnten dadurch beseitigt werden, daß in das Bundesverfassungsgerichtsgesetz eine Vorschrift aufgenommen wird, die Art. 140 Abs. 3 des österreichischen Bundesverfassungsgesetzes

---

[357] Vgl. oben unter D III 3 i dd.

[358] Vgl. oben Anm. 140 ff.

[359] *Wauer* in StW 1963 Sp. 263; *Spitaler* in BB 1962, 421 ff., 423 unter VII; Finanzausschuß des Dt. Bundestages, Drucks. IV/1343 unter B S. 3. A. A. die Bundesregierung, BT-Drucks. IV 2126; vgl. auch FR 1964, 178; die Bundesregierung meint, eine Änderung des § 79 Abs. 2 Satz 1 BVerfGG würde im Steuerrecht zu unpraktikablen und für die Ordnung der Staatsfinanzen bedenklichen Ergebnissen führen.

[360] BFH-Urteil vom 22. 11. 1962, BStBl. 1963 III 31 ff., 32; ebenso *Wauer*, a.a.O.; vgl. auch *Spitaler*, a.a.O.

entspricht[361]. Diese Vorschrift müßte also eine konstitutive Wirkung der Nichtigerklärung der Norm durch das Bundesverfassungsgericht beinhalten, durch die die Norm ex nunc „vernichtet" wird.

Dieser Auffassung ist entschieden zu widersprechen. Die Erfahrungen, die Österreich mit Art. 140 Abs. 3 seiner Verfassung auf dem Gebiet des Steuerrechts gemacht hat[362], zeigen, daß die „ex nunc-Wirkung" andere und wahrscheinlich größere Unzuträglichkeiten und Ungerechtigkeiten mit sich bringt als die sog. „ex tunc-Wirkung" der gerichtlichen Nichtigerklärung einer Norm. Zum anderen läßt sich die österreichische Regelung mit den Grundsätzen des deutschen Verfassungsrechts über die ipso-iure-Nichtigkeit von Normen, die gegen höherrangiges Recht verstoßen, nicht vereinbaren.

2. Lösung im Sinn einer Berichtigung wegen der Nichtigkeit der Norm

Wenn schon nach einer Lösung de lege ferenda gesucht wird, dann sollte im Interesse der materiellen Gerechtigkeit eine solche Lösung gefunden werden, die die Auswirkungen, die Rechtsprechung, Verwaltung und die überwiegende Zahl der Autoren des steuerrechtlichen Schrifttums § 79 Abs. 2 Satz 1 BVerfGG beimessen, nämlich die „verstärkte konstitutive Schutzwirkung" im hier gemeinten Sinn, beseitigt und dadurch eine Berichtigung der Steuerverwaltungsakte wegen der Nichtigkeit der Rechtsnorm, auf der sie beruhen, zugelassen wird[363].

Eine solche Lösung könnte auf drei verschiedenen Wegen erreicht werden:

1. durch eine entsprechende gesetzliche Regelung für jeden einzelnen Fall der Nichtigerklärung einer Norm durch ein Gericht[364];

---

[361] Vgl. *Ermacora*, Die österreichische Verfassungsgerichtsbarkeit seit 1945, Jahrbuch für öffentliches Recht n. F. Band 8 S. 77 ff. — Art. 140 Abs. 3 a.a.O. bestimmt, daß die vom Verfassungsgerichtshof ausgesprochene „Aufhebung" eines Gesetzes grundsätzlich — abgesehen von den „Anlaßfällen" (vgl. dazu Wauer in StW 1963 Sp. 264) — am Tag der Kundmachung, also ex nunc in Kraft tritt. Der Verfassungsgerichtshof kann für das Außerkrafttreten der als verfassungswidrig erkannten Norm sogar eine Frist von bis zu einem Jahr bestimmen.

[362] Vgl. *Ernst* in StW 1963 Sp. 1 ff. Der österreichische Verfassungsgerichtshof hat ebenso wie das deutsche Bundesverfassungsgericht die die Zusammenveranlagung von Ehegatten anordnende Gesetzesvorschrift im März 1958 als verfassungswidrig „aufgehoben" und eine Frist bis zum 31. 12. 1958 gesetzt, um dem Gesetzgeber Zeit für eine Neuregelung zu geben. Die Gesetzgebungsorgane des österreichischen Staates konnten sich aber über diese Neuregelung nicht einigen und haben für 1958 und 1959 den verfassungswidrigen Zustand durch neu erlassene Gesetze ausdrücklich aufrechterhalten, was nach dem österreichischen Verfassungsrecht möglich ist.

[363] In diesem Sinn auch der Finanzausschuß, Antrag vom 18. 6. 1963, Drucks. IV/1343 unter B S. 3.

[364] Vgl. oben unter D III 3 j.

2. durch eine Änderung des § 79 Abs. 2 Satz 1 BVerfGG, durch die zum Ausdruck gebracht wird, daß „nicht mehr anfechtbare Entscheidungen" in ihrer formellen Bestands- oder Rechtskraft von der Nichtigerklärung unberührt bleiben, daß sie aber wegen der Nichtigkeit der Rechtsnorm abgeändert werden können, wo eine solche Abänderung ohne Eingriff in die formelle Bestands- oder Rechtskraft nach allgemeinen Verfahrensvorschriften zulässig ist;

3. durch Aufnahme einer besonderen Berichtigungsvorschrift für Steuerverwaltungsakte, die auf einer nichtigen Steuerrechtsnorm beruhen, in die Reichsabgabenordnung.

Der erste Weg ist umständlich und erfordert ein Eingreifen des Gesetzgebers in jedem einzelnen Fall der Nichtigerklärung einer Norm. Er würde also eine erhebliche gesetzgeberische Mehrarbeit mit sich bringen und erscheint aus diesem Grund als wenig praktikabel.

Der zweite Weg setzt genaue Überlegungen voraus, wie sich die vorgeschlagene Neufassung des § 79 Abs. 2 Satz 1 BVerfGG auf alle übrigen Entscheidungen (außer den Steuerverwaltungsakten), also auf Urteile und Beschlüsse der Gerichte aller Gerichtszweige[365] und auf Verwaltungsakte auswirken würde. Auch nach der vorgeschlagenen Neufassung könnten gerichtliche Erkenntnisse mit Ausnahme der Strafurteile wohl wie bisher nicht abgeändert werden, weil es unter den Vorschriften über die Wiederaufnahme des Verfahrens an einer Regelung fehlt, die eine Wiederaufnahme wegen der Nichtigkeit der dem Urteil zugrunde liegenden Norm zuließe[366]. Die Auswirkungen der in Betracht gezogenen Änderungen des § 79 Abs. 2 Satz 1 BVerfGG auf unanfechtbare Verwaltungsakte sind schwierig zu beurteilen, weil ihre Rücknahme sich nach den allgemeinen verwaltungsrechtlichen Grundsätzen richtet, über die keineswegs Einigkeit besteht[367]. Durch eine solche Änderung des § 79 Abs. 2 Satz 1 BVerfGG könnten wohl auch nicht alle auftretenden Ungerechtigkeiten vermieden werden.

Andererseits spielt die Rechtsfrage der Abänderbarkeit der auf nichtigen Normen beruhenden Hoheitsakte im Steuerrecht die wohl gewichtigste Rolle und hat auf diesem Rechtsgebiet Auswirkungen von ganz besonderer Tragweite[368]. Gerade hier bedarf die Frage, wie die

---

[365] Mit Ausnahme der strafgerichtlichen Urteile wegen § 79 Abs. 1 BVerfGG.

[366] Vgl. jedoch die Ausführungen *Kornblums* in DÖV 1962, 654 ff. zur Abänderbarkeit rechtskräftiger verwaltungsgerichtlicher Erkenntnisse (Urteile) im Fall späterer Gesetzesänderungen (also nicht im Fall der Nichtigkeitserklärung einer Norm).

[367] Die Frage ist umstritten. Vgl. *Zschacke* in DVBl. 1962, 322 zur Frage der Rücknahme rechtswidriger belastender Verwaltungsakte nach ihrer Unanfechtbarkeit. Vgl. auch *Menger* in VerwArch Band 54, 88 ff., 89.

[368] So auch *Wauer* in StW 1963 Sp. 263 ff., 264.

bisherigen Erfahrungen gezeigt haben, am dringendsten einer Lösung.
Der Gesetzgeber könnte sich deshalb darauf beschränken, den hier als
dritte Möglichkeit vorgeschlagenen Weg einzuschlagen und nur eine
Berichtigungsmöglichkeit der ihnen zugrunde liegenden Steuerrechtsnormen durch eine besondere gesetzliche Vorschrift zu schaffen. Diese
Vorschrift wäre nach ihrer Systematik in die Reichsabgabenordnung
aufzunehmen, und zwar zweckmäßigerweise im Anschluß an § 222 AO.

Sie würde eine „besondere gesetzliche Regelung" im Sinn des § 79
Abs. 2 Satz 1 BVerfGG darstellen, weil es sich bei ihr um eine besondere
von dieser Bestimmung abweichende Regelung der Folgen der Nichtigerklärung von Rechtsnormen auf Steuerverwaltungsakte handeln
würde[369]. In einer solchen Vorschrift könnte eine Berichtigung von
Steuerverwaltungsakten, die auf einer vom Bundesverfassungsgericht
für nichtig erklärten Rechtsnorm beruhen, im Rahmen der tatbestands-
mäßig anwendbaren Berichtigungsvorschriften[370] angeordnet werden.
Angesichts der dabei nicht zu vermeidenden Ungleichheiten bei einer
Berichtigung zugunsten des Steuerpflichtigen und zugunsten der Finanzverwaltung[371], die sich aus dem geltenden Recht ergeben, empfiehlt es
sich aber, die Voraussetzungen für eine Berichtigung solcher Steuerverwaltungsakte in der neuen Vorschrift selbst aufzustellen und dabei
gleiche Voraussetzungen für die Berichtigung zugunsten des Steuerpflichtigen und zugunsten der Finanzverwaltung zu schaffen.

Entsprechend den geltenden Berichtigungsvorschriften sollte diese
Berichtigung nur innerhalb der steuerlichen Verjährungsfristen zulässig sein (Abs. 1 der vorgeschlagenen Fassung). Da es sich um eine
Berichtigung aus rein rechtlichen Gründen handelt, sollte sie nicht in
das pflichtgemäße Ermessen der Finanzverwaltung gestellt werden,
sondern der Steuerpflichtige sollte auf sie einen Rechtsanspruch haben
(Abs. 1 der vorgeschlagenen Fassung). Im Fall der Nichtigerklärung
einer für den Steuerpflichtigen ungünstigen Norm würde die Berichtigung allein einer Verbesserung der Lage des Steuerpflichtigen
dienen. Es erscheint deshalb zweckmäßig, diese Berichtigung von einem
Willensakt des Steuerpflichtigen, also einem Antrag abhängig zu machen, der im Interesse der Klarheit der Rechtslage und des Rechtsfriedens auch fristgebunden sein sollte (Abs. 1 Ziffer 2 der vorgeschlagenen Fassung).

Diese Berichtigungsvorschrift sollte an sich auch für Steuerverwaltungsakte gelten, die auf einer von einem Landesverfassungsgericht für
nichtig erklärten Rechtsnorm beruhen. Insoweit fehlt dem Bundes-

---

[369] Vgl. oben unter D III 3 j.
[370] Vgl. oben unter D II 2 b u. 4 a.
[371] Vgl. oben unter D III 3 k.

gesetzgeber jedoch die Gesetzgebungskompetenz, so daß die vorgeschlagene Berichtigungsvorschrift auf landesverfassungsgerichtliche
Nichtigerklärungen nicht ausgedehnt werden kann. Diese Lösung erscheint vertretbar, weil in der Praxis Nichtigerklärungen von Rechtsnormen durch Landesverfassungsgerichte keine große Rolle spielen.
Dagegen sollte die Berichtigungsvorschrift auf inzidente Nichtigkeitsfeststellungen durch den Bundesfinanzhof und andere obere Bundes-
gerichte entsprechend anwendbar sein, zumal es an einer gesetzlichen
Regelung der Wirkungen der inzidenten Nichtigkeitsfeststellung fehlt.

Die inzidente Feststellung der Nichtigkeit einer Steuerrechtsnorm
durch den Bundesfinanzhof würde damit zwar eine über die Rechtskraft
des Urteils weit hinausgehende und § 31 Abs. 1 BVerfGG ähnliche Wirkung erhalten[372], jedoch rechtfertigt sich dieses Ergebnis dadurch, daß
die Rechtsordnung eine Norm nur entweder als gültig oder als nichtig
behandeln kann, und daß darüber — soweit möglich — Einigkeit bestehen sollte. Den Nichtigerklärungen der im Rang unter den oberen
Bundesgerichten stehenden Gerichte, also z. B. eines Finanzgerichts, die
gleichen über die Rechtskraft des Urteils hinausgehenden Wirkungen
beizumessen, ist jedoch nicht angängig, weil hier eine entgegengesetzte
Entscheidung über die Gültigkeit der Norm durch das obere Bundesgericht des betreffenden Rechtszweiges (also z. B. durch den Bundesfinanzhof) nicht ausgeschlossen ist. In diesen Fällen ist die Möglichkeit
gegeben, die Sache im Rechtsmittelweg an den Bundesfinanzhof zu
bringen.

Ferner ist an die §§ 26 Abs. 5 EStG 1957 und 36 a Abs. 4 GewStG 1963
zu denken, die eine Berichtigung der Einkommen- und Gewerbesteuer-
bescheide, die auf den betreffenden Rechtsnormen beruhen, ausdrücklich auszuschließen. Der Gesetzgeber wird sich kaum zur rückwirkenden
Aufhebung dieser Vorschriften bereitfinden. Deshalb sieht Abs. 2 der
vorgeschlagenen Fassung vor, daß in diesen Fällen eine Berichtigung
nicht stattfindet.

Bei der Berichtigung zugunsten der Finanzverwaltung sind die auf
S. 79 ff. dargelegten Beschränkungen zu beachten. Diesem Zweck dient
Abs. 4 der vorgeschlagenen Berichtigungsvorschrift.

Unter Berücksichtigung dieser Gesichtspunkte wird für die besondere
Berichtigungsvorschrift folgende Fassung vorgeschlagen:

(1) Beruht ein Steuerverwaltungsakt auf einer vom Bundesverfassungsgericht für nichtig erklärten Rechtsnorm, so findet bis zum Ablauf der Verjährungsfrist eine Berichtigung statt

---

[372] Vgl. oben unter A III.

1. von Amts wegen, wenn die Anwendung des gültigen Rechts eine höhere Steuerfestsetzung oder Steuerfeststellung rechtfertigt,

2. auf Antrag des Steuerpflichtigen, wenn die Anwendung des gültigen Rechts eine niedrigere Steuerfestsetzung oder Steuerfeststellung rechtfertigt. Der Antrag ist binnen eines Jahres nach dem Ergehen der die Nichtigkeit der Rechtsnorm feststellenden gerichtlichen Entscheidung zu stellen.

(2) Eine Berichtigung nach Absatz 1 und 2 findet nicht statt, wenn sie durch ein besonderes Gesetz ausgeschlossen ist.

(3) Eine Berichtigung im Sinn des Absatzes 1 Nr. 1 findet insoweit nicht statt, als der Steuerpflichtige im Vertrauen auf die Gültigkeit der für nichtig erklärten Rechtsnormen steuerwirksame Maßnahme getroffen hat, deren Rückgängigmachung ihm unmöglich oder unzumutbar ist.

(4) Die Absätze 1—3 gelten entsprechend, wenn der Bundesfinanzhof oder ein anderes oberes Bundesgericht die Nichtigkeit einer Rechtsnorm inzident festgestellt haben.

Nachtrag

Die Bundesregierung hat im Februar 1970 dem Bundestag den Entwurf eines Vierten Gesetzes zur Änderung des Gesetzes über das Bundesverfassungsgericht vorgelegt[1]. In diesem Entwurf wird u. a. vorgeschlagen, § 79 BVerfGG dahin zu ändern, daß dem Bundesverfassungsgericht die Befugnis eingeräumt wird, aus schwerwiegenden Gründen des öffentlichen Wohles in seiner Entscheidung zu bestimmen, daß ein für nichtig erklärtes Gesetz erst zu einem vom Gericht festzusetzenden Zeitpunkt als außer Kraft getreten gilt, wobei dieser Zeitpunkt nicht nach dem Wirksamwerden der Entscheidung liegen darf[2].

Mit diesem Gesetzesentwurf wird im Ergebnis ein Weg beschritten, wie er vorstehend unter V/1 als einer von mehreren möglichen Wegen angeführt worden ist. Durch den Gesetzesentwurf wird im wesentlichen die österreichische Regelung für das Deutsche Recht übernommen, allerdings mit der Maßgabe, daß der späteste Zeitpunkt für das Außerkrafttreten der verfassungswidrigen Norm der Zeitpunkt des Wirksamwerdens der Entscheidung des Bundesverfassungsgerichtes ist[3]. Hiernach entfällt die im österreichischen Recht vorgesehene Möglichkeit, daß das Verfassungsgericht in seiner Entscheidung eine Frist für das Außerkrafttreten der verfassungswidrigen Rechtsnorm setzt, die erst nach dem Wirksamwerden der verfassungsgerichtlichen Entscheidung abläuft[4]. Hiervon abgesehen folgt der Regierungsentwurf jedoch weitgehend der österreichischen Regelung.

Auf der Grundlage des Regierungsentwurfes würde sich die Frage einer Berichtigung der auf verfassungswidrigen Rechtsnormen beruhenden unanfechtbaren Steuerbescheide wie folgt regeln:

a) Wenn das Bundesverfassungsgericht aus schwerwiegenden Gründen des öffentlichen Wohles in seiner Entscheidung einen Zeitpunkt für das Außerkrafttreten der verfassungswidrigen Rechtsnorm bestimmt,

---

[1] Deutscher Bundestag 6. Wahlperiode, Drucksache VI/388.

[2] Drucksache VI/388, Art. 1 Nr. 5 des Gesetzesentwurfes sowie Beschluß des Plenums des Bundesverfassungsgerichtes vom 13. 11. 1969 Art. 1 Ziff. 14 (Anlage zur Drucksache VI/388).

[3] Vgl. hierzu den neuen Absatz 4 des § 79 BVerfGG gemäß Beschluß des Plenums des Bundesverfassungsgerichts vom 13. 11. 1969 (Anlage zur Drucksache VI/388).

[4] Vgl. oben unter C II 1 c.

so entfällt jede Berichtigungsmöglichkeit der auf dieser Rechtsnorm beruhenden Steuerverwaltungsakte, sofern sie vor dem vom Bundesverfassungsgericht bestimmten Zeitpunkt unanfechtbar geworden ist.

Wie die Bundesregierung in der Begründung zu ihrem Entwurf eingeräumt hat[5], wird hinsichtlich der Nichtigkeit der verfassungswidrigen Rechtsnormen das „ex-tunc-Prinzip" durchbrochen, d. h. die Nichtigkeit der verfassungswidrigen Rechtsnorm wirkt erst von dem vom Bundesverfassungsgericht bestimmten Zeitpunkt an. Die in diesem Zeitpunkt bereits unanfechtbar gewordenen Steuerverwaltungsakte, die auf der betreffenden verfassungswidrigen Rechtsnorm beruhen, können nicht berichtigt werden; die tatbestandsmäßigen Voraussetzungen der einzelnen Berichtigungsvorschriften der Abgabenordnung liegen nicht vor, wenn der Regierungsentwurf zugrunde gelegt wird.

Dabei kommt es auf § 79 Abs. 2 Satz 1 BVerfGG a. F. (gemäß Regierungsentwurf in Zukunft Abs. 3 Satz 1) nicht mehr an.

b) In den Fällen, in denen das Bundesverfassungsgericht sich nicht dazu entschließt, schwerwiegende Gründe des öffentlichen Wohles im Sinn des § 79 Abs. 1 BVerfGG n. F. zu bejahen, verbleibt es dagegen bei der ex-tunc-Wirkung der Nichtigerklärung, die gemäß dem Regierungsentwurf grundsätzlich unberührt bleiben soll[6]. In diesen Fällen stellt sich also nach wie vor die Frage, ob die auf der verfassungswidrigen Rechtsnorm beruhenden und bereits unanfechtbar gewordenen Steuerverwaltungsakte berichtigt werden können.

Auffälligerweise wird in dem Regierungsentwurf zu dieser Frage, die doch auch auf der Grundlage des Entwurfes von Bedeutung ist, nicht eindeutig Stellung genommen.

Einerseits zitiert die Bundesregierung in der Begründung zu ihrem Entwurf — und zwar offensichtlich zustimmend — den Beschluß des Deutschen Bundestages vom 28. Juni 1963[7], der § 79 Abs. 2 Satz 1 BVerfGG a. F. eine Wirkung beimißt, die der hier „verstärkte konstitutive Schutzwirkung" genannten in etwa entspricht. Andererseits wird die Notwendigkeit der Änderung des § 79 BVerfGG durch den Entwurf der Bundesregierung damit begründet, daß bereits nach geltendem Recht die mit der Nichtigerklärung verbundenen Folgen der Rückwirkung so weitreichend seien, daß sie im Einzelfall zu schweren Nachteilen für die Gemeinschaft führen können und ins-

---

[5] Drucksache VI/388 Seite 10 links unten.

[6] Drucksache VI/388 Seite 9 links unten und Seite 10 links mitte.

[7] Vgl. Anmerkung 164.

besondere bei der Nichtigerklärung von Gesetzen über öffentliche Abgabe- oder Leistungspflichten sich unvorhersehbare Haushaltsbelastungen ergeben können[8].

Diese Erwägungen lassen den Schluß zu, daß die Bundesregierung dem § 79 Abs. 2 Satz 1 BVerfGG a. F. doch nur eine mindere Schutzwirkung beimessen will und Berichtigungsmöglichkeiten, die nach geltendem Recht, z. B. nach der Abgabenordnung, bestehen, durch diese Bestimmung mindestens nicht völlig ausschließen möchte. Dafür spricht auch die Erwägung in der Begründung zum Regierungsentwurf, daß durch die vorgeschlagene Neuregelung in der Vergangenheit nach dem nichtigen Gesetz beurteilte Sachverhalte nicht aufgerollt zu werden brauchten, wenn anders erhebliche Nachteile für das gemeine Wohl nicht abgewendet werden können[9]. Hieraus kann geschlossen werden, daß die Bundesregierung die Auffassung vertritt, daß ohne die vorgeschlagene Neuregelung in der Vergangenheit nach dem nichtigen Gesetz beurteilte Sachverhalte jedenfalls grundsätzlich wieder aufzurollen sind. Hiernach scheint die Bundesregierung jedenfalls vom Ergebnis her gesehen, dem § 79 Abs. 2 Satz 1 BVerfGG a. F. eine ähnliche Wirkung beizumessen wie die, die hier „einfache konstitutive Schutzwirkung" genannt worden ist.

Somit können bei Verneinung der schwerwiegenden Gründe des Gemeinwohls im Sinn des § 79 Abs. 1 BVerfGG gemäß Regierungsentwurf die auf der nichtigen Rechtsnorm beruhenden Steuerverwaltungsakte jedenfalls grundsätzlich berichtigt werden.

II.

An dem Regierungsentwurf ist vornehmlich zu kritisieren, daß er der verfassungswidrigen Rechtsnorm eine vorübergehende Gültigkeit beimißt und diese Rechtsnorm bis zu dem vom Bundesverfassungsgericht zu bestimmenden Zeitpunkt jedenfalls im Ergebnis als vollgültige und vollwertige Norm behandelt, obwohl diese Rechtsnorm auch und gerade in dem Zeitraum zwischen ihrem Erlaß und dem vom Bundesverfassungsgericht zu bestimmenden Zeitpunkt im Widerspruch zu der ranghöheren Rechtsquelle des Verfassungsrechtes stand. Dem Grundgedanken des deutschen Verfassungsrechtes, daß das ranghöhere Recht absolute Geltung hat und infolge seiner stärkeren Kraft das Recht der niedrigeren Rechtsstufe bricht und damit dessen Gültigkeit hindert, wird im Regierungsentwurf nicht entsprochen. Dieser Grundgedanke

---

[8] Drucksache VI/388 Seite 9 rechts oben.
[9] Drucksache VI/388 Seite 10 links mitte.

wird vielmehr mittels einer mit Gesetzeskraft ausgestatteten Fixion in sein Gegenteil verkehrt.

Aus diesen Gründen in dem nunmehr im Regierungsentwurf beschrittenen Weg bei den im Rahmen dieser Arbeit angestellten Erwägungen für eine Lösung de lege ferenda nicht gefolgt worden[10].

Die Bundesregierung rechtfertigt ihren Entwurf im wesentlichen mit der Erwägung, das Bundesverfassungsgericht solle bei seiner ohnehin schwierigen und verantwortungsvollen Aufgabe von der zusätzlichen Rücksichtnahme auf die folgenschweren Nachteile entlastet werden, die sich aus der Auswirkung seines Spruches in die Vergangenheit für das gemeine Wohl ergeben können[11].

Diese Auswirkungen werden vornehmlich in bezug auf den Staatshaushalt, auf die staatliche Finanzführung und die Finanzplanung gesehen[12].

Im Rahmen dieser Arbeit ist eingehend dargelegt worden, daß den Gesichtspunkten der Rechtssicherheit, der Auswirkung auf den Staatshaushalt und der Praktikabilität (etwaige Mehrarbeit der Finanzbehörden bei der Berichtigung von Steuerverwaltungsakten) zwar ein erhebliches, aber nicht das alleinige und ausschlaggebende Gewicht für die Lösung der hier in Rede stehenden Frage beizumessen ist. Es ist im einzelnen ausgeführt worden, daß es andere Gesichtspunkte gibt, wie die Gesetzmäßigkeit und Gleichmäßigkeit der Besteuerung, den Grundsatz von Recht und Billigkeit und damit letzten Endes den Grundsatz der materiellen Gerechtigkeit, die dafür sprechen, auch de lege ferenda eine Berichtigung der auf verfassungswidrigen Rechtsnormen beruhenden Steuerverwaltungsakte zuzulassen[13]. Insbesondere der Umstand, daß die Gesetzgebungsorgane selbst in den nach der Verfassung vorgesehenen Verfahren die nichtigen Rechtsnormen zunächst beschlossen und ihnen den Anschein des gültigen und vollwertigen Rechtes verliehen haben, sollte für die gesetzgebenden Organe den letztlich entscheidenden Grund bilden, die durch eine Berichtigung der auf der nichtigen Rechtsnorm beruhenden Steuerverwaltungsakte für den Staatshaushalt, die Finanzführung und die Finanzplanung notwendigerweise auftretenden Schwierigkeiten in Kauf nehmen[14].

Daß Schwierigkeiten dieser Art für die Finanzführung und Finanzplanung eintreten können, ist sicher nicht zu leugnen. Diese Schwierig-

---

[10] Siehe oben unter C II 1 c.
[11] Siehe oben unter D V 1.
[12] Drucksache VI/388 Seite 5 rechts mitte.
[13] Drucksache VI/388 Seite 9 rechts oben.
[14] Siehe oben unter D III 3 k.

keiten können aber nicht als unüberwindbar angesehen werden. Mit
ähnlichen Schwierigkeiten muß die staatliche Finanzplanung auch dann
fertig werden, wenn Vorausschätzungen über künftige Steuereinnahmen sich wegen einer Änderung der wirtschaftlichen Verhältnisse,
z. B. wegen einer konjunkturellen Abschwächung der gesamten Volks-
wirtschaft, nicht bewahrheiten und die tatsächlichen Steuereinnahmen
sodann hinter den geschätzten Beträgen zurückbleiben. Auch in einem
solchen Fall hat die Finanzplanung mit höheren Steuereinnahmen gerechnet und aufgrund dieser Erwartungen bereits bestimmte Maßnahmen getroffen. Auch in einem solchen Fall muß der Staat durch
eine Änderung seiner Ausgabenpolitik oder durch sonstige Maßnahmen
(z. B. durch Auflegen von staatlichen Anleihen usw.) sich auf die
niedriger gewordenen tatsächlichen Steuereinnahmen einstellen und
die sich daraus ergebenden Schwierigkeiten meistern.

De lege ferenda sollte deshalb die Berichtigung der auf verfassungswidrigen Rechtsnormen beruhenden Steuerverwaltungsakte mindestens
grundsätzlich im Sinn der in dieser Arbeit gemachten Vorschläge zugelassen werden.

Literaturverzeichnis

I. Erläuterungsbücher

Baumbach-Lauterbach: Zivilprozeßordnung, 26. Aufl. 1961

Becker: Die Reichsabgabenordnung, 5. Aufl. 1926

Eyermann-Fröhler: Verwaltungsgerichtsordnung, 4. Aufl. 1965

Geiger: Gesetz über das Bundesverfassungsgericht vom 12. März 1951, Kommentar 1952

Hübschmann-Hepp-Spitaler-von Wallis-Lademann-Hartung: Kommentar zur Reichsabgabenordnung und den Nebengesetzen, 1.—4. Aufl. 1960

Kühn: Abgabenordnung, Steueranpassungsgesetz, Finanzverwaltungsgesetze, Nebengesetze, 7. Aufl. 1963

Lechner: Bundesverfassungsgerichtsgesetz 1954

— Gesetz zur Änderung des Gesetzes über das Bundesverfassungsgericht, Ergänzungsband zum Kurzkommentar, Band 31 „Bundesverfassungsgerichtsgesetz" 1957

Maunz-Dürig: Grundgesetz, Kommentar, Lieferung 1—6, 1963

Riewald: Reichsabgabenordnung und Steueranpassungsgesetz, zugleich 8. Aufl. des Kommentars zur Reichsabgabenordnung von Dr. h. c. Enno Becker, Teil I, enthaltend das Steueranpassungsgesetz und die §§ 1—159 der Reichsabgabenordnung, 1941

Stein- Jonas-Schönke-Pohle: Zivilprozeßordnung, 18. Aufl. 1961

Tipke-Kruse: Reichsabgabenordnung mit Nebengesetzen, Taschenkommentar Band I: §§ 1—227 AO, 1961

II. Lehrbücher

Adamovich-Spanner: Handbuch des österreichischen Verfassungsrechts, 5. Aufl. Wien 1957

Bühler: Lehrbuch der Steuerrechts, I. Band, Allgemeines Steuerrecht, 1927

— Steuerrecht, Grundriß in zwei Bänden,, I. Allgemeines Steuerrecht, 1951

Forsthoff: Lehrbuch des Verwaltungsrechts, Erster Band Allgemeiner Teil, 8. Aufl. 1961

Frisch: Lehrbuch des österreichischen Verfassungsrechts, Wien 1932

Huber: Wirtschaftsverwaltungsrecht, Zweiter Band 2. Aufl. 1954

Jellinek: Lehrbuch des Verwaltungsrechts, 3. Aufl. 1948

Maunz: Deutsches Staatsrecht, 12. Aufl. München und Berlin 1963

Mayer: Lehrbuch des Verwaltungsrechts, Band I 3. Aufl.

Marcuse: Das neue Reichssteuerrecht, Kurzgefaßte Gesamtdarstellung der neuen Reichtssteuern, 2. Aufl. 1923

Turregg-Kraus: Lehrbuch des Verwaltungsrechts, 1962

Wolff: Verwaltungsrecht I, 4. Aufl. 1961

III. Monographien und Dissertationen

Bender: Zur Verfassungsmäßigkeit des Verwaltungsstrafverfahrens nach der Abgabenordnung, Heft 68 der Schriftenreihe des Instituts „Finanzen und Steuern" 1963

Berger: Die Reichsabgabenordnung nach ihren Schwerpunkten für die Praxis

Boettcher-Grass: Die Ehegattenbesteuerung, 1957

Braxmeier: Rechtskraft, Widerruf und Berichtigung von Steuerbescheiden, Dissertation Freiburg/Br. 1953

Ermacora: Die österreichische Verfassungsgerichtsbarkeit seit 1945, JböR N. F. Band 8 1959, 77

Felix: Praktikabilitätserwägungen als Auslegungsgrundsatz im Steuerrecht, in „Von der Auslegung und Anwendung der Steuergesetze", herausgegeben von Dr. Günter Felix 1958

Hensel: Die Rangordnung der Rechtsquellen, insbesondere das Verhältnis von Reichs- und Landesgesetzgebung, in Handbuch des Deutschen Staatsrechts, 2. Band 1932

Franke: Die Rechtskraft der Steuerverwaltungsakte, Dissertation Münster 1962

Hippe: Die Rechtskraft von Steuerbescheiden nach Deutschem Recht, Dissertation Innsbruck 1960

Imboden: Der nichtige Staatsakt, Zürich 1944

Ipsen: Enteignung und Sozialisierung, in VVDStRL Heft 10, 74

Jellinek, Walter: Der fehlerhafte Staatsakt und seine Wirkungen, Tübingen 1908

Jesch: Die Bindung des Zivilrichters an Verwaltungsakte

Kühn: Die Rechtskraft in Steuersachen, 1931

Mittenzwei: Die Fehlerberichtigung nach § 222 Abs. 1 Ziff. 3 und 4 AO, Schriftenreihe des Instituts für Steuerrecht der Universität zu Köln 1964

Obermayer: Verwaltungsakt und innerdienstlicher Rechtsakt, 1956

Pohle, Rudolf: Bemerkungen über Verfassungsbeschwerde und Normenkontrolle nach Bundes- und Landesrecht aus Anlaß des hessischen Sozialisierungsstreits, 1953

Reche: Die Rechtskraft im Steuerrecht, insbesonder ihr Verhältnis zur Unabänderlichkeit, Dissertation Münster 1952

Sauer: Fehlerberichtigung zugunsten des Steuerpflichtigen auf Grund geänderter Rechtsprechung des Bundesfinanzhofs oder des Bundesverfassungsgerichts (Treu und Glauben im Rahmen des § 222 Abs. 2 AO), Nürnberger Dissertation 1959

Theis: Die Ehegattensteuer, 1957

Vogel, Klaus: Die Berichtigungsveranlagung, 1959

Wernscheid: Die Berichtigung rechtskräftiger Steuerbescheide (§ 222 AO), Dissertation Köln 1958

Winkler, Günther: Der Bescheid, Wien 1956

Würdinger, Rudolf: Die Berichtigung von Steuerbescheiden und diesen gleichgestellten Bescheiden, Dissertation München 1954

IV. Aufsätze und Anmerkungen zu Entscheidungen

Arndt: Hat die Feststellung der Verfassungswidrigkeit eines Gesetzes die Nichtigkeit der darauf gestützten Verwaltungsakte zur Folge? NJW 1959, 863

— Das Grundrecht der Kriegsdienstverweigerung, NJW 1957, 361

— Nochmals: Welche Folgen hat die Verfassungswidrigkeit eines Gesetzes für einen darauf gestützten Verwaltungsakt? Angebliche Rückwirkung verfassungsgerichtlicher Entscheidungen, NJW 1959, 2145

— Vollstreckbarkeit verfassungswidriger (Steuer-)Gesetze? BB 1959, 533

— Die Bindungswirkung des Grundgesetzes, BB 1960, 993

— Staatshaftung für gesetzliches Unrecht, BB 1960, 1351

— Die Nichtigkeit verfassungswidriger Gesetze, DÖV 1959, 81

— Anmerkung zum Beschluß des Bundesverfassungsgerichts vom 10. 5. 1960 — 2 BvQ 1/60 —, JZ 1960, 488

Bachmayr: Bestimmtheit und Berechenbarkeit von Steuerbelastungen — eine Forderung des Grundgesetzes, BB 1963, 239

Bahlmann: Der verfassungsrechtliche Wiederaufnahmegrund nach § 79 Abs. 1 des Bundesverfassungsgerichtsgesetzes, MDR 1963, 541

Barske: Die Berichtigung von Verfügungen wegen offenbarer Unrichtigkeit, StWK Gr. 2, 693

— Berichtigung von Steuerbescheiden nach § 222 AO, NWB Fach 2, 1103 (Nr. 24/1963)

Barth: Die Urteile des Bundesverfassungsgerichts zur Nichtigkeit des § 8 Ziff. 6 GewStG, GmbHRdsch 1962, 41

Bertermann: Bundesverfassungsgericht und Arbeitsverträge zwischen Ehegatten, Inf. 1962, 161

Betriebsberater, Schriftleitung: Anmerkung zum Urteil des FG Stuttgart, in EFG 1963 Nr. 167 S. 136, BB 1963, 377

Bettermann: Verwaltungsgerichtliche Generalklausel, ordentlicher Rechtsweg und nichtiger Verwaltungsakt, MDR 1949, 394

— Zur Verfassungsbeschwerde gegen Gesetze und zum Rechtsschutz des Bürgers gegen Rechtsetzungsakte der öffentlichen Gewalt, AöR 86, 129

Bettermann: Über richterliche Normenkontrolle, ZZP 72, 32

Boettcher, R.: Abgabenrecht als Teil des Verwaltungsrechts (zugleich Besprechung des Kommentars zur Reichsabgabenordnung von Dr. Klaus Tipke und Dr. Heinrich Wilhelm Kruse), StW 1962 Sp. 1

Echterhöhler: Die Rechtsprechung des Bundesverfassungsgerichtes zum Steuerrecht, BB 1962, 771

Elsen: Aus welchen Gründen kann eine Steuer erlassen werden? StW 1959 Sp. 499

Ernst: Zwischen Rechtssicherheit und Einzelfallgerechtigkeit — Zur Frage, ob § 79 BVerfGG einer Änderung bedarf, StW 1963 Sp. 1

Falk: Die Steuern und das Verfassungsrecht, DStZ A 1962, 99

Fasold: Hauptfragen der Einkommensteuer-Veranlagung 1964, DB 1965, 717

Felix: Stellungnahme zu einem Aufsatz von Stieler (BB 1955, 442), BB 1955, 443

— Über einige gegenwärtige Fragen der Haushaltsbesteuerung, FR 1957, 270

— Behandlung rechtskräftiger Fälle der Ehegattenbesteuerung, II Schlußwort, FR 1957, 530

— Überraschungen aus Karlsruhe und ihre praktische Meisterung, FR 1962, 369

— Gewerbesteuererstattung nach Nichtigkeit des § 8 Ziff. 6 GewStG, GmbH-Rdsch 1962, 129

— Schutz vor nachteiligen Folgen aus der Annahme verdeckter Gewinnausschüttungen, GmbHRdsch 1963, 10

— Gewerbesteuererstattung nach Nichtigkeit des § 8 Ziff. 6 GewStG, Schlußwort, GmbHRdsch 1962, 236

— Zur verfassungsrechtlichen Problematik der Gleichstellung verdeckter Gewinnausschüttung mit ausgeschütteten Gewinnen, GmbHRdsch 1963, 29

Forsthoff: Die Bindung an Gesetz und Recht (Art. 20 Abs. 3 GG), DÖV 1959, 41

Friesecke: Änderung von Gewerbesteuermeßbescheiden auf Grund der Urteile des Bundesverfassungsgerichts vom 24. 1. 1962, RWP 14 D AO II B 9/62 (503, 31)

— Zur Frage der Rückwirkung der Urteile des Bundesverfassungsgerichts vom 24. 1. 1962 auf rechtskräftige Gewerbesteuermeßbescheide, RWP 14 D AO II B 13/62 (510, 29)

Gail: Berichtigung rechtskräftiger Gewerbesteuermeßbescheide, Möglichkeiten einer Berücksichtigung der Rechtsprechung des Bundesverfassungsgerichts, BB 1963, 265

Geiger: Die Grenzen der Bindung verfassungsgerichtlicher Entscheidungen, NJW 1954, 1057

Götz: Der Wirkungsgrad verfassungswidriger Gesetze, NJW 1960, 1177

Hamann: Gewerbelohnsummensteuer und Grundgesetz, FR 1962, 261

— Aussetzung der Vollziehung von Steuerbescheiden bei verfassungsrechtlich zweifelhaften Steuergesetzen, NJW 1959, 1467

Hans: Anmerkung zu einem Beschluß des BayObLG, BB 1962, 1403

Hartz: Zusammenveranlagung von Eltern und Kindern zur Einkommensteuer, DB 1962, 1057

— Zulässigkeit der Festsetzung von Durchschnittswerten für die Bemessung der Einfuhr-Ausgleichsteuer. — Ist § 6 Abs. 2 UStG 1961 verfassungsgerecht? Zur Entscheidung des BVerfG vom 27. 11. 1962 — BvL 13/61 —, DB 1963, 144

Heike: Die Evidenztheorie als heute maßgebliche Lehre vom nichtigen Verwaltungsakt, DÖV 1962, 416

Haueisen: Verwaltungsverfahren und verwaltungsgerichtliches Verfahren, DVBl. 1962, 881

— Verwaltungsgerichtliches Urteil und Verwaltungsakt, NJW 1959, 697

— Unterschiede in den Bindungswirkungen von Verwaltungsakt, öffentlich-rechtlichem Vertrag, gerichtlichem Vergleich und Urteil, NJW 1963, 1329

Heinemann: Maßnahmen im Hinblick auf eine etwaige Verfassungswidrigkeit der Lohnsummensteuer, BB 1963, 346

Henze: Erhebung der Gesellschaftsteuer bei der GmbH & Co II 1 (539, 59)

Hermstädt: Die Wiederaufrollung des ganzen Falles, StW 1963 Sp. 145

Hillebrecht: Verfassungsrechtliche Beurteilung der Lohnsummensteuer und Sicherung ihrer Erstattungsfähigkeit, BB 1963, 549

— Anmerkung zum BFH-Urteil vom 22. 11. 1962 BStBl. 1963 III 51, StRK — Anm. AO § 150 R 14

Hillert: Verwaltungsakte auf Grund verfassungswidriger Gesetze, BB 1954, 1072

Hippe: Die Nichtigerklärung des § 8 Ziff. 5 GewStG durch das Bundesverfassungsgericht, FR 1962, 199

— Fehler im mechanischen Arbeitsablauf innerhalb des Finanzamtes als offenbare Unrichtigkeit im Sinn von § 92 Abs. 3 AO, DB 1962, 1286

Hoffmann: Die Verwaltung und das verfassungswidrige Gesetz, JZ 1961, 193

Homann: Behandlung rechtskräftiger Fälle der Ehegattenbesteuerung, I, Erwiderung, FR 1957, 529

Ipsen: Grundgesetz und richterliche Prüfungszuständigkeit, DV 1949, 491

Kaiser: Folgerungen aus den Entscheidungen des Bundesverfassungsgerichts zu den verkehrsrechtlichen Strafbestimmungen, NJW 1962, 1703

Kalkbrenner: Verfassungswidrige Rechtsverordnungen im gerichtlichen Verfahren, DVBl. 1962, 695

Kirmse: Zur Frage der Änderung rechtskräftiger Gewerbesteuermeßbescheide nach den Urteilen des Bundesverfassungsgerichts vom 24. 1. 1962, RWP 14 D AO II B 16/62 (517, 35)

— Gewerbesteuer-Änderungsgesetz 1963, RWP 14 D GewSt II B 2/63 (552, 69)

Kleinknecht: Anmerkung zu einem Beschluß des AG Dinkelsbühl vom 29. 1. 1952, NJW 1952, 1190

Kleinrahm: „Gesetzlosigkeit" als Nichtigkeitsgrund, DV 1948/49, 364

Köhler: Zur verfassungsrechtlichen Problematik der Baulandsteuer (Grundsteuer C), DStR 1962, 92

König: Die Prüfung des Normenkontrollantrags nach § 47 VwGO vor dem Oberverwaltungsgericht (VGH), DVBl. 1963, 81

Körner: Bayerische Verfassungsbeschwerde und Bundesrecht, DÖV 1962, 295

Kohlhaas: Anmerkung zu einem Beschluß des BayObLG vom 14. 9. 1962, NJW 1963, 454

Kohlrust: Zur Anwendung des § 234 AO im Hinblick auf Entscheidungen des Bundesverfassungsgerichts, DStZ A 1961, 272
— Zur vorläufigen Steuerfestsetzung nach § 100 Abs. 2 AO, DStZ A 1962, 253
— Die vorläufige Steuerfestsetzung, StWK Gr. 2, 711

Kornblum: Zum Verhältnis von Gesetzsänderung und materieller Rechtskraft verwaltungsrechtlicher Entscheidungen, DÖV 1962, 654

Kraemer: Ist die Exekutive an verfassungswidrige Gesetze gebunden? Staatszeitung-Staatsanzeiger für Rheinland-Pfalz vom 23. 9. 1962 Nr. 38 S. 1

Krah: Aktuelle Probleme aus der Abgabenordnung, kritisch dargestellt an Hand des AO-Kommentars von Tipke-Kruse, FR 1962, 370

Kruse: Anmerkungen zum BFH-Urteil vom 6. 9. 1962, BStBl. III 494, StRK-Anm. AO § 152 R 13

Kuntze: Auswirkungen des Beschlusses des Bundesverfassungsgerichts zur Ehegattenbesteuerung auf rechtskräftige Veranlagungen, NJW 1957, 778

Lange: Das Bundesverfassungsgericht und die „Willensaufnahme durch den Gesetzgeber", NJW 1962, 893

Laule: Anmerkung zum BFH-Beschluß vom 3. 4. 1962, BStBl. III 359 in StRK-Anm. EStG StÄndG vom 30. 7. 1960 Art. 2 Abs. 7 R 1

Lauterkorn: Das Gewerbesteuer-Änderungsgesetz 1963, KStR Abt. 26 a, 107

Laux: Zum Verhältnis des § 79 BVerfGG zu § 222 AO — Geht § 79 BVerfGG dem § 222 AO als lex specialis vor? StW 1957 Sp. 293

Leibrecht: Die Verfassungswidrigkeit der Lohnsummensteuer, StW 1963 Sp. 413

Lenski: Die Übergangsregelung für die Ehegattenbesteuerung, RdschDSt 1957, 344

Lex: Vorläufige Veranlagung oder Aussetzung des Verfahrens bis zur Entscheidung des Bundesverfassungsgerichts über eine anhängige Rechtsfrage, RWP 14 D AO II B 14/59 (408, 21)

Loberg: Der Einwand der Verfassungswidrigkeit und das Verfahren bei der Lohnsummensteuer, NWB Fach 5, 443

Löhlein: Rückwirkende Nichtigkeit der Vervielfältigungstheorie, BB 1962, 995

Luedtke: Änderungen der Gewerbesteuer durch das Gewerbesteuer-Änderungsgesetz 1963, NWB Fach 5, 449

Maisch: Hat die Feststellung der Verfassungswidrigkeit eines Gesetzes die Nichtigkeit der darauf gestützten Verwaltungsakte zur Folge? NJW 1959, 227

Menger: Höchstrichterliche Rechtsprechung zum Verwaltungsrecht, VerwArch Band 54, 88

Michel: Normenkontrolle durch die vollziehende Gewalt, NJW 1960, 841

Mielke: Keine rückwirkende Begünstigung rechtskräftiger Steuerbescheide, StuB Gr. 1, 221 (Nr. 18 vom 5. 9. 1963)

Mittelbach: Berichtigungsveranlagungen gemäß § 222 Abs. 1 Ziff. 4 AO, DStR 1962/63, 452

Müller, Hanswerner: Neuverkündung von Gesetzen, DVBl. 1962, 841

Müller, Horst-Joachim: Verfassungswidrige Rechtsverordnungen im gerichtlichen Verfahren, DVBl. 1962, 158

— Nochmals: Rechtsverordnungen als Gegenstand landesverfassungsgerichtlicher Normenkontrolle, DVBl. 1963, 54

Nake: Stellungnahme zu den Aufsätzen von Stieler (BB 1955, 442) und Felix (BB 1955, 443), BB 1955, 444

— Zur Änderung rechtskräftiger Steuerbescheide nach § 4 Abs. 3 StAnpG, RWP 14 D, StAnpG II B 1/63 (539, 67)

— Zur Zulässigkeit von Berichtigungsveranlagungen auf Grund neuer Tatsachen im Sinn des § 222 Abs. 1 Ziff. 1 und 2 AO, RWP 14 D AO II B 4/63 (540, 27)

Naumann: Die Finanzgerichtsordnung, BB 1962, 1339

Niemann: Der Steuerverwaltungsakt, VJSchrStFR Band 4, 173

Niepoth: Rechtskraft bei nichtigen Veranlagungen gemäß § 26 EStG, FR 1957, 188

Obermayer: Verwaltungsakt und innerdienstlicher Rechtsakt

ohne Verfasser: Zum Billigkeitserlaß rechtskräftig veranlagter, aber auf Grund nichtiger Bestimmung erhobener Gewerbesteuer, BB 1962, 1188

— Übersicht über beim Bundesverfassungsgericht anhängige steuer-, zoll- und vermögensrechtliche Verfahren, Inf. 1962, 301

— Übersicht über die vor dem Bundesverfassungsgericht anhängigen Steuerverfahren, DB 1962, 317

— Begriffsbestimmungen durch den Verordnungsgeber zur Anwendung von Steuergesetzen, BB 1963, 258

— Neue Verfahren vor dem Bundesverfassungsgericht, FR 1963, 386

— Baulandsteuer mit vielen Haken und Mängeln, DZ vom 6. 2. 1963 Nr. 31 S. 9

— Bundesverfassungsgericht ist oft letzter Ausweg, DZ vom 15. 2. 1963 Nr. 39 S. 11

— Rechtskraft und Sachunbilligkeit, Inf 1963, 69

Ostendorf: Zur derzeitigen Situation auf dem Gebiet der Baulandsteuer, Inf. 1963, 127

Oswald: Zur Frage der ex-tunc-Wirkung bei Nichtigerklärung steuerlicher Vorschriften, FR 1962, 196

Randebrock: Erstattung der Gewerbesteuer nach Ergehen der BVerfG-Urteile vom 24. 1. 1962 auch bei Rechtskraft der Bescheide? DB 1962, 455

— Änderung von rechtskräftigen Steuerfestsetzungen nach § 4 Abs. 3 Ziff. 2 StAnpG, wenn Steuernorm vom BVerfG für verfassungswidrig erklärt ist, DB 1962, 1319

Rath: Zur wirtschaftlichen und verfassungsrechtlichen Problematik der Lohn-summensteuer, DStR 1962/63, 253

Rettig: Aussetzung der Rechtsmittelentscheidung bei gleichgelagerten Verfahren vor dem Bundesverfassungsgericht, BB 1963, 135

Renfert: Auswirkungen der gewerbesteuerlichen Bundesverfassungsgerichtsurteile auf die Lohnsummensteuer, DStR 1962/63, 268

Reuß: Der Verwaltungsakt und sein Begründung, DVBl. 1954, 593 ff.

Rönitz: Der Begriff „Aufsichtsbehörde" in § 222 Abs. 1 Ziff. 4 AO bei der Verwaltung der Umsatz- und Beförderungsteuer, UStR 1963, 89

Roos: Gewerbesteuererstattungen nach Nichtigkeit des § 8 Ziff. 6 GewStG, GmbHRdsch 1962, 235

Rudolf: Die verfassungsrechtliche Problematik der Helgoländer Gemeindeeinfuhrsteuer, AöR 85, 457

Sauer: Berichtigung von Steuerbescheiden zugunsten des Steuerpflichtigen bei Verfassungswidrigkeit der einschlägigen Steuergesetze, StW 1962 Sp. 579

Scheuner: Die Einwirkung der verfassungsgerichtlichen Feststellung der Nichtigkeit von Rechtsnormen auf vorgängige Hoheitsakte, BB 1960, 1253

von Scheurl: Steuererklärung und Steuerzahlung „unter Vorbehalt", DB 1960, 590

Schütz: Nachschieben von Gründen, Berichtigung der Bezeichnung und „Konversion" bei Verwaltungsakten, MDR 1954, 459

Seifert: Gesellschaftsteuer für Ehegattendarlehen verfassungswidrig? BB 1963, 183

Sigloch: Vorläufige Geltung verfassungswidriger Gesetze, JZ 1958, 80

Skibbe: Erstattung der Zusatzumsatzsteuer nach einer Betriebsprüfung, BB 1959, 1206

Spitaler: Berichtigung rechtskräftiger Steuerbescheide bei Festsetzung von Schenkungsteuer für § 7 c — Zuschüsse, BB 1955, 762

— Hat § 234 AO auf Rückerstattung der Zusatzumsatzsteuer einen Einfluß? UStR 1958, 113

— Die Rechtslage nach den Urteilen des Bundesverfassungsgerichts zur Gewerbesteuer und zu den Arbeitsverträgen zwischen Ehegatten, BB 1962, 421

— Stellungnahme zu den Aufsätzen von Stieler, Felix und Nake (BB 1955, 442, 443 und 444), BB 1955, 445

— Zur Anfechtbarkeit von Änderungsbescheiden, BB 1963, 132

von Stackelberg: Läßt sich die Verfassungswidrigkeit von Strafurteilen zu § 71 StVZO und § 49 StVO heilen? NJW 1963, 700

Steinberg: Zur Frage der Verfassungsmäßigkeit der Hinzurechnung von Miet- und Pachtzinsen bei der Ermittlung des Gewerbeertrags (§ 8 Ziff. 8 GewStG 1950, 1955; § 8 Ziff. 7 GewStG 1957, 1961), DStZ A 1963, 33

Stieler: Berichtigung rechtskräftiger Steuerbescheide zugunsten des Steuerpflichtigen, BB 1955, 442

Theis: Ungesetzliche Lohnsummensteuer-Nachforderungen aus Anlaß der Nichtigerklärung des § 8 Ziff. 5 und 6 GewStG, DB 1963, 79

Thiel: Berichtigung von Steuerbescheiden bei rückwirkender Änderung der Gesetzesvorschrift, BB 1963, 443

Thieme: Evidenz und Nichtigkeit, DÖV 1962, 686

Tipke: Der fehlerhafte Steuerverwaltungsakt, StW 1957 Sp. 1

— Das Recht der Rückforderung von Umsatzsteuervergütung, StW 1960 Sp. 757

— Rückforderung von Umsatzsteuervergütungen und Treu und Glauben, UStR 1961, 17

— Anmerkung zum BFH-Urteil vom 1. 12. 1960, BStBl. 1961 III 88, UStR 1961, 100

Wacke: Die Nichtigkeit der Zusatzsteuer, NJW 1958, 776

Wauer: Zum Urteil des BFH vom 22. 11. 1962, BStBl. 1963 III 31, Berichtigungsveranlagungen bei für nichtig erklärten Rechtsnormen, StW 1963 Sp. 263

Wellmann: Der Grundsatz der Gesamtaufrollung des Steuerfalles; zu § 222 Abs. 1 Nr. 1 AO DStR 1962/63, 301

Winkler: Der Bescheid, 1956

Winterberg: Zur Erstattung der Gewerbesteuer nach Ergehen der BVerfG-Urteile vom 24. 1. 1962 auch bei Rechtskraft der Bescheide DB 1962, 587

Zitzlaff: Rechtskraft im Steuerrecht, StW 1936, Sp. 1493

Zschacke: Die Rücknahme rechtswidriger Verwaltungsakte, DVBl. 1962, 322

MIX
Papier aus verantwortungsvollen Quellen
Paper from responsible sources
FSC® C105338

Printed by Libri Plureos GmbH
in Hamburg, Germany